# Geschichte
## *plus*

# Geschichte Klasse 9

Herausgegeben von

Walter Funken

Bernd Koltrowitz


Autoren

Brigitte Bayer

Dr. Manfred Bormann

Walter Funken

Harald Goeke

Gerhard Gräber

Volker Habermaier

Dr. Michael Krenzer

Harald Schneider

Thomas Thieme

Prof. Mathias Tullner

Dr. Helmut Willert


unter Mitarbeit von

Gertrud Deutz

Dr. Elke Jahnke

Guido Skirlo

# Geschichte *plus*

Ausgabe Berlin

Volk und Wissen Verlag

Der Inhalt des Werkes folgt der reformierten Rechtschreibung und Zeichensetzung.
Währungsangaben erfolgen, soweit fachlich und historisch geboten, in Euro.

Volk und Wissen im Internet

Webtipps zum Fach finden Sie unter folgender Adresse:
http://www.vwv.de/webtipp/geschichte.html

❷ Mit diesem Zeichen sind die im Lehrwerk abgedruckten Internet-Adressen kenntlich gemacht.
Alle aufgenommenen Internet-Adressen/-Dateien wurden vom Verlag vor Drucklegung auf ihre
Eignung für Unterrichtszwecke geprüft. Stand: Dezember 2002.
Für die Aktualität und den Inhalt dieser Internet-Adressen/-Dateien (oder solcher, die mit
ihnen verknüpft sind) übernimmt der Verlag jedoch keine rechtliche Gewähr.

**ISBN** 3-06-110922-6

1. Auflage
5 4 3 2 / 05 04 03
Alle Drucke dieser Auflage sind im Unterricht parallel nutzbar.
Die letzte Zahl bedeutet das Jahr dieses Druckes.
© vwv Volk und Wissen Verlag GmbH & Co. OHG, Berlin 2001
Printed in Germany
Redaktion: Gertrud Deutz, Walter Funken
Kartografische Beratung: Prof. Dr. Wolfgang Plapper
Bildbeschaffung und -recherche: Peter Hartmann
Einband: Gerhard Medoch
Illustrationen: Hans Wunderlich
Zwischentitelgestaltung: Roswitha König
Typografische Gestaltung: Atelier vwv und Birgit Riemelt
Reproduktion: deutsch-türkischer fotosatz, Berlin
Kartenherstellung: GbR Peter Kast, Ingenieurbüro für Kartografie, Schwerin
Herstellung: Kerstin Zillmer
Druck und Binden: Universitätsdruckerei Stürtz AG, Würzburg

# Inhaltsverzeichnis

# Deutsches Kaiserreich

Mehr noch als bei den Barrikadenkämpfen der bürgerlich-demokratischen Revolution von 1848 wurde Berlin danach zum Mittelpunkt und wichtigen Schauplatz der deutschen Geschichte. Das Bild der Stadt und die darauf sichtbaren Personen und Gegenstände sind Ausdruck eines tiefgreifenden politischen und sozialen Wandels in ganz Deutschland während der zweiten Hälfte des 19. Jahrhunderts.

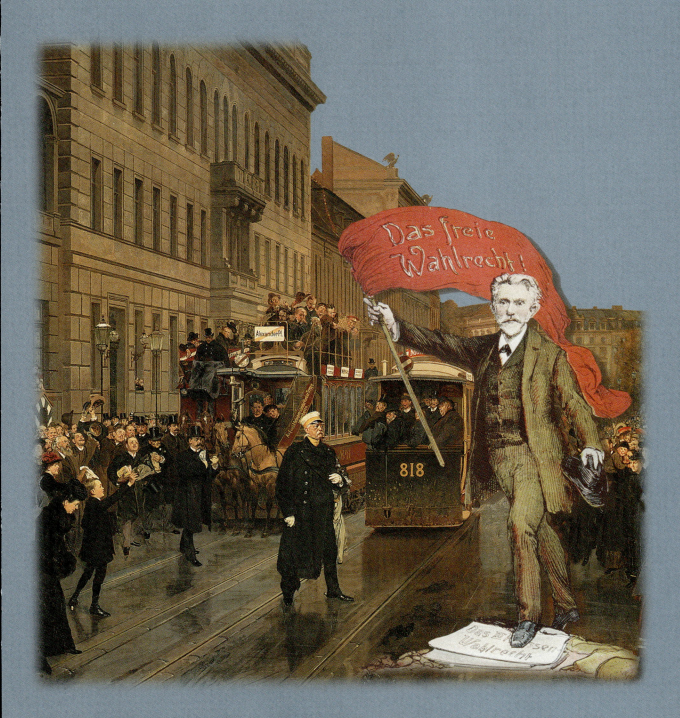

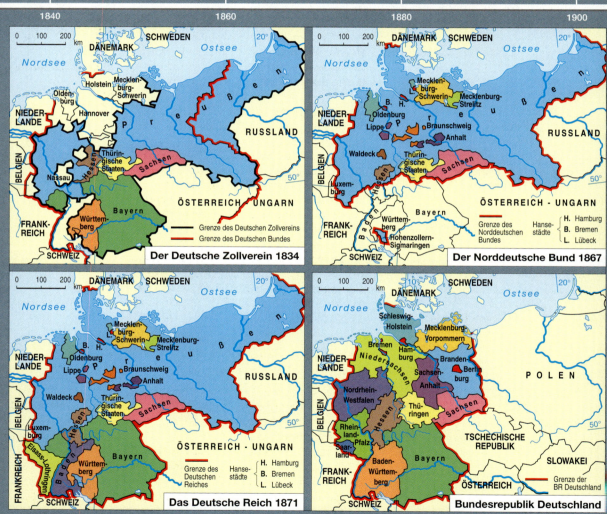

## ARBEITSAUFTRAG

Vergleiche die Karten. Welche Grenzveränderungen fallen dir auf zwischen Karte 1 (Deutscher Zollverein 1834) und Karte 2 (Norddeutscher Bund, 1867) sowie zwischen Karte 2 und 3 (Deutsches Reich 1871)?

# 1. Das Deutsche Reich entsteht – die Vormacht Preußens

Die demokratische Revolution in Deutschland war gescheitert. Preußische Truppen hatten die letzten Verteidiger der Reichsverfassung in Baden überwältigt. Die Ziele der Revolution: Freiheit und Einheit – wie sollten sie angesichts dieser Situation verwirklicht werden?

**Die Vorherrschaft in Deutschland** – Preußen ging im Innern mit harter Hand gegen Demokraten und Liberale vor. Wichtige Grundrechte wie z.B. die Pressefreiheit wurden eingeschränkt, ein polizeiliches Spitzelsystem überwachte die Bürger. Welche Politik verfolgte Preußen in Deutschland und vor allem gegenüber Österreich?

Im Jahre 1850 versuchte Preußen, die deutschen Staaten – ohne bzw. gegen Österreich – zu einer Deutschen Union zusammenzuschließen. Der Versuch scheiterte aber bald am entschlossenen Widerstand Österreichs. 1851 war der Deutsche Bund wiederhergestellt und fortan stritten die beiden deutschen Großmächte wieder in diesem Rahmen um die Vorherrschaft. Auf wirtschaftlichem Gebiet allerdings konnte Preußen Erfolge erringen, da es den Deutschen Zollverein durch die Aufnahme weiterer deutscher Staaten ausbauen und Österreichs Beitrittswünsche abwehren konnte.

**Regierungswechsel in Preußen** – 1858 übernahm Prinz Wilhelm, der Bruder des schwer erkrankten und nicht mehr regierungsfähigen Königs Friedrich Wilhelm IV., die Regierung in Preußen. Ergaben sich aus dem Thronwechsel Veränderungen in der preußischen Innenpolitik?

Im Rahmen der 1848 aufgezwungenen Verfassung wollte der neue König Wilhelm I. seinen Untertanen entgegenkommen. Indem er die harte Unterdrückungspolitik beendigte, sollten sie für das Königtum gewonnen werden. In einer Frage aber war er zu keinem Nachgeben bereit: bei der von ihm geplanten Heeresreform. Der König wollte das preußische Heer vergrößern und die dreijährige Dienstzeit der Soldaten noch einmal gesetzlich festlegen. Ein verstärktes und neu organisiertes Heer als Grundlage für den Aufstieg Preußens zur Vormacht in Deutschland – das war die Vorstellung des neuen Herrschers. 🌐/1

Berliner Wachtmeister um 1848. Zeichnung von R. Knötel

**Q1** Ludwig Pfau: Badisches Wiegenlied (1849):

1 Schlaf, mein Kind, schlaf leis,
 dort draußen geht der Preuß!
 Deinen Vater hat er umgebracht,
 deine Mutter hat er arm gemacht,
5 und wer nicht schläft in guter Ruh,
 dem drückt der Preuß die Augen zu.
 Schlaf, mein Kind, schlaf leis,
 dort draußen geht der Preuß!

 … Schlaf, mein Kind, schlaf leis,
10 dort draußen geht der Preuß!
 Gott aber weiß, wie lang er geht,
 bis dass die Freiheit aufersteht,
 und wo dein Vater liegt, mein Schatz,
15 da hat noch mancher Preuße Platz!
 Schrei, mein Kindlein, schrei's:
 Dort draußen liegt der Preuß!

(In: Chr. Zentner, Illustrierte Geschichte des deutschen Kaiserreichs, München 1986, S. 67. Strophe 1 und 4)

**Q2** Ansprache des Prinzregenten Wilhelm an die preußischen Minister (1858):

1 Die Armee hat Preußens Größe geschaffen und dessen Wachstum erkämpft; ihre Vernachlässigung hat eine Katastrophe über sie und auch über den Staat gebracht, die glorreich verwischt worden ist durch die ... Reorga-
5 nisation des Heeres, welche die Siege des Befreiungskrieges bezeichnen ... Manches, was sich nicht bewährt hat, [wird] zu Änderungen Veranlassung geben. Dazu gehören ruhige politische Zustände und – Geld ... Preußens Heer muss mächtig und angesehen sein, um ...
10 ein schwerwiegendes politisches Gewicht in die Waagschale legen zu können.

(In: Geschichte in Quellen, Bd.5, München 1989, S. 300. Bearbeitet)

**Von der Heeresreform zum Verfassungskonflikt** – Das preußische Abgeordnetenhaus war nicht von vornherein gegen eine Heeresreform. Eine Verstärkung des Heeres wurde auch von ihm gewünscht. Dennoch kam es zu einem schweren Konflikt zwischen dem König und dem Parlament.

Der König wollte das für die Heeresreform nötige Geld auf dem verfassungsmäßigen Wege, also durch ein Gesetz, bewilligen lassen. Doch ließ er keinen Zweifel daran, dass die Abgeordneten über die Verwendung des Geldes im Einzelnen nicht das Geringste mitzubestimmen hätten. Darauf aber bestand das Parlament. Es lehnte auch die dreijährige Dienstzeit der Wehrpflichtigen ab.

Der Streit zwischen dem König und dem Abgeordnetenhaus verschärfte sich so weit, dass der Monarch bereits an Abdankung dachte. In dieser Situation schlug ihm der Kriegsminister v. ROON vor, den preußischen Gesandten in Paris, OTTO VON BISMARCK, an die Spitze der Regierung zu berufen.

**Ein Junker aus der Altmark** – Am 22. September 1862 trat Bismarck vor den König. Er erklärte sich bereit, das Amt des Ministerpräsidenten zu übernehmen. Wer war dieser Mann? Was konnten seine Landsleute von ihm erwarten?

Otto v. Bismarck entstammte einer altmärkischen Adelsfamilie aus Schönhausen bei Stendal. Nach dem Studium der Rechtswissenschaft und nach kurzer Tätigkeit im Staatsdienst hatte er sich mit der Bewirtschaftung seines Landbesitzes beschäftigt – ein Leben, wie es viele seiner Standesgenossen führten.

Seit der Revolution von 1848/49 war er kein Unbekannter mehr: Er hatte sich mit Leidenschaft in die Politik gestürzt und die Revolution heftig bekämpft. Friedrich Wilhelm IV. wollte das politische Talent des Heißsporns nutzen. Er schickte ihn als Gesandten nach Frankfurt zum Bundestag des Deutschen Bundes. In dieser Tätigkeit sammelte Bismarck wertvolle politische Erfahrungen, die er als überzeugter Preuße und Anhänger der Monarchie für ein Ziel einsetzen wollte: Preußens Macht und Stärke. 🔌/2

**Der Verfassungsbruch** – Gegen den König und seinen neuen Ministerpräsidenten von Bismarck stand die große Mehrheit des preußischen Abgeordnetenhauses. Wie entwickelte sich die Auseinandersetzung im Heereskonflikt?

Das Abgeordnetenhaus verweigerte die Zustimmung zu weiteren Ausgaben für diesen Zweck. Bismarck regierte kurzerhand einige Jahre ohne **Haushaltsgesetz** (Etat). Dies war ein Bruch der preußischen Verfassung, denn die Regierung war verpflichtet, jedes Jahr die staatli

B 3 Taufe der 1000. Lokomotive „Borussia" durch Albert Borsig, 1858

**Q 4** Rede Bismarcks vor einer Kommission des Preußischen Abgeordnetenhauses (September 1862):

1 Preußen muss seine Kraft zusammenfassen und zusammenhalten auf den günstigen Augenblick, der schon einige Male verpasst ist; Preußens Grenzen, nach den Wiener Verträgen, sind zu einem gesunden Staatsleben
5 nicht günstig. Nicht durch Reden und Mehrheitsbeschlüsse werden die Fragen der Zeit entschieden – das ist der Fehler von 1848 und 1849 gewesen –, sondern durch Eisen und Blut ...

(In: H. Böhme [Hg.], Die Reichsgründung, München 1967, S. 129. Bearbeitet)

chen Einnahmen und Ausgaben durch ein Gesetz festlegen zu lassen. Es ging jetzt um die Frage, ob künftig in Preußen das Parlament ein Kontrollrecht haben würde oder ob der König allein entschied.

Bismarck verfolgte seine Politik mit harter Hand. Kritische Zeitungen wurden verboten, widerspenstige Beamte wurden bestraft oder entlassen. Bismarck war sich darüber im Klaren, dass die oppositionelle liberale Mehrheit des Abgeordnetenhauses sich nur auf diejenigen Bürger in Preußen stützen konnte, die sich durch Besitz und Bildung auszeichneten. Die meisten anderen Bürger waren an den Wahlen überhaupt nicht beteiligt. In Preußen bestand ein Wahlrecht, das die Vermögenden begünstigte, das so genannte **Dreiklassenwahlrecht**.

Eine tiefe Kluft zwischen dem Ministerpräsidenten und seinen Gegnern im Abgeordnetenhaus tat sich auch auf dem Feld der Außenpolitik auf. Bismarck ließ keinen Zweifel, dass er für Preußens Zukunft und für die Deutschlands keinen anderen Weg sah als die Vergrößerung Preußens – und sei es durch einen Krieg.

**B 6** „Die verhängnisvolle Begegnung" (Via mala = schlechte Straße). Karikatur 1865

**Q 5** Das Preußische Abgeordnetenhaus in einer Note an König Wilhelm I. am 29. 1. 1863:

1 II. Die letzte Session (Sitzungsperiode) wurde geschlossen, bevor für das Jahr 1862 das von der Verfassung vorgeschriebene
5 Etat-Gesetz festgestellt worden war. Der Etatentwurf für das Jahr 1863, welcher vor Ablauf des vorigen Jahres hätte vereinbart sein sollen, war zurückgezogen
10 worden ...
III. Seitdem haben die von Ew. Majestät berufenen Minister verfassungswidrig die Verwaltung ohne gesetzlichen Etat fortgeführt ...

(In: Verhandlungen des Preußischen Hauses der Abgeordneten, Anlagen, Teil 1, Bd. 3, Berlin 1863, S. 3. Bearbeitet)

**Q 7** Das Dreiklassenwahlrecht:

1 In Preußen bestand seit 1849 ein Wahlrecht, das auf der Steuerleistung der Bürger beruhte. Die Wahlberechtigten wurden, je nach ihrer Steuerleistung, in drei Klassen unterteilt. Jede der drei Klassen hatte gleich viele Stim-
5 men bei den Wahlen. Obwohl z. B. die Zahl der Wahlberechtigten in der ersten Klasse viel geringer war als die in der zweiten und dritten Klasse, hatte sie also gleich viele Wahlstimmen.

(Autorentext)

## ARBEITSAUFTRÄGE

1. Erkläre, auf welche Ereignisse sich das Lied Q 1 bezieht. Begründe, warum die Preußen gerade in Baden so verhasst waren.
2. Finde heraus, auf welche geschichtlichen Ereignisse sich der Redner in Q 2 bezieht, und erkläre die Rolle, die die Armee künftig spielen soll.
3. Beschreibe in B 3, wie der Unternehmer Borsig dargestellt wird. Wie feiert er seinen Erfolg? Ziehe eine Verbindung zu den Aussagen über das Dreiklassenwahlrecht in Q 7.
4. Erläutere Q 4 mithilfe der Karte 4 auf S. 10.
5. Vergleiche die Position der Abgeordneten in Q 5 mit der von Bismarck in Q 4. Nimm Stellung zu beiden Äußerungen.
6. Betrachte B 6 und erläutere, wie der Zeichner die Situation im Verfassungskonflikt sieht. Achte auch auf die Bedeutung der beiden Reittiere. Vergleiche die Zeichnung mit deiner Stellungnahme aus Arbeitsauftrag 5.

# 2. Drei Kriege und ein Staatsakt

Bismarck hatte sich gegenüber dem Parlament zunächst behauptet. Er war aber bei den Liberalen wegen des Verfassungsbruchs verhasst und wegen seiner außenpolitischen Vorstellungen sogar bei manchen seiner politischen Freunde als Abenteurer verrufen. Konnte er sich auch damit durchsetzen?

**Der Konflikt um Schleswig-Holstein** – 1863 wurde das Herzogtum SCHLESWIG vom Herzogtum HOLSTEIN abgetrennt und in den dänischen Staat eingegliedert. Hatte dieses Ereignis auch Auswirkungen auf die Machtverhältnisse in Deutschland?

Dänemark hatte verbindlich zugesichert, die beiden Landesteile nicht voneinander zu trennen und ihre Eigenständigkeit zu respektieren. Deshalb rief das dänische Vorgehen große Empörung in Deutschland hervor. Es gelang Bismarck, Österreich zu einem gemeinsamen Krieg gegen Dänemark zu bewegen. Danach musste Dänemark 1864 Schleswig und Holstein an Preußen und Österreich abtreten.

Doch der Konflikt um die Verwaltung Schleswig-Holsteins sollte bald zu einer kriegerischen Auseinandersetzung zwischen den beiden vormals verbündeten deutschen Großmächten führen.

**Krieg Preußens gegen Österreich** – Preußen hatte beschlossen, die Frage der Vorherrschaft in Deutschland auf dem Schlachtfeld zu entscheiden. Dabei war der Konflikt um Schleswig-Holstein nur der äußere Anlass. 1866 griff Preußen zu den Waffen. War die staatliche Einheit der Deutschen durch einen Bruderkrieg zu erreichen?

Nur die kleineren norddeutschen Staaten schlossen sich Preußen an. Doch erwies sich das preußische Heer unter der Führung des Generalstabschefs VON MOLTKE gegenüber Österreich und den übrigen Staaten des Deutschen Bundes

als überlegen. Bismarck war es gelungen, sich der Neutralität Frankreichs und Russlands zu versichern. Deshalb konnte der von ihm planvoll herbeigeführte Krieg im Sommer 1866 mit der Entscheidungsschlacht bei Königgrätz in Böhmen siegreich beendet werden.

Doch der preußisch-österreichische Krieg führte nicht zu einem gemeinsamen Nationalstaat unter Beteiligung Preußens und Österreichs. Die Folge war vielmehr die Auflösung des Deutschen Bundes von 1815. Während alle deutschen Staaten nördlich des Mains sich unter preußischer Führung im **Norddeutschen Bund** vereinten, schied Österreich jetzt aus der jahrhundertealten Verbindung mit Deutschland aus und ging

Postschild der Norddeutschen Bundespost mit den späteren Reichsfarben Schwarz-Weiß-Rot. Um 1870

| T1 Die Wirtschaft Österreichs und Deutschlands | | | | |
|---|---|---|---|---|
| | Österreich | | Deutschland* | |
| | 1850 | 1870 | 1850 | 1870 |
| Roheisenproduktion in 1000 t | 155 | 279 | 210 | 1261 |
| Steinkohlenproduktion in 1000 t | 665 (1851) | 3759 | 5500 | 26398 |
| Dampfmaschinenkapazität in 1000 PS | 100 | 800 | 260 | 2480 |
| Eisenbahnkilometer | 1357 | 6112 | 5856 | 18876 |
| Baumwollspindeln in 1000 | 1346 | 1500 | 940 | 2600 |
| * ohne Österreich | | | | |

**B2** Truppenverladung auf einem Berliner Bahnhof, 1864. Gemälde

fortan seine eigenen Wege. Bayern, Württemberg, Baden und Hessen blieben vorerst selbstständig.

**Die Liberalen und die neue Situation** – Die norddeutschen Staaten waren unter preußischer Führung vereint. Ein Schritt zur Einheit Deutschlands war getan. Welche Schlussfolgerungen zogen Bismarcks liberale Gegner aus der neuen Situation?

Unter dem Eindruck der preußischen Siege und des großen Schrittes auf dem Wege zur Einheit Deutschlands schlossen sich viele Liberale der allgemeinen nationalen Begeisterung an. Bismarck ersuchte nachträglich das preußische Abgeordnetenhaus um Zustimmung zu den Ausgaben, die er unter Bruch der Verfassung getätigt hatte. Die meisten Liberalen bestätigten die Ausgaben. Sie waren auch bereit, an der Verfassung des Norddeutschen Bundes aktiv mitzuarbeiten. Diese kompromissbereiten Liberalen spalteten sich von der Deutschen Fortschrittspartei 1867 als **Nationalliberale Partei** ab. Sie unterstützten fortan Bismarck.

**Der Deutsch-Französische Krieg** – Mit Besorgnis hatte das Ausland, vor allem Frankreich, den Aufstieg Preußens zur Vormacht in Deutschland verfolgt. Welche Auswirkungen hatte dies auf die Verhältnisse in Europa?

Im Sommer 1870 kam es tatsächlich zu einer folgenschweren Krise: Zeitweilig kandidierte ein Verwandter des preußischen Königs für den spanischen Thron. Frankreich protestierte gegen die drohende „Einkreisung" und wollte sogar die schon zurückgezogene Kandidatur zu einer politischen Niederlage Preußens machen. Es verlangte eine dauerhafte Verzichtserklärung Preußens auf den spanischen Thron. Bismarck verschärfte den Streit nun seinerseits, indem er eine telegrafische Mitteilung des preußischen Königs zu den Vorgängen in gekürzter und verschärfter Fassung an die Presse gab. Frankreich reagierte auf diese „**Emser Depesche**" vom 13. Juli 1870 mit einer Kriegserklärung an Preußen.

Die süddeutschen Staaten traten an der Seite des Norddeutschen Bundes in den Krieg ein. Nach einer schweren Niederlage des französischen Heeres bei Sedan (September 1870) wurde schließlich im Mai 1871 ein Friedensvertrag unterzeichnet. Frankreich musste das Elsass und einen Teil von Lothringen an Deutschland abtreten und 5 Milliarden Francs Kriegsentschädigung zahlen. ●/3

**Die Gründung des Deutschen Reiches** – Im Krieg zwischen Deutschland und Frankreich verhielten sich die anderen europäischen Großmächte neutral. So konnte Bismarck den Krieg und den Sieg über Frankreich geschickt zur Stärkung Preußens und zur Einigung der deutschen Staaten nutzen. Bald nach den ersten siegreichen Schlachten nahm er Verhandlungen mit den süddeutschen Staaten auf. Sie traten dem Norddeutschen Bund bei, der von nun an die Bezeichnung Deutsches Reich führte. In den Vordergrund

B3 „Der preußische Schäfer hütet seine Herde". Französische Karikatur von H. Daumier, um 1866

trat aber, dass am 18. Januar 1871 in Versailles – im besetzten Frankreich – König Wilhelm I. zum Deutschen Kaiser ausgerufen wurde. Dieser Tag wurde von nun an als Tag der Reichsgründung feierlich begangen. Später als die meisten anderen europäischen Staaten war auch Deutschland damit ein Nationalstaat geworden. 🔗/4

**Q4** Aus dem Tagebuch des preußischen Kronprinzen Friedrich Wilhelm:

1 ... der König [begab sich] zu dem Podium, auf dem bereits die Unteroffiziere mit den Fahnen und Standarten aufgestellt waren ...
5 Nachdem Seine Majestät eine kurze Ansprache an die deutschen Souveräne verlesen hatte, trat Graf Bismarck vor und verlas die Ansprache „an das deutsche
10 Volk" ... Nun trat der Großherzog von Baden vor und rief laut mit erhobener Rechten: „Es lebe Seine Kaiserliche Majestät der Kaiser Wilhelm!" Ein donnerndes Hurra
15 durchbebte den Raum, während die Fahnen und Standarten über dem Haupte des neuen Kaisers von Deutschland wehten und „Heil dir im Siegerkranz" ertönte.

(In: H. Böhme [Hg.], Die Reichsgründung, München 1967, S. 37 f. Bearbeitet)

**Q6** Ansprache von Bundespräsident Gustav Heinemann (1969–1974) am 17.1.1971:

1 Als das Deutsche Reich vor 100 Jahren in Versailles ausgerufen wurde, war keiner von den 1848ern zugegen. Ja, Männer wie August Bebel und Wilhelm Liebknecht und andere Sozialdemokraten, die sich gegen den nationalis-
5 tischen Übermut des Sieges über Frankreich geäußert hatten, saßen in Gefängnissen. Um den Kaiser standen allein die Fürsten, die Generäle, die Hofbeamten, aber keine Volksvertreter ...
Für unsere französischen Nachbarn war es eine tiefe
10 Demütigung, dass unser Nationalstaat in ihrem Lande ausgerufen wurde.

(In: G. Heinemann, Zur Reichsgründung 1871, Stuttgart 1971, S.10 f. Bearbeitet)

## ARBEITSAUFTRÄGE

1. Vergleiche anhand von T1 die wirtschaftlichen Leistungen Deutschlands und Österreichs und die Entwicklung von 1850 bis 1870.
2. Beschreibe B2 und liste die Vorteile des neuen Verkehrsmittels der Eisenbahn für die Kriegführung auf.
3. Erläutere, welche deutschen Länder der französische Zeichner in B3 benannt hat. Überlege, welchen Eindruck er beim Betrachter hervorrufen will.
4. Beschreibe anhand von Q4 den Ablauf des Festaktes 1871 in Versailles und vergleiche die Darstellung mit B5. Bewerte diesen Ablauf aus heutiger Sicht.
5. Informiere dich über die in Q6 genannten Sozialdemokraten. Fasse zusammen: Was kritisiert der Redner an dem Festakt anlässlich der Reichsgründung am 18.1.1871?

**B5** Proklamation Wilhelms I. zum Deutschen Kaiser in Versailles am 18. Januar 1871. Gemälde von A. v. Werner, 1885

# Arbeit mit Bildern

Zu allen Zeiten haben Menschen Situationen ihres Lebens in Bildern festgehalten – für sich oder für die Nachwelt. Deshalb sind Bilder wichtige Quellen der Geschichte. Wir müssen aber unterscheiden, was Bilder uns tatsächlich mitteilen und was sie uns mitteilen sollen.

In der deutschen Geschichte des 19. Jahrhunderts war die Kaiserproklamation am 18. Januar 1871 von großer Bedeutung. Der Künstler Anton v. Werner (1843 bis 1915) durfte als einer der wenigen Zivilisten an der Feier im Spiegelsaal des Versailler Schlosses teilnehmen. Man könnte also annehmen, dass er gezeichnet hat, was er sehen konnte. Doch es gibt zwei verschiedene Bilder von ihm zu diesem Ereignis. Worin unterscheiden sie sich und welche Gründe gibt es für die Unterschiede?

1877 feierte Kaiser Wilhelm I. seinen 80. Geburtstag, ein guter Anlass, ihm durch ein Gemälde zu huldigen. Die Kaiserin Augusta selbst, die Fürsten und die freien Reichsstädte gaben dem Künstler den Auftrag, das Bild zu malen. Obwohl jeder wusste, dass letztlich Bismarcks geschickte Politik zur Reichsgründung geführt hatte, sollte ihn Anton v. Werner für diesen Anlass im Bild nicht besonders hervorheben. Die Auftraggeber wussten auch, dass der Kaiser noch verärgert über Bismarck war. Bismarck war gegenüber den deutschen Fürsten nicht dafür eingetreten, dass Wilhelm als „Kaiser von Deutschland" ausgerufen wurde, sondern nur als „Deutscher Kaiser". Du erkennst Bismarck im Bild B 1 auf dieser Seite kaum unter den vielen Militärs.

Die zweite Fassung des Bildes (B 4 auf der gegenüberliegenden Seite) entstand 1885. Der greise Kaiser selbst veranlasste den Künstler, ein Bild nach seinen gereiften Vorstellungen zu malen. Bismarcks Leistungen für Kaiser und Reich sollten gewürdigt werden. Schließlich war das Bild als Geschenk des Kaisers zu Bismarcks 70. Geburtstag gedacht!

**B 1** Kaiserproklamation. Gemälde Anton v. Werners aus dem Jahr 1877

Welchen Einfluss hat der Kaiser nun auf diese neue Fassung genommen? Die Rolle des Militärs blieb erhalten. Der Kaiser selbst ist vielleicht auch besser zu erkennen, aber zuerst richten sich alle Augen auf Bismarck. Mit einer weißen Uniform, die er gar nicht anhatte, steht er im Vordergrund und verschwindet nicht mehr in der Masse. Der Blick ist auf den Kaiser gerichtet. Der Kaiser steht natürlich erhöht, aber er sieht in Bismarck den „Schmied" der deutschen Einheit.

Der Kaiser wollte, dass der Nachwelt das Verhältnis zwischen ihm und dem Reichskanzler auf diese Weise übermittelt wurde. Diese spätere Fassung des Bildes von 1885 wurde auch viel intensiver verbreitet, sodass die erste Fassung (s. o.) teilweise in Vergessenheit geriet.

## WORAUF DU ACHTEN MUSST

1. Bilder sind historische Quellen. Sie müssen entschlüsselt werden.
2. Prüfe und vergleiche die dargestellten Einzelheiten. Was kannst du über die Wahrhaftigkeit der Darstellung erfahren?
3. Bilder sind oft in einem bestimmten Auftrag gemalt worden. Wer waren die Auftraggeber?
4. Welche Absichten verfolgten die Auftraggeber mit dem Bild? Welche Meinung oder Ansicht sollte verbreitet werden?

# 3. Politik im Kaiserreich

Das Deutsche Reich wurde als Bund der deutschen Fürsten gegründet. Sie waren die Inhaber der Herrschaftsgewalt, der Souveränität. Die Volksvertretungen in den deutschen Staaten hatten nur nachträglich zustimmen können. Welche Verfassung gaben die Fürsten dem neu gegründeten Staat?

**Kaiser, Kanzler, Volksvertreter** – Die von Bismarck entworfene Verfassung des Norddeutschen Bundes wurde im Wesentlichen übernommen. Welche Rechte hatte der Reichsgründer dem Kaiser vorbehalten? Welche Aufgaben wollte er selbst übernehmen?

Der **Deutsche Kaiser**, der als König von Preußen auch den größten Einzelstaat regierte, hatte starke Machtbefugnisse: Er entschied über Krieg und Frieden, befehligte das Heer und ernannte den einzigen Minister, den **Reichskanzler**. Für seine Handlungen war der Kaiser niemandem gegenüber verantwortlich. Da er aber an die Verfassung (Konstitution) gebunden war, bezeichnet man diese Staatsform als **konstitutionelle Monarchie**.
Der Kanzler war in aller Regel auch **preußischer Ministerpräsident**. Im Bundesrat, der Vertretung der 25 deutschen Staaten, führte er den Vorsitz. Solange er das Vertrauen des Kaisers besaß, war seine Stellung gegenüber dem Reichstag, den Vertretern des Volkes, unangefochten. Bismarck hatte dieses Amt auf seine Person zugeschnitten.

Die Volksvertretung, der **Reichstag**, sollte dem Kanzler die Gelegenheit bieten, seine Politik darzustellen, und sie bestätigen. An einer demokratischen Mitbestimmung durch die Abgeordneten hatten Kaiser und Reichskanzler aber kein Interesse. Welche Befugnisse sah die Verfassung für den Reichstag vor? In welche Aufgaben wuchs er hinein?

Der Reichstag war zusammen mit dem **Bundesrat** für die Gesetzgebung zustän-

dig. Über Gesetzesvorlagen der Regierung wurde beraten und entschieden. Diese Befugnis schloss auch das Recht ein, über den Etat mitzubestimmen. Die Volksvertretung hatte sonst keine wesentlichen politischen Rechte. Aber die Volksvertreter konnten im Reichstag die Interessen der Deutschen zur Diskussion stellen und Forderungen an die Regierung richten. So wurde er im Laufe der

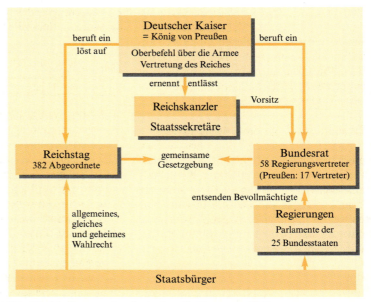

**B 1** Die Verfassung des deutschen Reiches von 1871

| **T 2** Reichstagswahl-Ergebnisse 1871–1912. Mandate der Parteien | | | | | |
|---|---|---|---|---|---|
| Jahr | Konservative | National-liberale | Links-liberale | Zentrum | Sozialdemokratie |
| 1871 | 94 | 125 | 47 | 63 | 2 |
| 1874 | 55 | 155 | 50 | 91 | 9 |
| 1877 | 78 | 128 | 39 | 93 | 12 |
| 1878 | 116 | 99 | 29 | 94 | 9 |
| 1881 | 78 | 47 | 115 | 100 | 12 |
| 1884 | 106 | 51 | 74 | 99 | 24 |
| 1887 | 121 | 99 | 32 | 98 | 11 |
| 1890 | 93 | 42 | 76 | 106 | 35 |
| 1893 | 100 | 53 | 48 | 96 | 44 |
| 1898 | 79 | 46 | 49 | 102 | 56 |
| 1903 | 75 | 51 | 36 | 100 | 81 |
| 1907 | 84 | 54 | 49 | 105 | 43 |
| 1912 | 57 | 45 | 42 | 91 | 110 |

Zeit trotz eingeschränkter Rechte ein wichtiger Bestandteil des politischen Lebens.

Für die Wahlen zum Reichstag war das **allgemeine Wahlrecht** eingeführt worden. Das Reich war in 382 (später in 397) Wahlkreise eingeteilt. Hier wählten die Männer über 25 Jahre die Abgeordneten direkt und geheim. Die Frauen waren nicht wahlberechtigt. Bei den Reichstagswahlen galt jede abgegebene Stimme gleich viel. Dieses Wahlrecht förderte die Entwicklung der politischen Zusammenschlüsse, der Parteien, in Deutschland.

**Die Parteien** – Nach 1860 organisierten sich die Anhänger der unterschiedlichen politischen Richtungen in Parteien. Worin unterschieden sich die einzelnen Parteien? Wo fanden sie ihre Anhänger?

Die ersten politischen Gruppierungen waren **liberale** Parteien (**Fortschrittspartei, Nationalliberale**), die für die freie Entfaltung des Einzelnen in Staat, Wirtschaft und Gesellschaft eintraten. Ihre Anhänger kamen vor allem aus dem Bürgertum. Als Gegenbewegung entstanden **konservative** Parteien, die die bestehende Ordnung, insbesondere die Monarchie, erhalten wollten. Im Adel, bei den Beamten und Offizieren, aber auch bei den Großindustriellen und den ostelbischen Großgrundbesitzern hatten die Konservativen ihre Mitglieder und Anhänger. Die Konservativen und später auch die Nationalliberalen unterstützten Bismarcks Politik.

Die meisten Industriearbeiter schlossen sich dem **Allgemeinen Deutschen Arbeiterverein** oder der **Sozialdemokratischen Arbeiterpartei** an, die eine grundlegende Verbesserung der bestehenden Verhältnisse anstrebten. Wähler in allen Schichten der Bevölkerung fand das **Zentrum,** das die Interessen der deutschen **Katholiken** vertrat.

Bismarck im Reichstag. Gemälde von A. v. Werner, um 1888

**Q 3** Bismarck über das allgemeine Wahlrecht:

1 Die Annahme des allgemeinen Wahlrechts war eine Waffe im Kampfe gegen Österreich, im Kampfe für die deutsche Einheit
5 ... In einem Kampfe derart, wenn er auf Leben und Tod geht, sieht man die Waffen, zu denen man greift, nicht an; der einzige Ratgeber ist zunächst der Erfolg des
10 Kampfes, die Rettung der Unabhängigkeit nach außen ... Außerdem halte ich noch heute das allgemeine Wahlrecht für ein berechtigtes Prinzip, sobald nur die
15 Heimlichkeit beseitigt wird.

(In: O.v. Bismarck, Die gesammelten Werke, Band 15, 2.Aufl., Berlin 1932, S.287. Bearbeitet)

**Q 4** Der liberale Politiker Hellmut v. Gerlach (1866–1935) über die Wahlen zum Reichstag 1871 in der preußischen Provinz Niederschlesien:

1 Am besten kamen die konservativen Großgrundbesitzer mit ihren Landarbeitern aus. Die Landarbeiter gehorchten damals noch willenlos, waren Stimmvieh ... Dass bei der öffentlichen Landtagswahl keine einzige ihrer Stimmen danebenging, ist selbstverständlich. Aber auch bei
5 den Reichstagswahlen klappte es tadellos. Da saß der gnädige Herr als Wahlvorsteher obenan, und in der Mittagspause wurden die Arbeiter, direkt vom Feld weg, von Inspektor und Vogt in das Wahllokal geführt.
10 Draußen bekam jeder seinen „richtigen" Wahlzettel in die Hand gedrückt. [Bei den Wahlen vor 1914 verteilten die Parteien Wahlzettel mit den Namen ihrer Kandidaten, die nur abgegeben zu werden brauchten.] Keiner traute sich, ihn unter der Kontrolle des gnädigen Herrn gegen
15 einen anderen umzutauschen.

(In: G. A. Ritter [Hg.], Historisches Lesebuch 2, 1871-1914, Frankfurt/ Main 1967, S. 125 f. Bearbeitet)

### ARBEITSAUFTRÄGE

1. Beschreibe anhand von B 1 das Regierungssystem des Deutschen Reiches. Begründe, ob man von „Demokratie" sprechen kann.
2. Werte T 2 aus, indem du die Wahlergebnisse der einzelnen Parteien zwischen 1871 und 1912 untersuchst.
3. Erkläre mit Q 3 die Einstellung Bismarcks zum allgemeinen Wahlrecht. Wie interpretierst du die Absicht, dass die „Heimlichkeit beseitigt" werden sollte? Beachte dabei auch Q 4.
4. Spielt die in Q 4 geschilderten Vorgänge (Reichstagswahlen in Niederschlesien) in eurer Klasse mit verteilten Rollen nach.

# 4. Eine Gesellschaft voller Widersprüche

Das Deutsche Reich zeigte sich nach außen geschlossen und mächtig. Doch im Innern bestanden tiefe Gegensätze zwischen den Schichten der Bevölkerung. Auch konnte von einheitlichen Lebensverhältnissen für alle Schichten nicht die Rede sein. Welche Widersprüche waren besonders auffällig?

**Unternehmer und Arbeiter** – Im Jahre 1882 arbeiteten mehr als zwei Millionen Männer und Frauen in den neu entstandenen Fabriken. Wie stellte sich ihre Lebenssituation dar?

Lange, harte Arbeit, geringer Lohn und erbärmliche Wohnverhältnisse kennzeichneten das Leben der Arbeiter und das ihrer Familien zu Beginn des Kaiserreichs. Viele Unternehmer dagegen, die sich oft selbst aus kleinen Verhältnissen emporgearbeitet hatten, genossen ihren erworbenen Wohlstand. Sie ließen keinen Zweifel daran, dass sie die Herren in ihrem Betrieb waren. Doch einige Großunternehmer sorgten auch für soziale Leistungen: Sie bauten für ihre Arbeiter Wohnungen und richteten betriebliche Krankenkassen ein.

**Gutsherren und Landarbeiter** – In Deutschland spielte die Landwirtschaft weiterhin eine wichtige Rolle. 1875 war noch fast jeder zweite Erwerbstätige in der Landwirtschaft beschäftigt. Vor allem die **ostelbischen Gutsbesitzer** waren auf Landarbeiter angewiesen. Wie war das Verhältnis zwischen diesen Gutsherren und ihren Arbeitern?

B1 Ein Unternehmer aus Wuppertal. Gemälde von F. Roeber, 1890

B2 Belegschaft einer Eisengießerei. Fotografie, 1894

Viele Landarbeiter litten unter einer noch härteren Abhängigkeit als die Industriearbeiter. Der Gutsherr stellte dem Arbeiter außer dem geringen Lohn ein kleines Stück Land und eine kümmerliche Wohnung zur Verfügung. Dafür musste die ganze Familie auf seinen Feldern hart arbeiten. Der Gutshof war der Lebensmittelpunkt der Landarbeiter. Das Gut und das dazugehörige Gutsdorf gehörten keiner Gemeinde an. Der Gutsherr hatte die Polizeigewalt und konnte die Arbeiter sogar am Verlassen ihres Wohnsitzes hindern. Die Gutsherren und ihre Familien lebten anders: In ihren Gutshäusern und Schlössern hielten sie Abstand von der dürftigen Welt ihrer Landarbeiter.

**Die Frauen im Kaiserreich** – Die Reichsgründung hatte die rechtliche Lage der Frauen nicht verbessert. Neben dem fehlenden Wahlrecht sollten sie sich weiterhin mit ihrer untergeordneten Rolle in der Gesellschaft abfinden. Wie reagierten die Frauen auf diese Situation?

Viele Frauen aus den mittleren und gehobenen Schichten wollten nicht mehr dem Bild der gehorsamen Ehefrau und fürsorglichen Mutter entsprechen, die standesgemäß verheiratet worden war und in der Haushaltsführung ihr „Glück" fand. Doch die Gymnasien und Universitäten waren ihnen verschlossen. Als die ersten Frauen ihre Stimmen erhoben und das Recht auf Bildung verlangten, wurden sie heftig angegriffen und verspottet. Erst gegen Ende des 19. Jahrhunderts wurde die Ausbildung der jungen Frauen auch auf das Abitur gerichtet. Normalen Zugang zu Universitäten bekamen sie erst zu Beginn des 20. Jahrhunderts.

Die Frauen der Arbeiter mussten wie die Männer arbeiten, um die Familien ernähren zu können. Sie wurden aber noch schlechter entlohnt. Für sie kam es vor allem darauf an, am Arbeitsplatz den Männern gleichgestellt zu werden. 🕮/5

**Arbeiterbewegung** – Schon vor der Reichsgründung waren Parteien und Gewerkschaften gegründet worden, die sich für grundlegende gesellschaftliche und politische Veränderungen einsetzten. Wie verhielt sich der Staat zu dieser Bewegung?

1875 vereinigten sich in Gotha die beiden deutschen Arbeiterparteien zur Sozialistischen Arbeiterpartei (SAP), seit 1890 **Sozialdemokratische Partei Deutschlands (SPD)**. Bismarck nutzte die wachsende Furcht vor einer scheinbar drohenden sozialistischen Revolution aus, um die Sozialdemokratie zu bekämpfen. Als im Jahre 1878 zwei Attentate auf Kaiser Wilhelm I. verübt wurden, setzte er im Reichstag das Sozialistengesetz durch. Alle sozialistischen Vereine wurden verboten. Abgesehen von den Wahlen waren die Sozialisten von jeder politischen Betätigung ausgeschlossen.

FERDINAND LASSALLE, 1825–1864. Führer des Allgemeinen Deutschen Arbeiterverbandes bis 1864. Lithografie: „Der Kämpfer gegen die Kapitalmacht", Ende 19. Jh.

---

**Q3** Über Fanny Lewald (1811–1889):

1 Fanny Lewald, die Königsberger Schriftstellerin, schildert in ihrer Biografie die Situation bürgerlicher Töchter: „Und wir Frauen sitzen und sitzen von unserem sieb-zehnten Jahre ab, und warten und warten, und hoffen
5 und harren in müßigem Brüten von einem Tage zum andern, ob denn ein Mann noch nicht kommt, der uns genug liebt, um sich unserer Hilflosigkeit zu erbarmen."
Als Fanny 26 Jahre alt war, drängte sie der Vater, ein Kaufmann und Bankier, einen ihr gleichgültigen Landrat
10 zu heiraten. Fanny weigerte sich, die Ehe mit diesem Versorgungsmann einzugehen. Sie galt danach als „altes Mädchen" und bemühte sich, im Haus des Vaters mit Nähen, Schneidern, Musikunterrichtgeben ... dienstbar zu sein. Um 1870 gab es in Preußen 1,25 Millionen un-
15 verheiratete Frauen, die sich irgendwie bei der Verwandtschaft durchschlagen mussten.

(B. Duden / E. Meyer-Renschhausen, Frauenarbeit in Preußen, in: Preußen, Zur Sozialgeschichte eines Staates, Reinbek 1981, S. 280. Bearbeitet)

---

## ARBEITSAUFTRÄGE

1. Beschreibe B 1. Wie lässt sich der Unternehmer abbilden? Gib deinen Eindruck wieder. Vergleiche B 1 mit dem Bild der Arbeiter in B 2. Was drücken deiner Meinung nach die Gesichter der Arbeiter aus?
2. Lies Q 3. Entwirf einen Brief, in dem Fanny Lewald ihrem Vater mitteilt, dass sie der geplanten Heirat nicht zustimmt.
3. Konnte Bismarck die Sozialdemokratie durch das Sozialistengesetz ausschalten? Vergleiche dazu T 2 auf Seite 18.

# 5. Wirtschaft, Gesellschaft, Politik

Nach der Reichsgründung stellten schwerwiegende wirtschaftliche Probleme die herrschenden Schichten und ihre politischen Vertreter vor große Herausforderungen. Wie entwickelte sich die deutsche Wirtschaft?

**Aufschwung und Krise** – Nach dem Sieg Deutschlands über Frankreich erlebte die deutsche Wirtschaft zunächst einen großen Aufschwung. Doch dieser währte nicht lange. Wie kam es zu der Krise?

Durch die französische Kriegsentschädigung war viel Geld nach Deutschland geflossen, das der Staat ausgeben konnte. Ständig wurden nun neue Unternehmen gegründet. Das notwendige Geld kam von den Bürgern, auch von weniger reichen. Sie erwarben für ihre Spargroschen Aktien, d.h. sie kauften Anteile an den neu gegründeten Unternehmen. Man spricht auch von den **„Gründerjahren"**.

Schon 1873 brach diese Entwicklung ab. Die Hoffnung auf Gewinne erfüllte sich nicht, denn viele Produkte und Dienstleistungen der neu gegründeten Unternehmen fanden keine Käufer mehr. Die Preise sanken, die Löhne fielen, viele Menschen wurden arbeitslos. Zahlreiche Firmen „machten Pleite", sie mussten schließen. Eine längere **Depression** (= wirtschaftlicher Niedergang) folgte, sie dauerte bis kurz vor die Jahrhundertwende.

**Der Staat greift in die Wirtschaft ein** – Die Liberalen im Reichstag traten für die ungehinderte Entwicklung der Wirtschaft und besonders für den freien Handel über die Staatengrenzen hinweg ein. Der Staat war bislang dieser wirtschaftlichen Zielsetzung gefolgt. Doch wie würde er sich angesichts der Krise verhalten? Viele Unternehmer, besonders aus der Eisen- und Textilindustrie, aber auch die Gutsbesitzer, hatten infolge der Wirtschaftskrise und der dadurch gestärkten ausländischen Konkurrenz Schwierigkeiten, ihre Produkte zu verkaufen. Bei Bismarck fanden sie für ihre Forderungen nach einem Eingreifen des Staates ein offenes Ohr.

**In Aktiengesellschaften neu angelegtes Kapital**

1870

1896

1873

2,4*    2,8*    2,9*
1851    1871    1874

\* Angaben in Mrd. Mark

(Angaben aus: H.-U. Wehler: Bismarck und der Imperialismus. 3. Aufl., Köln 1972, S. 57; 82)

**Q1** Der Sozialdemokrat August Bebel erzählt in seinen Erinnerungen:

1 Es kam zwischen beiden [d. h. zwischen der Industrie und der Landwirtschaft] das große Kartell zustande, das durch die Schaffung
5 eines neuen Zolltarifs [auf ausländische Produkte] ihr Bündnis besiegelte. Die Wandelhalle des Reichstages glich damals einer Schacherbude. Die Vertreter der
10 verschiedensten Industriezweige und Landwirte bevölkerten zu Hunderten die Wandelhalle und die Fraktionszimmer des Reichstags. Dort wurden die Kompromis-
15 se geschlossen. Erleichtert wurde das Schachergeschäft auf Kosten der großen Masse dadurch, dass die Sozialdemokratie durch das Sozialistengesetz gelähmt war.

(In: Geschichte in Quellen, Bd.5, München 1989, S.439. Bearbeitet)

**Q2** Die Börsenspekulation – Höhepunkt und Zusammenbruch:

1 Der Nachschub an frischen Aktien war gewaltig ... Gegründet wurde alles, was sich an der Börse verkaufen ließ: Banken und Versicherungen, Pferdebahnen, Maschinenfabriken und botanische Gärten, Bierbrauereien
5 und Hotels, Eisenbahnen ... Der wahnwitzige Börsenboom, der im Mai 1873 endete und dann in die längste und schwerste Wirtschaftskrise des Jahrhunderts mündete, führte zu einer nie dagewesenen Umverteilung des Volksvermögens. Hunderttausende verloren, als die
10 Kurse ins Bodenlose abrutschten, ihre Ersparnisse. Unzählige Familien waren so gründlich ruiniert, dass sie mehrere Generationen brauchten, um sich davon wieder zu erholen. In Berlin stieg die Zahl der Selbstmorde sprunghaft an, für viele Spekulanten endete der Traum
15 vom ewigen Reichtum im Obdachlosenasyl.

(In: G. Ogger, Die Gründerjahre, München/Zürich 1982, S. 180. Bearbeitet)

Er setzte 1879 im Reichstag durch, dass ausländische Erzeugnisse mit Einfuhrzöllen, sog. **Schutzzöllen,** belegt wurden. Auf diese Weise konnten die deutschen Produkte im Inland wieder zu höheren Preisen verkauft werden. Somit wurden mithilfe des Staates die wirtschaftlichen Interessen der Großindustriellen und der Großgrundbesitzer gesichert.

**Bismarcks Sozialgesetzgebung** – Der Staat hatte die Forderungen der Arbeiter bislang nur mit Ablehnung und Unterdrückung beantwortet. Bismarck wollte nun die Arbeiter für den Staat gewinnen. Er brachte im Reichstag Anfang der 80er Jahre eine Reihe von Gesetzen durch, die eine Versorgung der Arbeiter bei Unfall oder Krankheit sowie im Alter durch **Versicherungen** begründen sollten. Welche Fortschritte brachte diese Gesetzgebung?

Das Versicherungssystem entstand 1883 aus sehr bescheidenen Anfängen und wurde bis 1914 weiter ausgebaut:
– Von ca. 4,3 Millionen **Krankenversicherten** im Jahre 1885 stieg die Anzahl auf 15,6 Millionen im Jahre 1914.

**B 3** Deutsche Sozialversicherung. Postkarte aus dem Ersten Weltkrieg

– In der **Unfallversicherung** waren 1884 knapp 3 Millionen Menschen erfasst, im Jahre 1913 aber bereits 28 Millionen.
– Der 1889 eingeführten **Rentenversicherung** gehörten 1914 bereits ca. 16,5 Millionen Erwerbstätige an.

Bismarcks Versuch, die Sozialdemokratie zu unterdrücken, andererseits aber die Arbeiter durch die Sozialpolitik für den Staat und die politische Ordnung der Monarchie zu gewinnen, scheiterte. Die Arbeiter, die eine grundlegende Verbesserung ihrer Lebensverhältnisse wollten, hielten zur Sozialdemokratie. Doch die Versicherungsgesetze hatten Bestand: Sie waren der Anfang der **Sozialpolitik** in Deutschland.

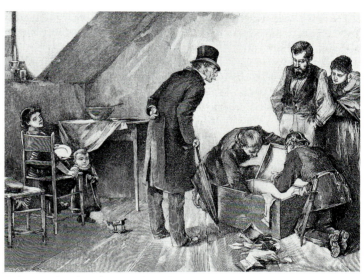

**B 4** Hausdurchsuchung während des Sozialistengesetzes. Zeichnung um 1885

### ARBEITSAUFTRÄGE

1. August Bebel spricht in Q 1 von einem „Schachergeschäft". Versuche diesen Ausdruck aus der Sichtweise der Sozialdemokratie zu erklären.
2. Lies Q 2 und überlege, ob die Auswirkungen des Börsenkrachs nur die Sparer und Spekulanten betrafen.
3. Erkläre B 3 mithilfe des Textes. Finde heraus, welche Absicht hinter diesem während des Ersten Weltkrieges veröffentlichten Schaubild steckte.
4. Beschreibe B 4. Erläutere, warum die Regierung während des Sozialistengesetzes Hausdurchsuchungen durchführen ließ.

# 6. Ein Bündel von Verträgen – die Außenpolitik Bismarcks

Das Deutsche Reich wurde während eines Krieges gegründet und war das Ergebnis dieses Krieges. Welche Außenpolitik war für Deutschland, das mitten in Europa gelegen und kaum von natürlichen Grenzen umgeben ist, angemessen?

**Bismarcks außenpolitische Vorstellungen** – Der Reichskanzler war sich der schwierigen außenpolitischen Lage des Reiches bewusst. Er betonte ausdrücklich, dass Deutschland keine Ansprüche gegenüber seinen Nachbarn erheben werde. Wie aber wollte er die Sicherheit Deutschlands gewährleisten?

Frankreich konnte sich mit dem Verlust Elsass-Lothringens nicht abfinden, zumal die Bewohner der beiden Provinzen nicht über ihre staatliche Zugehörigkeit entscheiden durften. Bismarck hatte aber auf der Abtretung bestanden, weil Deutschland seiner Meinung nach dadurch in Zukunft vor Frankreich sicherer war. Nun wollte er Frankreich von einem Krieg zur Rückgewinnung Elsass-Lothringens abhalten. Bismarck wollte auch verhindern, dass Frankreich in Europa Verbündete fand, mit denen es sein Ziel durchsetzen konnte.

Mit wem aber sollte sich Deutschland zusammenschließen? Bismarck suchte die Zusammenarbeit mit den beiden Kaiserreichen Österreich-Ungarn und Russland. Allerdings gab es zwischen diesen Mächten Auseinandersetzungen wegen ihrer gegensätzlichen Interessen auf dem Balkan, in die auch die fünfte europäische Großmacht, England, verwickelt war. Bismarck war auch an guten Beziehungen zu England sehr interessiert.

**Die Bündnispolitik Bismarcks** – Ab 1873 wurde die Zusammenarbeit mit Österreich-Ungarn und Russland verwirklicht, später dann auch mit Italien. Die Vertragspartner versprachen sich gegenseitige Hilfe, falls sie angegriffen werden sollten. Dies betraf vor allem einen Angriff Frankreichs auf Deutschland. Bismarck gelang es, die von ihm gewünschten Beziehungen zu knüpfen und Deutschland eine starke, aber auch auf den Ausgleich der Kräfte bedachte Rolle in Europa zu verschaffen.

**Der Berliner Kongress** – Ein Höhepunkt der Außenpolitik Bismarcks war der **Berliner Kongress** im Jahre 1878. Inwieweit war seine auf Ausgleich gerichtete Politik erfolgreich?

Im russisch-türkischen Krieg von 1877/78 hatte Russland das Osmanische Reich (Türkei) besiegt. Im Frieden von San Stefano büßte es fast alle seine Besitzungen auf dem europäischen Festland ein. Russland hatte als Schutzherr der nun befreiten

**Q1** Rede des britischen Politikers Benjamin Disraeli (1804–1881) am 9.2.1871:

1 Dieser Krieg bedeutet die deutsche Revolution, ein größeres politisches Ereignis als die Französische Revolution des vergangenen Jahrhunderts ... Nicht ein einziger der Grundsätze der Handhabung unserer auswär-
5 tigen Angelegenheiten steht noch heute in Geltung. ... Wir stehen vor einer neuen Welt, neue Einflüsse sind am Werk, das Gleichgewicht der Macht ist völlig zerstört.

(In: Geschichte in Quellen, Bd. 5, München 1989, S.376 f. Bearbeitet)

**B2** „Unsere Fahne – trotz alledem". Straßenszene in Straßburg (Elsass). Lithografie von A. Lemercier, 1871

Balkanvölker eine Vormachtstellung in Südosteuropa errungen. Österreich-Ungarn und England erhoben dagegen Einspruch. Es entstand sogar die Gefahr eines Krieges. Bismarck brachte einen Kongress der europäischen Großmächte in Berlin zustande, auf dem er 1878 als „ehrlicher Makler" einen Kompromiss erreichte, der den Frieden auf dem Balkan sicherte.

**Ein weiterer Erfolg Bismarcks** – Russland hatte auf dem Berliner Kongress viele seiner Ziele nicht erreicht. Es fühlte sich von Deutschland im Stich gelassen. Außerdem gab es Konflikte wegen der deutschen Schutzzölle, die den russischen Agrarprodukten den Weg auf die deutschen Märkte erschwerten.

Dennoch gelang es Bismarck im Jahre 1887, Russland erneut vertraglich zu binden. Der **Rückversicherungsvertrag** zwischen Deutschland und Russland enthielt ein Neutralitätsversprechen Russlands im Falle eines französischen Angriffs auf Deutschland.

In der anbrechenden Zeit des Imperialismus, des Strebens der Großmächte nach Weltherrschaft, erschien den Nachfolgern Bismarcks dessen kompliziertes Geflecht von Bündnisverträgen als untauglich für die Durchsetzung deutscher Interessen.

**Q3** Rede Bismarcks vor dem Reichstag am 6.2.1888:

1  1. ... Wir liegen mitten in Europa. Wir haben mindestens drei Angriffsfronten. Frankreich hat nur seine östliche Grenze, Russland
5  nur seine westliche Grenze, auf der es angegriffen werden kann. Wir sind der Gefahr der Koalition [des Zusammenschlusses feindlicher Staaten] nach unserer geografi-
10  schen Lage und nach dem minderen Zusammenhang, den die deutsche Nation bisher in sich hatte, mehr ausgesetzt als andere Völker. 2. ... wenn wir die Isolierung ver-
15  hüten wollen, so müssen wir einen sicheren Freund haben. Wir haben vermöge der Gleichheit der Interessen zwei zuverlässige Freunde – zuverlässig nicht aus Liebe zu-
20  einander; denn Völker führen wohl aus Hass gegeneinander Krieg; aber aus Liebe, das ist noch gar nicht dagewesen, dass sich das eine für das andere opfert ... Mit
25  unseren Bundesgenossen in der Friedensliebe einigen uns die zwingendsten Interessen des europäischen Gleichgewichts und unserer eigenen Zukunft.

(In: H. Kraemer [Hg.], Die Reden des Fürsten Bismarck aus den Jahren 1847–1895, Bd 1, Halle o.J., S. 430, 440. Bearbeitet)

**Bündnisse und Verträge Deutschlands um 1887**

Zweibund 1879
Dreibund 1882
Dreikaiserabkommen 1881-1887
Rückversicherungs-vertrag 1887-1890

K4

ARBEITSAUFTRÄGE

1. Lies Q 1 und versuche zu erklären, warum der britische Politiker das „Gleichgewicht der Macht" für zerstört hält.
2. Beschreibe die dargestellten Personen in B 2. Achte besonders auf die Farbe der Kleider der drei Frauen in der Mitte. Erläutere die politische Aussage des Malers.
3. Lies Q 3/1. Erkläre, wie Bismarck die Lage des Deutschen Reiches in Europa sieht. Nutze auch die Karte 3 auf S. 10.
4. Lies Q 3/2. Von welchen Bundesgenossen und Freunden spricht Bismarck? Welche Staaten hat er sicher nicht gemeint? Erläutere, was seiner Ansicht nach die beste Grundlage eines Bündnisses ist. Vergleiche mit Q 1.
5. Benenne anhand von K 4 die Bündnisse bzw. Verträge, die Bismarck abgeschlossen hatte. Versuche, für jeden Bündnisvertrag Bismarcks Gründe zu nennen.

# 7. Neuer Kurs – mit welchem Ziel?

Das Jahr 1888 wurde „Dreikaiserjahr" genannt: Nach dem Tode Wilhelms I. kam dessen Sohn FRIEDRICH III. und kurz danach sein Enkel WILHELM II. an die Regierung (1888 –1918). Würden der 29-jährige Monarch und der 73-jährige Kanzler zu einer gemeinsamen Innen- und Außenpolitik finden?

**Der neue Kurs** – Mehr als neunzehn Jahre hatte Otto v. Bismarck als Reichskanzler die Politik bestimmt. Doch der selbstbewusste, aber politisch unerfahrene Kaiser wollte selbst die Politik gestalten. Anders als es sein Großvater Wilhelm I. getan hatte, folgte er nicht mehr dem erfahrenen und gleichfalls selbstbewussten Bismarck. In der Innen- wie in der Außenpolitik brachen Gegensätze auf: Der neue Kaiser wollte der Arbeiterschaft entgegenkommen, z. B. durch ein Verbot der Sonntagsarbeit. Bismarck dagegen setzte weiter auf die bisherige Unterdrückungspolitik. Außenpolitisch schlug der Kaiser durch die Nichtverlängerung des Rückversicherungsvertrages mit Russland einen neuen Kurs ein, sodass es bald zu einer Annäherung zwischen Russland und Frankreich kam. Anfang 1890 waren die Gegensätze zwischen Wilhelm II. und Bismarck unüberbrückbar geworden: Am 20. März 1890 entließ der Kaiser den Reichskanzler.

**Deutschland an der Schwelle zum 20. Jahrhundert** – Die Nachfolger Bismarcks waren nicht in der Lage, die grundlegenden Probleme der deutschen Politik zu lösen. Die politische und gesellschaftliche Gleichberechtigung wurde der Arbeiterschaft weiterhin verwehrt. Das Deutsche Reich beteiligte sich führend am Wettlauf der Großmächte um Macht und Einfluss und gefährdete damit das Kräftegleichgewicht in Europa. Die herrschenden Schichten des Reiches – an ihrer Spitze der Kaiser – waren nicht bereit, dem Reichstag entscheidenden Einfluss auf die Gestaltung der Innen- und Außenpolitik einzuräumen. 🔎/6

„Der Lotse muss das Schiff verlassen". Karikatur von Sir John Tenniel, 1890

## ARBEITSAUFTRÄGE

1. Lies Q1. Erläutere die Kritik des Redners an den politischen Zuständen in Deutschland.
2. Lies Q2. Welche Vorstellungen hat der neue Kaiser von seiner Regierung? Versuche seinen Charakter zu beschreiben.

| | Politik | Kultur | Alltag |
|---|---|---|---|
| **1890** | 1890: Entlassung Bismarcks<br>1888: Wilhelm II. wird Deutscher Kaiser<br>1887: Rückversicherungsvertrag Deutschland–Russland | 1890: Preußische Schulkonferenz; Wilhelm II. ruft zur Bekämpfung der Sozialdemokratie in der Schule auf. | |
| **1880** | 1882: Dreibund zwischen Deutschland, Österreich-Ungarn, Italien<br>1881: Dreikaiservertrag zwischen Deutschland, Österreich-Ungarn, Russland<br>1878: Sozialistengesetz<br>1873: Dreikaiserabkommen Deutschland, Österreich-Ungarn, Russland<br>1871: Gründung des Deutschen Reiches. Der preußische König Wilhelm I. wird zum Deutschen Kaiser ausgerufen | 1880: Nur einer von 1.000 Studenten in Preußen entstammt einer Arbeiterfamilie<br><br>1871ff.: Zunehmende Militarisierung der Kultur und der Gesellschaft<br>bis ca. 1900: Mädchen/Frauen bleiben von der höheren Schulbildung ausgeschlossen<br>1869: Gesetz des Norddeutschen Bundes über die Gleichberechtigung der religiösen Bekenntnisse | 1883ff.: Beginn der Sozialgesetzgebung (Kranken-, Unfall- und Rentenversicherung)<br><br>1878: Die politische Überwachung wird im Rahmen des Sozialistengesetzes (bis 1890) verschärft<br>1875: Noch arbeitet jeder zweite Erwerbstätige in der Landwirtschaft<br>1873: Beginn einer langdauernden Wirtschaftskrise (bis ca. 1895)<br>1870–1873: „Gründerjahre", ein Industrialisierungsschub in Deutschland, besonders in Preußen<br>Kinderarbeit in Fabriken, Handwerksbetrieben und in der Landwirtschaft (bis etwa 1890/1903) |
| **1870** | 1870/71: Deutsch-Französischer Krieg<br><br>1866: Krieg Preußens gegen Österreich<br>1864: Krieg Preußens und Österreichs gegen Dänemark<br>1862: Otto von Bismarck wird preußischer Ministerpräsident | | |
| **1860** | 1858–1866: Heereskonflikt in Preußen (ab 1862 Verfassungskonflikt) | | |
| **1850** | 1851: Der Deutsche Bund von 1815 wird wieder hergestellt<br>1849: Dreiklassenwahlrecht in Preußen (bis 1918)<br>1848/49: Demokratische Revolution in Deutschland | 1848/49: Einschränkung der Pressefreiheit | seit 1849: Polizeiliches Spitzelwesen in Preußen<br><br>seit 1830/35: Beginn der Industrialisierung in Deutschland |
| **1845** | | | |

# Zusammenfassung – Das deutsche Kaiserreich

Nach dem Scheitern der demokratischen Revolution von 1848 wurde die Entwicklung eines deutschen **Nationalstaates** von Preußen vorangetrieben. Dies wurde möglich, nachdem Preußen infolge dreier siegreich geführter Kriege zur Führungsmacht in Deutschland aufgestiegen war. 1871 wurde der preußische König **Wilhelm I.** von den deutschen Fürsten zum Deutschen Kaiser ausgerufen. Dem Deutschen Reich von 1871 gehörte Österreich nicht an. Die Verfassung gab dem Kaiser und dem von ihm berufenen **Reichskanzler** eine starke Stellung. Die Abgeordneten des **Reichstages**, die vom Volk in allgemeinen, gleichen und geheimen Wahlen bestimmt wurden, hatten wenig Einfluss auf die Politik.

Der Aufstieg Preußens und die Gründung des deutschen Nationalstaates 1871 ist eng mit der Person **Otto von Bismarcks** verbunden. Seit 1862 regierte er Preußen als Ministerpräsident. Von 1871 bis 1890 war Bismarck der erste deutsche Reichskanzler. In diesen Jahren verstand er es, Deutschland durch geschickte Diplomatie und Verträge mit den Nachbarstaaten abzusichern.

Das **allgemeine, gleiche Wahlrecht**, von dem Frauen jedoch bis 1919 ausgeschlossen blieben, förderte die Entwicklung der politischen Parteien in Deutschland. Das Deutsche Kaiserreich war zwar ein autoritärer Staat, aber für alle Bürger galt die Gleichheit vor dem Gesetz. Den wachsenden Einfluss der Sozialdemokraten versuchte Bismarck vergeblich durch das **Sozialistengesetz** von 1878 zu schwächen.

Die Wirtschaftsentwicklung Deutschlands blieb auch nach der Reichsgründung von starken Gegensätzen geprägt: Phasen des Aufschwungs folgten Krisen und Depressionen. Für die Arbeiter und ihre Familien waren die Lebensbedingungen oft noch von bitterer Armut geprägt. Seit 1883 entstand mit der Kranken-, Unfall- und Rentenversicherung eine **staatliche Sozialpolitik**. 🌐/7

## ARBEITSAUFTRAG

Trage in einer Tabelle ein, was du an der Politik Bismarcks positiv beurteilst und was negativ. Zu welchem Gesamturteil kommst du?

## ZUM WEITERLESEN

D. Reiche: Der verlorene Frühling. Anrich Verlag, Modautal - Neunkirchen ²1994.
K. Kordon: Die Zeit ist kaputt. Die Lebensgeschichte des Erich Kästner. Beltz & Gelberg, Weinheim ³1995.
H. Brandt: Die Menschenrechte haben kein Geschlecht. Die Lebensgeschichte der Hedwig Dohm. Beltz & Gelberg, Weinheim ²1995
🌐/1 http://www.preussen-chronik.de/1848_1871/episoden.jsp
🌐/2 http://www.bismarck-stiftung.de/
🌐/3 http://www.preussen-chronik.de/1848_1871/episoden.jsp
🌐/4 http://www.preussen-chronik.de/episoden/009790.jsp
🌐/5 http://www.dhm.de/lemo/objekte/sound/kuechen1/index.ram
🌐/6 http://home.t-online.de/home/0511854686-0001/Kaiserreise/kaiserreise.html
🌐/7 http://www.dhm.de/lemo/html/kaiserreich/index.html

Um das Jahr 1890 ließ sich ein deutscher Politiker von Afrika-
nern auf einem Radwagen durch ein Gebiet im Osten Afrikas
kutschieren. Diese Besichtigungsfahrt war kein touristisches
Reisevergnügen. Etwa zur gleichen Zeit lernten afrikanische
Kinder, wie die Flüsse in Deutschland oder in Frankreich
hießen, oder sie schrieben Aufsätze mit dem Thema: „Welche
guten Dinge haben wir den Europäern zu verdanken?"

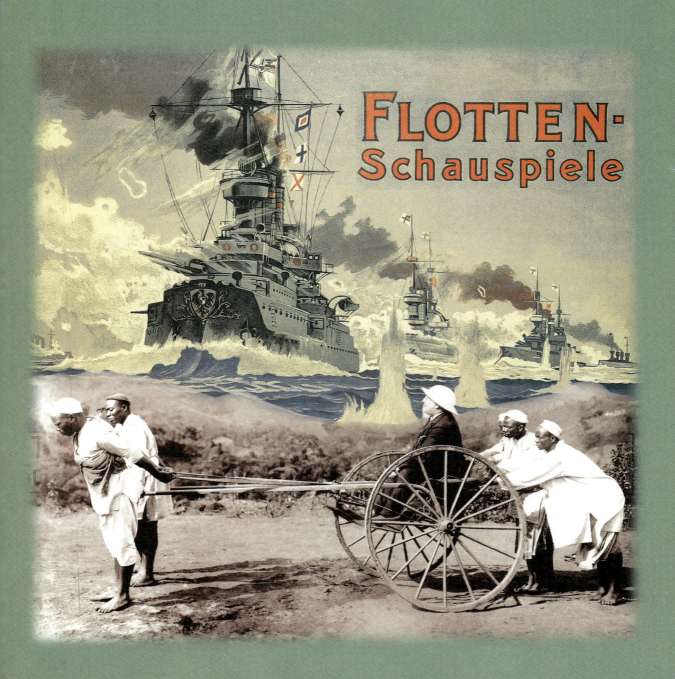

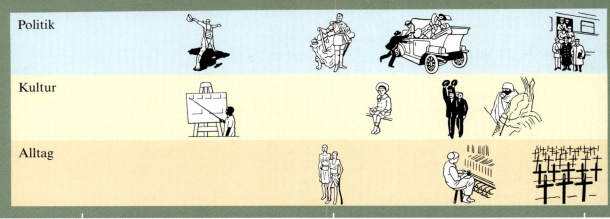

| Politik | | | | |
| Kultur | | | | |
| Alltag | | | | |

1880                1900                1920

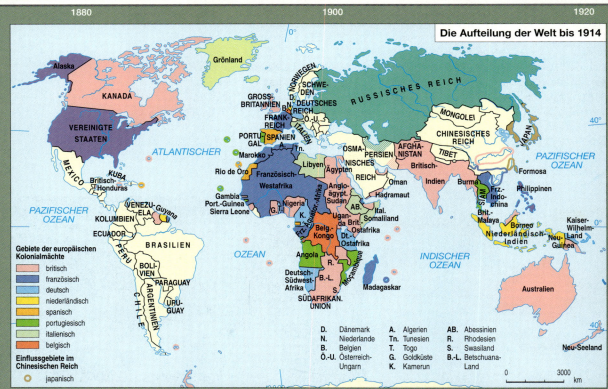

Die Aufteilung der Welt bis 1914

**Gebiete der europäischen Kolonialmächte**

- britisch
- französisch
- deutsch
- niederländisch
- spanisch
- portugiesisch
- italienisch
- belgisch

**Einflussgebiete im Chinesischen Reich**

- japanisch

| D. | Dänemark | A. | Algerien | AB. | Abessinien |
| N. | Niederlande | Tn. | Tunesien | R. | Rhodesien |
| B. | Belgien | T. | Togo | S. | Swasiland |
| Ö.-U. | Österreich-Ungarn | G. | Goldküste | B.-L. | Betschuana-Land |
| | | K. | Kamerun | | |

0        3000
km

---

A R B E I T S A U F T R A G

Welche Staaten besaßen im 19. Jahrhundert Kolonien? Fertige eine Liste an und trage dort auch ein, wo die Kolonien der einzelnen Länder lagen.

# Die Aufteilung der Welt

## 1. Aus Kolonialismus wird Imperialismus

Seit dem Entdeckungszeitalter im 15. und 16. Jahrhundert versuchten die Europäer, Kolonien in Besitz zu nehmen, um sie wirtschaftlich auszubeuten. Anfangs waren es meist einzelne Kaufleute und Handelsunternehmen aus Portugal, Spanien, Großbritannien, den Niederlanden und Frankreich. Später übernahmen dann meist deren Mutterländer die Herrschaft in den Kolonien.

**Die Welt wird aufgeteilt** – In der zweiten Hälfte des 19. Jahrhunderts verschärfte sich die Kolonialpolitik der Großmächte zu einem regelrechten „Wettlauf um die Aufteilung der Welt". Was waren die Gründe für diese Entwicklung?

Die europäischen Nationalstaaten waren durch die Industrialisierung in eine Konkurrenz um billige Rohstoffe und um Ab-satzmärkte für ihre Produkte in der ganzen Welt geraten. Kolonien galten auch als Beweis einer erfolgreichen Machtpolitik. Viele moderne Nationalstaaten Europas, auch Deutschland, beteiligten sich am Wettlauf um unerschlossene Gebiete, vor allem in Afrika und Asien. Russland breitete sich vor seiner „Haustür" nach Südosteuropa aus. Die USA traten nicht direkt als Kolonialmacht auf, beherrschten aber durch ihre wirtschaftliche Macht die Staaten Süd- und Mittelamerikas.

Eine staatliche Politik mit dem Ziel, den eigenen Herrschaftsbereich und die wirtschaftliche Macht auf Kosten anderer Länder auszubauen, wird **Imperialismus** genannt (von lat.: imperium = Reich, Herrschaftsgebiet). Der Imperialismus der großen Mächte hatte zum Ziel, ein Weltreich zu errichten.

| T 1 Fläche (in 1000 km²) und Bevölkerung (in Millionen) europäischer Kolonialstaaten | | | | |
|---|---|---|---|---|
| | Mutterland | | abhängige Gebiete | |
| | Fläche | Einw. | Fläche | Einw. |
| **Großbritannien** | | | | |
| 1881 | 314 | 34,5 | 22.136 | 257,3 |
| 1899 | 314 | 38,1 | 27.781 | 347,4 |
| 1909 | 314 | 45,1 | 29.557 | 349,1 |
| **Frankreich** | | | | |
| 1881 | 528 | 36,9 | 526 | 5,6 |
| 1899 | 536 | 38,5 | 3.792 | 44,7 |
| 1909 | 536 | 39,3 | 5.947 | 42,8 |
| **Deutschland** | | | | |
| 1881 | 540 | 45,2 | – | – |
| 1899 | 540 | 54,3 | 2.600 | 9,4 |
| 1909 | 540 | 60,6 | 2.650 | 12,4 |
| **Portugal** | | | | |
| 1881 | 92 | 5,2 | 1.822 | 6,8 |
| 1899 | 92 | 5,4 | 2.093 | 7,7 |
| 1909 | 92 | 5,9 | 2.093 | 8,0 |
| **Niederlande** | | | | |
| 1881 | 33 | 5,1 | 2.046 | 24,5 |
| 1899 | 33 | 5,2 | 2.046 | 37.8 |
| 1909 | 33 | 5,8 | 2.046 | 48,5 |

(Zusammengestellt nach: Der Große Ploetz, 31. ak-tualisierte Auflage, Freiburg/Würzburg 1991, S. 732)

B 2 Manufakturladen in Surinam (niederländische Kolonie), um 1908

### ARBEITSAUFTRÄGE

1. Suche in der Karte auf S. 30 die britischen, französischen und deutschen Kolonialgebiete. Erläutere mit T 1, wann etwa die Kolonialreiche der drei Staaten ihr größtes Wachstum hatten.
2. Analysiere T 1. Wie entwickelten sich die Kolonialreiche der alten Kolonialmächte Portugal und Niederlande in der Phase des Imperialismus? Versuche dein Ergebnis zu begründen.
3. Beschreibe B 2. Erläutere die Einzelheiten und vergleiche mit einem heutigen Geschäft.

# 2. Großbritannien – eine imperialistische Weltmacht

Nachdem die amerikanischen Kolonien 1783 von England unabhängig geworden waren, war das Interesse an einer Erweiterung des Empire in England zunächst erlahmt. Nur in Indien, wo sich die Ostindische Kompanie niedergelassen hatte, war die britische Herrschaft ausgebaut worden. Doch England war im 19. Jahrhundert die führende Industriemacht der Welt. Welche Politik betrieb England in der Phase des Imperialismus?

**Erneuerung des Empires?** – Als führende Industriemacht wollte Großbritannien eine „offene Tür" für seinen Handel in der ganzen Welt haben. Doch im Verlauf des 19. Jahrhunderts begannen andere Industriestaaten zu wirtschaftlichen Konkurrenten Großbritanniens zu werden. Die Einigung Deutschlands zum Nationalstaat hatte seinen raschen Aufstieg zur Industrienation unterstützt. Auch die Vereinigten Staaten von Amerika suchten neue Absatzgebiete für ihre Industrieprodukte in der ganzen Welt. Diese Konkurrenzsituation wurde verschärft, da die Wirtschaft aller europäischen Industriestaaten nach 1873 von einer schweren Absatzkrise gelähmt wurde und dringend neue Märkte benötigt wurden.

Nun sollte nach britischer Vorstellung ein starkes, in sich geschlossenes Wirtschaftsimperium gebildet werden. Später sagte man, aus dem Mutterland Großbritannien (Great Britain) sollte das „Größere Britannien" (Greater Britain) werden, das alle Kolonien einschloss. Ein erster Schritt war, dass sich die englische Königin Viktoria ab 1877 auch „Kaiserin von Indien" nannte.    🖉/1

**Indirekte Herrschaft** – Die Europäer hatten seit dem 15. Jahrhundert von der afrikanischen „Goldküste", dem späteren Ghana, Goldstaub und Sklaven be-

BENJAMIN DISRAELI, 1804–1881. Britischer Premierminister 1868 und 1874–1880

**Q1** Der britische Premierminister Lord Palmerston 1850:

1    ... wir wünschen aufs Dringlichste, dass sich die Zivilisation nach Afrika ausdehnt; wir sind überzeugt, dass der Handel der beste Pionier
5    der Zivilisation ist, und wir sind zufrieden, dass genügend Raum in Afrika für den Handel aller Nationen der restlichen Welt ist. Daher würden wir jede Ausdehnung des
10    Handels in Afrika mit Genugtuung betrachten: vorausgesetzt, dass dieser Handel nicht auf einem Monopol beruht und nicht aufgrund eines Systems durchgeführt wird,
15    das andere ausschließt ...

(In: W. Mommsen, Imperialismus. Seine geistigen, politischen und wirtschaftlichen Grundlagen, Hamburg, 1977, S. 44)

**B2** Kwaku Dua von Asante (Goldküste) im Kreis seines Hofstaats

**B3** König Prempeh I. von Asante und britische Beamte nach 1920

zogen. Zu Beginn des 19. Jahrhunderts setzten sich die Engländer dort mit Handelsstützpunkten fest. 1874 errichteten sie eine Kolonie und begannen, das Land systematisch auszubeuten. Dies geschah z. B. durch das Anlegen von Goldminen.

Als Basis für ihre Herrschaft schlossen die britischen Kolonialherren mit den einheimischen Häuptlingen Verträge ab. Die Häuptlinge erhielten für die Ausbeutung der Goldminen jährlich eine geringe Miete, von den großen Gewinnen waren sie jedoch ausgeschlossen.
Auch für die Verwaltung der Kolonien griffen die Briten auf einheimische, von der Bevölkerung respektierte Persönlichkeiten zurück. Bisherige Könige oder Häuptlinge wurden in ihrer Funktion belassen, waren aber nun den englischen Beamten verantwortlich. So wurde ihr Ansehen für die britische Herrschaft genutzt. Diese Methode wird „indirect rule" (dt.: indirekte Herrschaft) genannt.

**Konflikte zwischen den Kolonialmächten** – Die imperialistische Politik führte immer wieder zu Gegensätzen der Großmächte, besonders in Afrika und in islamischen Ländern. Dies zeigt das Beispiel Ägyptens.

Das Land war seit dem 16. Jahrhundert Teil des Osmanischen Reiches mit einem Vizekönig an der Spitze. Nach den Ägyptenfeldzügen Napoleons 1798/99 galt es jedoch als französisches Einflussgebiet. Mithilfe Frankreichs wurde 1859–1869 der Bau des Suezkanals finanziert. Auch England hatte Kredite für die Entwicklung des Landes gegeben. Als der ägyptische Vizekönig 1876 in Finanznöte geriet, wurde eine gemeinsame französisch-englische Finanzaufsicht eingesetzt. Damit war das Land praktisch von Frankreich und England abhängig.

Doch 1883 machte England Ägypten zu seinem Schutzgebiet. Daraus entwickelte sich ein dauernder Konflikt mit Frankreich um den Einfluss in Afrika.

CECIL RHODES, 1853–1902. Britischer Finanzminister 1884. Er setzte seinen Reichtum, gewonnen durch das Gold- und Diamantenmonopol in Südafrika, zur britischen Expansion in Afrika ein. Von 1890–1894 war er Premierminister der englischen Kapkolonie.

**B5** „Rhodes-Koloss", der Afrika überspannt. Britische Karikatur, 1892

**Q4** Der britische Politiker Lord Roseberry 1893:

1 ... Es wird gesagt, dass unser Empire bereits groß genug sei und dass es keiner weiteren Expansion mehr bedürfe. Dies wäre in der Tat
5 richtig, wenn die Welt unbegrenzt groß wäre; doch unglücklicherweise ist sie es nicht. Wir sind im Augenblick damit beschäftigt, „Schürfrechte für die Zukunft" ab-
10 zustecken, wie es in der Sprache der Bergleute heißt. Was wir ins Auge zu fassen haben, ist nicht, was wir im gegenwärtigen Augenblick nötig haben, sondern was wir
15 in Zukunft nötig haben werden ...
(In: W. Mommsen, Imperialismus. Seine geistigen, politischen und wirtschaftlichen Grundlagen, Hamburg 1977, S. 64 f.)

## ARBEITSAUFTRÄGE

1. Erläutere mit Q1 die Politik Großbritanniens. Ziehe auch T1 auf S. 31 sowie T1 auf S. 34 zur Erklärung heran.
2. Beschreibe die Fotografien B2 und B3. Erläutere, welche Personen auf den Fotos jeweils die wichtigsten sind. Vergleiche dann beide Fotos: Was hat sich für die Afrikaner geändert?
3. Erläutere die Ziele Großbritanniens in Q4. Vergleiche mit Q1.
4. Erläutere, welche Absicht Großbritanniens die Karikatur B5 darstellt. Mit welchen Mächten könnten die Briten dabei in Konflikt geraten?

# 3. Motive und Rechtfertigung des Imperialismus

In ihrem Wettlauf um Kolonien und Einfluss teilten die europäischen Mächte Afrika und, zusammen mit Japan, auch große Teile Asiens unter sich auf. Sie konnten sich dabei auf ihre wirtschaftliche, technische und militärische Überlegenheit stützen. Aber wie wurde diese imperialistische Politik von den Europäern begründet und gerechtfertigt?

**Wirtschaftsinteressen** – Hintergrund der imperialistischen Politik war der gewaltige Anstieg der Wirtschaftskraft während der Industrialisierung. Durch Massenproduktion entstanden Gütermengen, die im eigenen Land nicht mehr abgesetzt werden konnten.

Auch einzelne Banken und Unternehmen der Industriestaaten legten Teile ihrer Gewinne in den Kolonien oder in anderen abhängigen Gebieten an. Sie setzten dort Kapital ein, um neue Wirtschaftsbetriebe oder Verkehrswege aufzubauen. Dabei hofften sie auf spätere Gewinne.

Daneben wuchs in den europäischen Industriestaaten die Hoffnung, durch den Erwerb von Kolonien eine Entspannung der „sozialen Frage" im eigenen Land zu erreichen. Die Kolonien sollten das wirtschaftliche Wachstum des Mutterlandes stärken, den Wohlstand der gesamten Nation fördern und dadurch politische und soziale Konflikte entschärfen.

**Rechtfertigungen des Imperialismus** – Seit den ersten Entdeckungsfahrten hielten sich die Europäer anderen Völkern gegenüber für überlegen. Wie äußerte sich diese Einstellung im Zeitalter des Imperialismus?

Die Europäer waren überzeugt, dass ihre Kultur einen besonders hohen und wertvollen Entwicklungsstand der Menschheit darstellte. Sie glaubten sogar, im Auftrage Gottes zu handeln, wenn sie ihre Kultur und die christliche Religion den „unterentwickelten" Völkern aufzwan-

| T1 Werte der ausgeführten Waren wichtiger Industriestaaten | | |
|---|---|---|
| Großbritannien (Mill. Pfd.) | Frankreich (Mill. Frs.) | Deutsches Reich (Mill. RM) |
| 1870  199,6 | 3082 | – |
| 1880  223,0 | 3815 | 2813,7 |
| 1890  263,5 | 4128 | 4126,4 |
| 1900  291,2 | 4526 | 5768,6 |
| 1910  430,5 | 6857 | 8926,9 |

(In: Der Große Ploetz, 31., aktualisierte Auflage, Freiburg/Würzburg, 1991, S. 732)

**Q2** Cecil Rhodes, Premierminister der britischen Kapkolonie, 1877:

1 Ich behaupte, dass wir die erste Rasse in der Welt sind und dass es umso besser für die menschliche Rasse ist, je mehr von der Welt wir bewohnen ...
Da [Gott] offenkundig die Englisch sprechende Rasse
5 zu seinem auserwählten Werkzeug formt, durch welches er einen Zustand der Gesellschaft hervorbringen will, der auf Gerechtigkeit, Freiheit und Frieden gegründet ist, muss er offensichtlich wünschen, dass ich tue, was ich kann, um jener Rasse so viel Spielraum und
10 Macht wie möglich zu geben. Daher, wenn es einen Gott gibt, denke ich, dass das, was er gern von mir getan haben möchte, ist, so viel von der Karte von Afrika britisch rot zu malen als möglich und anderswo zu tun, was ich kann, um die Einheit zu fördern und den Einfluss der
15 Englisch sprechenden Rasse auszudehnen.

(In: W. Mommsen, Imperialismus. Seine geistigen, politischen und wirtschaftlichen Grundlagen, Hamburg 1977, S.273. Bearbeitet)

**Q3** Der französische Außenminister Hanotaux, 1902:

1 Bei der Ausdehnung Frankreichs handelt es sich nicht um Eroberungs- oder Machtpolitik, sondern darum, jenseits der Meere in Landstrichen, die gestern barbarisch waren, die Prinzipien der Zivilisation zu verbreiten, deren sich zu
5 rühmen eine der ältesten Nationen des Globus wohl das Recht besitzt ... Es handelt sich darum, unsere Sprache, unsere Sitten, unser Ideal, den französischen und lateinischen Namen inmitten der stürmischen Konkurrenz der anderen Rassen, die alle auf demselben Wege marschie-
10 ren, zu schützen. Die französische Ausdehnung hatte zu allen Zeiten zivilisatorischen und religionsmissionarischen Charakter ... Wenn die Kunst, die Literatur, die Sprache, der Geist Galliens nicht ausgesät worden wären, der Rest des Universums wäre unfruchtbar geblieben.

(In: L. Zimmermann, Der Imperialismus, Stuttgart 1967, S. 25 f. Bearbeitet)

gen. Kaum jemand fragte dabei, ob diese Europäisierung von den Einheimischen gewollt war oder für sie Nachteile hatte.

Imperialismus, Nationalismus und Rassismus waren dabei aufs Engste miteinander verknüpft.
Der Nationalismus wurde in der zweiten Hälfte des 19. Jahrhunderts zu einer übersteigerten, häufig aggressiven und überheblichen Haltung gegenüber anderen Völkern (= **Chauvinismus**). In den imperialistischen Staaten ging man nicht mehr von einer Gleichrangigkeit aller Nationen aus, sondern von der Überlegenheit der eigenen Nation.

Dazu diente eine Einteilung der Menschen in so genannte höhere und niedere „Rassen". Der Engländer HOUSTON CHAMBERLAIN griff die Evolutionslehre Charles Darwins auf. Doch während Darwin davon gesprochen hatte, dass in der Natur immer die *anpassungs*fähigere Tier- oder Pflanzenart überlebe, behauptete Chamberlain, dass unter den menschlichen „Rassen" nur die stärkeren auf Kosten der schwächeren überleben. Nach dieser Theorie des **Sozialdarwinismus** bildete die scheinbar überlegene weiße „Rasse" eine Herrenrasse.

**Q4** Der afro-karibische Schriftsteller Aimé Césaire urteilt über den Kolonialismus und Imperialismus:

1 Der Kolonisator, der im anderen Menschen ein Tier sieht, nur um sich selber ein ruhiges Gewissen zu verschaffen, dieser Kolonisator
5 wird objektiv dahin gebracht, sich selbst in ein Tier zu verwandeln ... Man erzählt mir von Fortschritt und geheilten Krankheiten. Ich aber spreche von zertretenen Kulturen,
10 ... von Tausenden hingeopferten Menschen. ... Ich spreche von Millionen Menschen, denen man geschickt das Zittern, den Kniefall, die Verzweiflung ... eingeprägt hat.

(In: A. Césaire, Über den Kolonialismus, Berlin 1968, S. 27. Bearbeitet)

**B6** Unterricht in Deutsch-Ostafrika (heute Tansania), um 1903

**B5** Französische Zeitung, 1911:
„Frankreich wird Marokko Kultur, Wohlstand und Frieden bringen."

## ARBEITSAUFTRÄGE

1. Prüfe die Zahlen (Ausfuhren und Jahre) aus T1. Wie entwickelte sich die Höhe der Ausfuhren in den drei Ländern? Welche Rückschlüsse lassen sich daraus ziehen?
2. Stelle aus Q2 und Q3 die Argumente zusammen, mit denen der Imperialismus gerechtfertigt wird. Wie urteilt demgegenüber der Schriftsteller in Q4?
3. Beschreibe B5 und B6. Erläutere mit möglichst vielen Einzelheiten, wie die Weißen und wie die Schwarzen dargestellt sind.

# 4. Ein Platz an der Sonne – Deutschland will Weltmacht werden

Nach der Reichsgründung 1871 wurden auch in Deutschland Kolonien gefordert. Welche Interessen und Vorstellungen hatten dazu geführt? Würde sich Deutschland bei der „Aufteilung der Welt" mit den „alten" Kolonialmächten arrangieren?

**Kolonien für Deutschland** – Reichskanzler Bismarck hatte einer deutschen Kolonialpolitik anfangs noch sehr zurückhaltend gegenübergestanden. Doch seit dem Ende der 70er Jahre wurde der Ruf nach kolonialer Politik in Deutschland immer lauter und drängender. 1882 wurde der „Deutsche Kolonialverein" gegründet, der v. a. von der Großindustrie, zahlreichen Wirtschaftsverbänden und einer nationalen Presse unterstützt wurde. Deshalb erklärte das Reich die zuvor von Kaufleuten als Niederlassungen erworbenen Gebiete Deutsch-Ostafrika (1885), Deutsch-Südwestafrika (1884), Togo (1884) und Kamerun (1884) zu deutschen Schutzgebieten. ❷/2

**Weltpolitik** – Nach Bismarcks Entlassung im Jahre 1890 übernahm der junge Kaiser Wilhelm II. unverzüglich die Leitung der deutschen Außenpolitik. Welche Auffassung vertrat Wilhelm II. in der Kolonialfrage?

Nach Auffassung des Kaisers galten gerade Kolonien als Zeichen der Macht eines Staates. Deutschland war mit seiner Güterproduktion mittlerweile an die zweite Stelle der Industrienationen gerückt. Jetzt wurde immer mehr die Auffassung vertreten, Deutschland sei bei der Aufteilung der Welt bisher zu kurz gekommen. Neu gegründete Massenverbände wie der „Alldeutsche Verband" verbreiteten diese Politik propagandistisch. Der deutsche Kaiser selbst wurde zum obersten Wortführer einer imperialistischen Stimmung in Deutschland. Die deutsche Weltpolitik setzte sich nun zwei Ziele: den Erwerb weiterer Kolonien und, v. a. im Hinblick auf den Konkurrenten England, den Bau einer Schlachtflotte.

**Erfolge der deutschen Weltpolitik?** – Konsequent verfolgten Kaiser und Reichsregierung nach 1890 eine imperialistische Politik. Gelang es ihnen, bei der Aufteilung der Welt „erfolgreich" zu sein und eigene Kolonien zu erwerben?

Deutschland wollte bei seiner Kolonialpolitik „freie Hand" behalten. Der Kaiser und die Regierung versuchten daher

CARL PETERS, 1856–1918. Schriftsteller, Gründer des „Schutzgebietes" und späterer Reichskommissar Deutsch-Ostafrikas. Er wurde später auf Druck der SPD aus dem Reichskolonialdienst entfernt.

**B 1** Kaiser Wilhelm II. Gemälde von Max Koner, 1890

**Q 2** Gründungsaufruf für den 1891 gegründeten Alldeutschen Verband:

1 Der Zweck ... ist:
1. Belebung des vaterländischen Bewusstseins in der Heimat und Bekämpfung aller der nationalen Entwicklung entgegengesetzten Richtungen.
5 2. Pflege und Unterstützung deutsch-nationaler Bestrebungen in allen Ländern, wo Angehörige unseres Volkes um die Behauptung ihrer Eigenart zu kämpfen haben, und Zusammenfassung aller deutschen Elemente auf der Erde für diese Ziele.
10 3. Förderung einer tatkräftigen deutschen Interessenpolitik in Europa und über See. Insbesondere auch Fortführung der deutschen Kolonial-Bewegung zu praktischen Ergebnissen.

(In: W. Mommsen, Imperialismus. Seine geistigen, politischen und wirtschaftlichen Grundlagen, Hamburg 1977, S. 128. Bearbeitet)

nicht, sich mit den anderen Kolonial-mächten abzustimmen. Die Hoffnung der deutschen Politik war vielmehr, die Streitigkeiten zwischen den anderen Staaten, insbesondere die zwischen England und Frankreich, zum eigenen Vorteil nutzen zu können. So wollte man in Afrika ein Kolonialreich gewinnen, das von Kamerun im Westen nach Deutsch-Ostafrika im Osten reichte.

Diese Strategie schien 1898 aufzugehen, als britische und französische Truppen bei Faschoda, im Nordosten Afrikas, aufeinander stießen und zwischen beiden Staaten ein Krieg drohte. Überraschend bot die britische Regierung den Deutschen ein Bündnis gegen Frankreich an. Doch der Kaiser und die deutsche Regierung schlugen das Angebot aus. Sie vertrauten auf das Flottenbauprogramm und wollten die deutschen Kolonialinteressen weiter im Alleingang verwirklichen. So kam es zu einer erneuten Annäherung zwischen Großbritannien und Frankreich, die 1904 zur **„Entente cordiale"** (dt.: herzliches Einvernehmen) führte: England und Frankreich einigten sich über alle bisherigen kolonialen Streitigkeiten.

**Deutsche Kolonialbestrebungen in China?** – 1897 besetzte Deutschland den Hafen von Kiautschau in China. Damit sollte ein Handelsstützpunkt für den riesigen chinesischen Markt gewonnen werden. Das chinesische Kaiserreich hatte im Lauf des 19. Jahrhunderts viel von seiner alten Macht eingebüßt. Deutschland, aber auch die anderen imperialistischen Mächte nutzten diese Schwäche. Doch die religiösen und wirtschaftlichen Änderungen, die die Europäer nach China brachten, führten 1900 zu einem chinesischen Volksaufstand. Die Aufständischen selbst nannten sich „Faustkämpfer für Recht und Einigkeit", die Europäer nannten sie „Boxer". Der Aufstand wurde von Truppen der imperialistischen Staaten blutig niedergeschlagen. In der Folge einigten sie sich auf eine Politik der „offenen Tür" für den Handel mit ganz China. Damit waren den deutschen Kolonialbestrebungen auch in China enge Grenzen gesetzt. 🌐/3

„Boxer"-Figuren. China, nach 1900

**China um 1914**

| | |
|---|---|
| ▬▬ | Grenze Chinas um 1815 |
| 🟨 | Chinesisches Reich 1914 |

**Gebiete/besetzte Gebiete**

| | |
|---|---|
| 🟩 | russisch |
| 🟫 | japanisch |
| 🟦 | französisch |
| 🟥 | britisch |

**Einflussgebiete**

| | |
|---|---|
| | russisch |
| | französisch |
| | britisch |
| • | offene Häfen |

0   1000   2000 km

K4

1 Die Zeiten, wo der Deutsche dem einen seiner Nachbarn die Erde überließ, dem anderen das Meer und sich selbst den Himmel reser-
5 vierte, ... diese Zeiten sind vorüber. Wir müssen verlangen, dass der deutsche Missionar und der deutsche Unternehmer, die deutschen Waren, die deutsche Flag-
10 ge und das deutsche Schiff in China genauso geachtet werden wie diejenigen anderer Mächte. [Lebhaftes Bravo!] ... Mit einem Worte: Wir wollen niemanden in
15 den Schatten stellen, aber wir verlangen auch unseren Platz an der Sonne. [Bravo]

(In: G.A. Ritter [Hg.], Das Deutsche Kaiserreich 1871–1914, Göttingen 1977, S. 136 f. Bearb.)

**B5** Polizisten der deutschen Kolonialverwaltung in Tsingtau, 1898

**Deutsch-Südwestafrika** – 1883 hatte der Bremer Kaufmann Lüderitz in Erwartung von Bodenschätzen den Einheimischen im Gebiet des heutigen Namibia Land abgekauft. Schon 1884 übernahm das deutsche Reich den Schutz über diese Kolonie: Deutsch-Südwestafrika. Zu den einheimischen Stämmen gehörten die HERERO und die NAMA, die von der Viehzucht lebten. Als die Zahl der weißen Siedler immer größer wurde und diese das Weidegebiet der Einheimischen und die kostbaren Wasserstellen besetzten, erhoben sich zuerst die Nama gegen die Siedler. Doch brutale Strafen und die Androhung eines Kriegs führten zur Unterwerfung der Nama.

Im Jahr 1904 kam es erneut zu einem blutigen Konflikt um das Land. Die deutschen Siedler hatten mit dem Bau einer Eisenbahnlinie begonnen. Das gesamte Volk der Herero erhob sich nun gegen die deutsche „Schutztruppe", denn durch den Eisenbahnbau verloren sie große Teile ihres Landes. Der preußische General VON TROTHA schlug den Aufstand brutal nieder. Bis zu 14.000 Soldaten kämpften gegen die schlecht bewaffneten Herero. Mehrere Stammesfürsten wurden hingerichtet, auch solche, die sich vermittelnd

eingeschaltet hatten. Vorwiegend Kinder und Frauen wurden in die Wüste getrieben, wo sie verhungerten oder verdursteten. Von ca. 60.000–80.000 Herero überlebten nur etwa 15.000.  🖱/4

**B7** Gefangene Herero, Foto um 1907

**Q8** General von Trotha 1904:

1 Da ich mit den Leuten weder paktieren kann noch ohne ausdrückliche Weisung seiner Majestät des Kaisers und Königs will, so ist eine gewisse rigorose Behandlung aller Teile der Nation [der Herero] unbedingt notwendig ...
5 Deshalb halte ich es für richtiger, dass die Nation in sich untergeht und nicht noch unsere Soldaten infiziert und an Wasser und Nahrungsmitteln beeinträchtigt. Außerdem würde irgendeine Milde von meiner Seite von Seiten der Herero nur als Schwäche aufgefasst werden.

(In: Geschichte betrifft uns, 1985, Kolonien für Deutschland, 1884-1918 II, S. 9)

**Q6** Nama-Fürst Hendrik Witbooi an den Gouverneur, 1894:

1 Ich habe den Deutschen Kaiser in meinem Leben noch nicht gesehen, deshalb habe ich ihn auch nicht erzürnt mit Worten oder Ta-
5 ten ... Aber Sie sagen: Macht hat Recht ... Weiter sagen Sie auch, dass Sie unschuldig sind an diesem Blutvergießen, welches nun geschehen soll, und dass Sie die
10 Schuld auf mich legen; aber das ist unmöglich, dass Sie so denken können ... So liegt die Rechenschaft über das unschuldige Blut, das vergossen werden soll, nicht
15 auf mir, denn ich bin nicht der Urheber dieses Krieges...

(Th. Leutwein, Elf Jahre Gouverneur in Deutsch-Südwestafrika, Berlin 1906, S. 43 f. Bearbeitet)

## ARBEITSAUFTRÄGE

1. Beschreibe B 1. Welchen Eindruck sollte das Bild des Kaisers auf den Betrachter machen?
2. Lies Q 2. Überlege, was der Verein bewirken will. Liste auf, was der Verein tun könnte, um sein Programm zu verwirklichen.
3. Erläutere, welche Motive Q 3 für die deutsche Kolonialpolitik nennt. Vergleiche mit Q 2 auf S. 36.
4. Mache dir mit K 4 und dem Text ein Bild von der deutschen Kolonialpolitik in China. War die Politik erfolgreich?
5. Beschreibe B 5. Schreibe den Brief eines Hilfspolizisten, der aus dem Hafen Tsingtau über den Boxeraufstand berichtet.
6. Erläutere die Haltung des Fürsten Witbooi in Q 6 und des Generals von Trotha in Q 8. Wie urteilst du über die Kämpfe?

# Arbeit mit Quellen

So, wie eine Quelle für einen Fluss den Ausgangspunkt bildet, übernimmt eine historische Quelle diese Funktion für die Geschichte. Zum Glück liegen unterschiedliche Informationen über eine Epoche vor. Man kann sich dann aus verschiedenen Quellen selbst ein Bild über die Zeit machen.

Bevor du einzelne Quellen vergleichen kannst, musst du jede Quelle gesondert interpretieren. Erst dann stellst du Gemeinsamkeiten und Unterschiede fest und kannst Rückschlüsse ziehen.

Aus der Politik in der Kolonie Deutsch-Südwestafrika nach 1884 sind zahlreiche Schriftstücke überliefert. So erfährst du aus Q 6, was der Häuptling der Nama, eines Stammes in Südwestafrika, dem deutschen Gouverneur Theodor Leutwein 1894 mitteilt. Er weiß um die Bedeutung, die die Macht in dieser Zeit für das Recht hatte. Der Gouverneur hat diese Macht, nicht aber er, der Stammesfürst. Er sieht ein Blutvergießen voraus. Trotzig und bestimmt weist er die Verantwortung dafür von sich. Er will keinen Krieg.

In Q 8 schildert 1904 der General von Trotha, dass er sich in einem Konflikt befände: Er will den Krieg gegen die Herero beenden. Verhandlungen mit den Führern des Aufstandes und Milde sind aus seiner Sicht unmöglich. Also bleibe ihm nur, brutal und rücksichtslos gegen den gesamten Stamm vorzugehen.

Was lässt ein Vergleich beider Quellen an Aussagen zu? Der afrikanische Stammesfürst will keinen Krieg, der deutsche General will wenig später das Volk der Herero ausrotten. Im Lehrbuchtext erfährst du, dass die Nama den Drohungen der Deutschen nachgegeben haben. Da die Hereo sich nicht unterwerfen wollen, sollen sie nach dem Willen des deutschen Generals „untergehen". Die Quellen beziehen sich auf Ereignisse, die wenige Jahre auseinander liegen.

**B 1** Das Ideal des Gouverneurs Leutwein

Doch in beiden Quellen geht es um den Konflikt der Einheimischen mit den Kolonialherren. Ziehst du die Informationen aus dem Lehrbuchtext hinzu, stellst du fest, dass letztendlich afrikanische Stammesvertreter für die deutschen Kolonisatoren keine gleichberechtigten Verhandlungspartner waren. Sie hatten sich zu unterwerfen.

Wenn du zwei oder mehrere Quellen nebeneinander befragst, kannst du dir ein realistischeres Bild von den Ereignissen machen; besonders dann, wenn die Quellen verschiedene Sichtweisen wiedergeben. Vielleicht kannst du dann die Selbstdarstellungen aus dieser Zeit (vgl. z. B. B 1) besser einschätzen.

## WORAUF DU ACHTEN MUSST

1. Interpretiere jede einzelne Quelle. Du musst den Inhalt verstehen und die Aussage des Autors erfassen.
2. Stelle den Zusammenhang zwischen den Quellen her. Gibt es bei allen Unterschieden Gemeinsamkeiten in den Äußerungen?
3. Lassen sich die Gemeinsamkeiten verallgemeinern? Welche Informationen erhältst du durch einen Vergleich der Quellen?

# 5. Entkolonisierung

Deutschland musste 1918, nach dem Ende des Ersten Weltkriegs, seine Kolonien aufgeben. Doch viele andere Kolonien erlangten erst nach 1945, nach dem Zweiten Weltkrieg, die staatliche Unabhängigkeit. Warum kam es nach 1945 zur Entkolonisierung? Welche Folgen hatte der Imperialismus für die früheren Kolonien?

**Ursachen der Entkolonisierung** – Durch den Zweiten Weltkrieg hatten die Industrieländer in West- und Mitteleuropa ihre weltbeherrschende Stellung verloren. An ihre Stelle waren die beiden neuen Supermächte USA und UdSSR getreten. Gleichzeitig begannen die Völker in den Kolonien, ein neues Nationalbewusstsein zu entwickeln. Nicht selten kam es zu Befreiungskriegen, getragen von einer nationalen Unabhängigkeitsbewegung.

Bei den alten Kolonialmächten wuchs nun auch die Einsicht, dass man den bisher unterdrückten Völkern das Recht auf Selbstbestimmung nicht mehr vorenthalten könne. Am Ende ging es nur noch darum, zu entscheiden, wie schnell und auf welche Weise der Rückzug aus den Kolonien erfolgen sollte.

**Nach dem Imperialismus** – Die neuen unabhängigen Länder hatten nach der Entkolonisierung oft Probleme, von denen einige bis heute nicht gelöst sind. Für viele ehemalige Kolonien vollzog sich der Übergang zur Unabhängigkeit zu schnell. Dazu kam, dass die von den Kolonialmächten meist willkürlich gezogenen Grenzen nicht die alten Stammestraditionen der Bevölkerung berücksichtigten. So brachen oft Stammesgegensätze auf, die damit verbundene Vetternwirtschaft verschärfte die Probleme weiter. Diese Konflikte wurden häufig – und werden immer noch – durch gewaltsame Militärputsche „gelöst".

Hinzu kam, dass von den Kolonialherren die traditionellen landwirtschaftlichen Methoden der Einheimischen zerstört und eine eigene industrielle Entwicklung unterdrückt worden war. Den neuen Staaten und ihren Menschen fehlte daher oft die wirtschaftliche Grundlage für eine erfolgreiche Entwicklung. Die wirtschaftliche Abhängigkeit des unterentwickelten „Südens" von den reichen Industriestaaten des „Nordens" besteht fort.

**Q1** Julius K. Nyerere, Staatspräsident von Tansania, schrieb 1977:

1 Den armen Ländern wird gesagt, sie müssten hart arbeiten, mehr produzieren und wären dann in der Lage, ihre Armut zu überwinden ... Nehmen wir den Fall von Sisal (= Faserstoff für Seile, Teppiche etc.) – früher Tan-
5 sanias wichtigster Exportartikel – und beziehen ihn auf den Preis von Traktoren. 1965 konnte ich einen Traktor für 17,25 Tonnen Sisal kaufen; der gleiche Traktor kostete 1972 indes so viel wie 47 Tonnen Sisal ... Die reichen Länder werden reicher, weil ihre wirtschaftliche
10 Stärke ihnen wirtschaftliche Macht verleiht; die armen Länder bleiben arm, weil ihre wirtschaftliche Schwäche sie zu Marionetten im Machtspiel der anderen macht.

(In: J. Tinbergen [Hg.], Der Dialog Nord-Süd, Frankfurt/Main 1977, S.16. Bearbeitet)

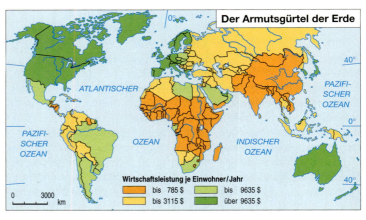

Der Armutsgürtel der Erde

Wirtschaftsleistung je Einwohner/Jahr
- bis 785 $
- bis 3115 $
- bis 9635 $
- über 9635 $

K2

## ARBEITSAUFTRÄGE

1. Schreibe auf, aus welchen Gründen die ehemaligen Kolonien auch nach Erreichung ihrer Unabhängigkeit soziale und wirtschaftliche Probleme haben. Lies dazu den Text und Q1.
2. Vergleiche das Schaubild K2 mit der Karte der Kolonialreiche auf Seite 30. Was fällt dir dabei auf?

# Auf dem Weg in den Weltkrieg?

## 1. Bündnispolitik und Flottenbauprogramm

Bei der „Aufteilung der Welt" herrschte große Konkurrenz zwischen den imperialistischen Staaten. Um die Gefahr militärischer Konflikte zu verringern, sicherten sie ihre Einflusssphären und Kolonialgebiete durch Verträge untereinander ab. Doch die Kolonialpolitik und die Absprachen über Einflussgebiete in Afrika und Asien veränderten das Kräfteverhältnis der Mutterländer in Europa. Wie entwickelte sich in dieser Zeit das Bündnissystem der europäischen Mächte?

**Q1** Winston Churchill, Erster Lord der britischen Admiralität, 1911:

1 Die Flotte ist für Großbritannien eine Notwendigkeit, während sie für Deutschland in vieler Hinsicht nur einen Luxus bedeutet. Unsere
5 Flotte ist für das Dasein Großbritanniens von größter Wichtigkeit, ja sie bedeutet unsere Existenz.

(In: W. Churchill, Weltkrisis, Bd.1, 1911–1914, Leipzig 1924, S. 83)

**Q3** Der deutsche Admiral Tirpitz zur Rüstungspolitik, 1900:

1 Um unter den bestehenden Verhältnissen Deutschlands Seehandel und Kolonien zu schützen, gibt es nur ein Mittel: Deutschland
5 muss eine so starke Schlachtflotte besitzen, dass ein Krieg auch für den seemächtigsten Gegner (also Großbritannien) mit derartigen Gefahren verbunden ist, dass
10 seine eigene Machtstellung in Frage gestellt wird. Zu diesem Zweck ist es nicht unbedingt erforderlich, dass die deutsche Schlachtflotte ebenso stark ist
15 wie die größte Seemacht, denn eine große Seemacht wird im allgemeinen nicht in der Lage sein, ihre sämtlichen Streitkräfte gegen uns zu konzentrieren.

(In: V. R. Berghahn/W. Deist, Rüstung im Zeichen der wilhelminischen Weltpolitik, Düsseldorf 1988, S. 285 f.)

ALFRED V. TIRPITZ, 1849–1930, Admiral. Staatssekretär im deutschen Marineministerium; betrieb den planmäßigen Ausbau der Marine.

**T4** Flottenbau in Großbritannien und Deutschland (Expl.)

|      | GB    | D     |
|------|-------|-------|
| 1906 | 3     | 2     |
| 1907 | –     | 3     |
| 1908 | 2     | 4     |
| 1909 | 10    | 4     |
| 1910 | 5     | 4     |
| 1911 | 5     | 4     |
| 1912 | 5     | 2     |
| 1913 | 5     | 3     |
|      | Σ 38  | Σ 26  |

**B2** „Der Kaiser und sein Lieblingsspielzeug". Gemälde von W. Stöwer, 1912

**Deutschland verliert an Einfluss** – Die größten Kolonialmächte waren Ende des 19. Jahrhunderts Großbritannien und Frankreich. Die deutsche Kolonialpolitik hatte infolge der späten Industrialisierung und Staatsgründung sowie der zurückhaltenden Kolonialpolitik Bismarcks erst Ende des 19. Jahrhunderts eingesetzt. Russland hatte seinen Einfluss bis nach Nordchina und auf den Balkan ausgedehnt. Sein Expansionsstreben auf dem Balkan berührte auch die Interessen Österreich-Ungarns, das mit Deutschland und Italien im **Dreibund** von 1882 verbündet war. Zwar hatte Bismarck Russland im „**Rückversicherungsvertrag**" eine Art Vorherrschaft über den Balkan zugestanden. Aber diese Vorherrschaft sollte nur gelten, soweit sie nicht die Interessen Österreich-Ungarns oder die Interessen des Dreibundes beeinträchtigten.

Bismarcks Nachfolger Caprivi verlängerte diesen Rückversicherungsvertrag mit Russland nicht. Er fürchtete, durch einen Vertrag mit Russland die erhoffte deutsche Annäherung an Großbritannien zu gefährden. Großbritannien hielt jedoch bis 1902 an seiner bündnisfreien Politik der „**splendid isolation**" (dt.: glanzvolles Alleinsein) fest: Es wollte keine Bündnisverpflichtungen eingehen, um sich die politische Handlungsfreiheit zu bewahren.

**Französisch-russisches Bündnis** – Im Jahr 1894 schlossen Frankreich, das 1871 nach der Niederlage gegen Deutschland politisch isoliert war, und Russland ein neues Bündnis miteinander. Auch Russland gewann so eine neue Absicherung gegenüber dem Dreibund. Das gegen Deutschland gerichtete Bündnis der zwei großen Mächte im Osten und Westen des europäischen Kontinents hatte Deutschland durch eigene diplomatische Fehler isoliert. Gab es eine Chance, diesen Fehler zu korrigieren?

**Entente cordiale** – 1898 standen sich im kleinen ägyptischen Ort Faschoda französische und englische Truppen kampfbereit gegenüber. Der Streit hatte sich um die Vorherrschaft im südlich davon gelegenen Sudan entzündet. In Deutschland wurde

dies als Bestätigung eines ernsten Konflikts zwischen Frankreich und England angesehen. Dennoch schlugen der Kaiser und die deutsche Regierung das überraschende Bündnisangebot Großbritanni-

Das beliebteste Kleidungsstück für Jungen im Deutschen Kaiserreich wurde der Matrosenanzug.

| **T5** Rüstungsausgaben europäischer Staaten in Millionen Reichsmark | | | |
|---|---|---|---|
| | 1905 | 1910 | 1913 |
| Frankreich | 991 | 1.177 | 1.327 |
| Großbritannien | 1.263 | 1.367 | 1.491 |
| Deutsches Reich | 1.064 | 1.377 | 2.111 |
| Österreich-Ungarn | 460 | 660 | 720 |
| Russland | 1.069 | 1.435 | 2.050 |

(Nach: M.Stürmer: Das ruhelose Reich, Deutschland 1866–1918, Berlin 1983, S. 328)

**Q6** August Bebel im Reichstag, 1911:

1  Es kann auch so kommen wie zwischen Japan und Russland [zu einem Krieg 1904/05]; eines Tages kann die eine Seite sagen: Das kann
5  so nicht weitergehen, ... wenn wir länger warten, dann geht es uns schlecht, dann sind wir der Schwächere statt der Stärkere. Dann kommt die Katastrophe. Als-
10  dann wird in Europa der große Generalmarsch geschlagen, auf den hin 16 bis 18 Millionen Männer, ausgerüstet mit Mordwaffen, gegeneinander als Feinde ins Feld rücken.

(In: G. W.F. Hallgarten, Imperialismus, Bd. 2, München 1951, S. 394. Bearbeitet)

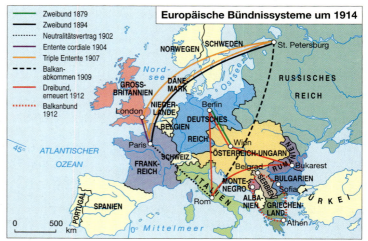

Europäische Bündnissysteme um 1914

Zweibund 1879
Zweibund 1894
Neutralitätsvertrag 1902
Entente cordiale 1904
Triple Entente 1907
Balkanabkommen 1909
Dreibund, erneuert 1912
Balkanbund 1912

K7

ens aus. Stattdessen meinte man, weitere Kolonien in Afrika fordern zu können. Daraufhin schlossen England und Frankreich 1904 ein Bündnis miteinander, die **Entente cordiale**. Die deutsche Außenpolitik stand vor einem „Scherbenhaufen".

**Politische Isolierung Deutschlands** – Als die „Entente cordiale" 1907 durch Russland zur „**Triple-Entente**" (dt.: Einvernehmen der drei Staaten) erweitert wurde, war Deutschland durch ein Bündnissystem der drei anderen großen europäischen Mächte eingekreist. Die deutsche Annahme, die Konflikte zwischen den anderen Mächten für eine eigene starke Stellung Deutschlands ausnutzen zu können, war auf der ganzen Linie gescheitert.

**Deutsche Flottenpolitik** – Für das weitere Verhältnis zwischen Großbritannien und Deutschland wurde besonders das deutsche Flottenbauprogramm zu einer starken Belastung. Was war der Hintergrund für diesen Konflikt?

Nach den Vorstellungen des deutschen Kaisers und der Militärs sollte die angestrebte deutsche Weltmachtstellung durch eine neue deutsche Schlachtflotte abgesichert werden; sie sollte auch einen neuen Schub für die Industrialisierung geben und damit den allgemeinen Wohlstand in Deutschland heben.

Mit einer Propaganda, die das innenpolitische „Parteiengezänk" beenden und die meisten Deutschen einnehmen sollte, stachelte Admiral Tirpitz die nationale Flottenbegeisterung an. Das nötige Geld wurde durch zusätzliche Steuern bereitgestellt sowie durch Aktivitäten des „Flottenvereins". Ihm beizutreten galt geradezu als bürgerlich-patriotische Pflicht.
Admiral Tirpitz hatte den Plan entwickelt, die deutsche Flotte so zu stärken, dass es für England oder irgend ein anderes Land ein hohes Risiko bedeutete, die deutsche Flotte im Kriegsfalle anzugreifen. England sah die deutsche Flottenrüstung aber als grundsätzliche Bedrohung. Die Folge war ein deutsch-englischer Rüstungswettlauf.

**Friedensbemühungen in Europa** – In Europa war viel von Krieg die Rede. In allen großen Ländern gab es politische Gruppierungen, die zum Krieg drängten. Bei anderen stieß das „Säbelrasseln" dagegen auf Widerstand. Die Sozialisten sahen die Abschaffung der kapitalistischen Wirtschaft als einzige Möglichkeit, Kriege in Zukunft zu vermeiden. Diese Forderung wurde 1889 beim Zusammenschluss der europäischen Arbeiterparteien, der „**Sozialistischen Internationale**", vertreten.
Die **Pazifisten** (dt.: Friedensfreunde) wollten durch internationale Vereinbarungen den Krieg als Mittel der Politik überflüssig machen. Unter dem Einfluss ihrer Forderungen fanden 1899 und 1907 in Den Haag internationale Friedenskonferenzen statt. Aber eine Friedensordnung oder eine Vereinbarung über das Ende des Wettrüstens kam nicht zustande.

BERTHA VON SUTTNER, 1843–1914.
Engagierte Friedenskämpferin; Friedensnobelpreis 1905;
Autorin des Romans „Die Waffen nieder"

**B8** Friedenskundgebung der SPD 1911 in Berlin (Treptower Park)

### ARBEITSAUFTRÄGE

1. Lies Q1 und Q3. Vergleiche die Argumente von Admiral Churchill mit denen von Admiral v. Tirpitz. Wie urteilst du selber?
2. Welche Gefühle sollten mit B2 beim Betrachter ausgelöst werden? Gibt es vergleichbare Bilder auch heute?
3. Vergleiche anhand von T4 und T5 die Entwicklung der Rüstungsausgaben. Nenne Gründe für diese Entwicklung.
4. Erläutere die Argumente Bebels in Q6. Berücksichtige die Stellung seiner Partei, der SPD, im Deutschen Reich. Kannst du beurteilen, ob August Bebel Recht behalten hat?
5. Analysiere das Bündnissystem von K7. Vergleiche nun mit K4 auf Seite 25. Welches sind die wichtigsten Unterschiede?

# 2. Krisenregion Balkan

**Die Balkankrisen** – Das Osmanische Reich war Ende des 19. Jahrhunderts wie Österreich-Ungarn ein **Vielvölkerstaat**. Auf dem Balkan stießen die Interessengebiete beider Mächte zusammen. Doch auch Russland verfolgte in diesem Gebiet seine Ziele: Es sah sich als Schutzmacht der orthodoxen Christen, von denen viele auf dem Balkan und in Griechenland lebten. Ferner unterstützte es den **Panslawismus** (= Einigungsbewegung aller Slawen) und die Unabhängigkeitsbestrebungen der slawischen Völker. Doch viele Slawen lebten unter der Herrschaft Österreich-Ungarns, sodass Österreich die russische Balkanpolitik wie eine „Zündschnur" am eigenen Staat sah. Ein anderes Ziel Russlands war, die Meerengen des Bosporus und der Dardanellen zu beherrschen und einen Zugang zum Mittelmeer zu erhalten. Wie versuchten Österreich und Russland ihre Ziele zu verwirklichen?

**„Kranker Mann am Bosporus"** – Schon lange war das Osmanische Reich geschwächt; man sprach vom „kranken Mann am Bosporus". 1908 gab es erneut einen Aufstand gegen den absolutistisch regierenden Sultan und für eine Verfassung. Diesen Zeitpunkt nutzte Österreich-Ungarn und gliederte Bosnien und die Herzegowina in sein Territorium ein. Im selben Jahr erklärte sich Bulgarien zu einem unabhängigen Königreich. Damit war zugleich der russische Expansionsdrang auf dem Balkan und der erstrebte Zugang zum Mittelmeer fürs Erste blockiert.

Die Türkei, seit 1908 Nachfolgestaat des Osmanischen Reiches, war innenpolitisch nicht gefestigt und militärisch schwach. Russland nutzte 1912 diese Gelegenheit und unterstützte den „Balkanbund" Serbiens, Montenegros, Bulgariens und Griechenlands bei ihrer Befreiung aus der türkischen Herrschaft. Dieser Balkankrieg endete mit dem fast vollständigen Rückzug der Türkei aus Europa.

Als neuer bedeutender Staat trat nun Serbien auf, das zum erbitterten Feind Österreich-Ungarns wurde und für die Unabhängigkeit aller slawischen Völker eintrat.

Mohammed führt den Halbmond wieder nach Asien. Karikatur auf den Balkankrieg 1912

**Der Balkan 1908**

KGR. UNGARN
RUSS. REICH
Donau
Belgrad
KGR. RUMÄNIEN
Bukarest
Bosnien-Herzegowina
Sarajevo
KGR. SERBIEN
Sandschak-Novi-Bazar
Donau
Sofia
KGR. BULGARIEN
FSM. MONTE-NEGRO
Schwarzes Meer
Konstantinopel
OSMANISCHES REICH
ITALIEN
Ägäisches Meer
Ionisches Meer
KGR. GRIECHENLAND
Athen

KSR.   Kaiserreich
KGR.   Königreich
FSM.   Fürstentum

0   100   200   300   km

Kreta (osmanische Oberhoheit)

**K 1**

**Der Balkan 1913**

KGR. UNGARN
RUSS. REICH
Donau
Belgrad
KGR. RUMÄNIEN
Bukarest
Sarajevo
KGR. SERBIEN
KGR. MONTE-NEGRO
Donau
Sofia
KGR. BULGARIEN
ALBANIEN
Schwarzes Meer
Konstantinopel
OSMANISCHES REICH
KGR. ITALIEN
Ägäisches Meer
KGR. GRIECHENLAND
Ionisches Meer
Athen
Dodekanes (ital.)

KSR.   Kaiserreich
KGR.   Königreich

0   100   200   300   km

**K 2**

**Schüsse in Sarajewo** – Europa glich 1914 einem Pulverfass. Ein Attentat auf das österreichisch-ungarische Thronfolger-paar ließ das Fass explodieren. Am 28. Juni 1914 erschoss ein serbischer Ver-schwörer den Thronfolger Franz Ferdi-nand in Sarajewo. Die Serben sahen seit der Annexion Bosniens und der Herzego-wina durch Österreich keine Möglichkeit mehr, ihr nationales Ziel eines Großserbi-ens zu verwirklichen. Franz Ferdinand hatte für seinen Regierungsantritt zudem eine Neuorganisation der Doppelmonar-chie Österreich-Ungarn geplant: die Um-wandlung in eine deutsch-ungarisch-slawische „Dreiheit". Auch dieser Plan gefährdete die panslawistischen Bestre-bungen Russlands und Serbiens.    📀/5

Sofort nach dem Attentat wurde Serbiens Regierung verdächtigt, dass sie ihre Hand im Spiel hätte. Das Land sollte darauf die ganze Macht Österreich-Ungarns zu spüren bekommen, das darin von seinem engsten Verbündeten Deutschland be-stätigt wurde. Österreich konnte sich auf die deutsche Bündniszusage verlassen. Auf der anderen Seite drohte die Gefahr, dass Russland Serbien unterstützen wür-de. Über den Konflikt zwischen Öster-reich und Serbien konnten also die Bünd-nisse der Entente und des Dreibunds miteinander in Krieg geraten.

**Die Kriegsmaschine läuft** – Da ein Krieg in ganz Europa nicht ausgeschlossen war, wurde wochenlang verhandelt. Doch als Serbien ein österreichisches Ultimatum nicht ganz erfüllen wollte, erklärte Öster-reich am 28. Juli 1914 Serbien den Krieg. Die Generalmobilmachung der russischen Truppen am 31. Juli 1914 wurde von der deutschen Regierung als Bedrohung hin-gestellt: Am 1. August 1914 erklärte sie Russland den Krieg. Dadurch war das Bündnissystem der Entente herausgefor-dert und wurde auch wirksam. Der Krieg der europäischen Großmächte, der durch den Kriegseintritt der USA 1917 zum Weltkrieg wurde, hatte begonnen.

Ermordung des öster-reichisch-ungarischen Thonfolgerpaares in Sarajewo am 28.6.1914. Illustration von 1914

> **Q 3** Kaiser Wilhelm II. am 31. Juli 1914 an Kaiser Franz Joseph I. von Österreich:
>
> 1 Ich bin bereit, die Verpflichtungen unseres Bündnisses zu erfüllen und unmittelbar zum Krieg gegen Russland und Frankreich zu
> 5 schreiten. In diesem schwierigen Kampf ist es von äußerster Be-deutung, dass Österreich seine Hauptstreitkräfte gegen Russland wirft und nicht verbraucht in einer
> 10 Offensive gegen Serbien ... Serbi-en spielt nur eine untergeordnete Rolle in diesem gewaltigen Kampf.
>
> (In: F. Fischer, Hitler war kein Betriebsunfall, München 1992, S. 52. Bearbeitet)

> **Q 4** Der deutsche Botschafter in Russland, 21. Juli 1914:
>
> 1 Der [russische Außen-] Minister fuhr erregt fort, auf je-den Fall dürfe Österreich nicht vergessen, dass es mit Europa zu rechnen habe. Russland würde [Österreichs] Schritt in Belgrad, der auf eine Erniedrigung Serbiens
> 5 absehe, nicht gleichgültig zusehen können... Russland würde es nicht dulden können, dass Österreich Serbien gegenüber eine drohende Sprache führe oder militäri-sche Maßregeln treffe.
>
> (In: H. Schmid, Fragen an die Geschichte, Berlin 1994, Bd. 3, S. 316. Bearbeitet)

> **Q 5** Der deutsche Botschafter in Großbritannien, 29. Juli 1914:
>
> 1 Die britische Regierung wünscht, solange sich der Kon-flikt auf Österreich und Russland beschränke, abseits zu stehen. Würden wir [Deutschland] aber und Frankreich hineingezogen, so sei die Lage sofort eine andere.
>
> (In: H. Schmid, Fragen an die Geschichte, Berlin 1994, Bd. 3, S. 316. Bearbeitet)

## ARBEITSAUFTRÄGE

1. Liste mit Hilfe von K 1 und K 2 auf, welche Veränderungen auf der Landkarte Europas zu erkennen sind. Warum war Russlands Expansion auf den Balkan und an die Meerengen zwischen Schwarzem und Ägäischem Meer 1913 fürs Erste blockiert?
2. Welche Haltung nimmt der deutsche Kaiser in Q 3 zu dem drohenden Krieg ein? Berücksichtige bei deiner Analyse von Q 3 die Äußerungen des Kaisers zu Russland und Frankreich.
3. Setze dich anhand von Q 3, Q 4 und Q 5 mit der Frage auseinan-der, wer Schuld am Ausbruch des Ersten Weltkriegs hatte.

# Der Erste Weltkrieg und seine Folgen

## 1. Kriegsbeginn und Kriegsbegeisterung

Die Julikrise 1914 gipfelte in der Kriegserklärung Österreichs an Serbien vom 28. Juli und entfesselte wenige Tage später den Krieg der europäischen Großmächte gegeneinander. War diese krisenhafte Entwicklung nicht zu stoppen?

**Spiel mit dem Feuer** – Die Ermordung des österreichischen Thronfolgerpaars war nur der Anlass, nicht der eigentliche Grund für den lange erwarteten Krieg. Der Grund waren machtpolitische Interessengegensätze Österreichs und Russlands auf dem Balkan. Obwohl der deutsche Kaiser und die Regierung wussten, dass eine Kriegserklärung Österreichs an Serbien auch Russland auf den Plan rufen würde, unterstützten sie Österreich bei diesem Schritt. Die Generalmobilmachung der russischen Truppen wurde von der deutschen Regierung als direkte Bedrohung dargestellt. Am 1. August erklärte Deutschland Russland den Krieg. Als nun Frankreich seine Truppen mobilisierte, erklärte Deutschland auch Frankreich am 3. August den Krieg, nachdem es bereits einen Tag zuvor das neutrale Luxemburg besetzt hatte. Als die deutschen Truppen auch die Neutralität Belgiens verletzten, erklärte England am 4. August Deutschland den Krieg. Die Lunte am „Pulverfass Balkan" war gezündet. ✏/6

**Kriegspropaganda und Kriegsbegeisterung** – In den großen Städten Europas löste der Kriegsbeginn regelrechte Jubelfeiern aus. Was trieb die Menschen dazu, mit Begeisterung den Krieg zu begrüßen?

Im gesamten 19. Jahrhundert hatte es immer wieder militärische Auseinandersetzungen zwischen einzelnen Staaten gegeben. Kriege galten als mögliches Mittel, nationale Interessen gewaltsam durchzusetzen. Vor allem in Deutschland stand militärisches Denken hoch im Kurs. Es herrschte die Überzeugung, dass die Reichsgründung von 1871 nur durch Krieg möglich geworden sei. Aber auch in vielen anderen Ländern war die Kriegsbereitschaft der Menschen schon seit Jahren durch nationalistische Zeitungen sowie durch die Propaganda von Kriegervereinen gefördert worden.

In Deutschland und Österreich sah man sich eingekreist von den „Barbaren" im Osten und den Franzosen und Engländern im Westen, die den Mittelmächten den wirtschaftlichen Erfolg neideten. Man glaubte sogar an einen „Existenzkampf der Germanen". In Frankreich und England wiederum sah man die menschliche Zivilisation durch die eroberungslüsternen Deutschen gefährdet.

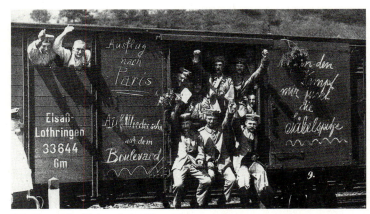

**B 1** Deutsche Kriegsfreiwillige. Foto vom 1. August 1914

**B 2** Reservisten in Paris, 1914

**Waffen statt Völkerverbrüderung** – Die europäischen Arbeiterparteien hatten sich 1889 zur Sozialistischen Internationale zusammengeschlossen und die Verbrüderung der Völker gefordert. Der Parteivorstand der deutschen SPD hatte noch im Juli 1914 einen „flammenden Protest" gegen das „verbrecherische Treiben der Kriegshetzer" verbreitet und zu Friedensversammlungen aufgerufen. Doch am 4. August 1914 stimmten die deutschen Sozialdemokraten ebenso wie die französischen Sozialisten der Aufnahme von Krediten zur Finanzierung der Kriegskosten zu. Den Regierungen wurden außerordentliche Vollmachten übertragen.

Bereits am Tage der deutschen und französischen Mobilmachung hatten beide Staatsoberhäupter das nationale Gemeinschaftsgefühl vor jubelnden Menschenmassen in Berlin und Paris bestärkt. Der deutsche Kaiser wie auch der französische Staatspräsident verkündeten fast gleich lautend einen innenpolitischen „Burgfrieden": In Kriegszeiten dürfe es in ihrem Volk keine Parteien mehr geben, nur noch Deutsche bzw. Franzosen.

**Wir sind dabei!** – Die Kriegspropaganda traf bei vielen Menschen auf ein Lebensgefühl, das den Kriegsbeginn mehr als eine Befreiung denn als eine Bedrohung empfand. Im Krieg, so die Erwartung, könne das Gefühl empfunden werden, Teil des Volkes zu sein. Viele junge Männer, auch Künstler und Schriftsteller, meldeten sich begeistert freiwillig zum Kriegsdienst. Das tatsächliche Ausmaß des Krieges und seine Verheerungen hatte jedoch kaum ein Zeitgenosse erahnt.

**B 4** „Große Hasenjagd". Deutsche Bildpostkarte, 1914

**Q 3** Erklärung der Reichstagsfraktion der SPD, 4. August 1914:

1 Die Folgen der imperialistischen Politik sind wie eine Sturmflut über Europa hereingebrochen. Die Sozialdemokratie hat diese
5 verhängnisvolle Entwicklung mit allen Kräften bekämpft ... Ihre Anstrengungen waren vergeblich. Jetzt stehen wir vor der ehernen Tatsache des Krieges, uns drohen
10 die Schrecknisse feindlicher Invasionen ... Es gilt diese Gefahr abzuwehren, die Kultur und die Unabhängigkeit unseres eigenen Landes sicherzustellen. Da machen
15 wir wahr, was wir immer betont haben: Wir lassen in der Stunde der Gefahr das eigene Vaterland nicht im Stich.

(In: W. Michalka, Der Erste Weltkrieg, München 1994, S. 11. Bearbeitet)

**Q 5** Der 38-jährige Landwirt Stefan Schimmer aus Bayern an seine Familie:

1 24.8.1914: ... Bis jetzt wurden auf deutscher Seite alle Schlachten gewonnen. Die bayerische Armee kämpft wie wütend, was die Kugel verschont, wird mit dem Seitengewehr oder dem Gewehrkolben niedergemacht ...
5 4.9.1914: Die deutsche Kavallerie steht vor den Toren von Paris. Die bayerische Armee liegt in den Vogesen im Gefecht. Jetzt kann man annehmen, dass Paris in acht Tagen kapituliert hat.

(In: P. Knoch [Hg.], Kriegsalltag, Stuttgart 1989, S. 114 f. Bearbeitet)

## ARBEITSAUFTRÄGE

1. Betrachte B 1 und B 2. Beschreibe die möglichen Gefühle und Gedanken der einrückenden Soldaten. Ziehe auch B 4 und Q 5 dazu heran.
2. Erläutere mit Q 3, wie die SPD ihre Zustimmung zu den Kriegskrediten begründet. Diskutiert diese Auffassung.
3. Erläutere, wie in der Postkarte B 4 der Feind dargestellt wird. Lege dar, welche Wirkung von solchen Karten ausgehen sollte.

# 2. Der Verlauf des Krieges

Alle Krieg führenden Mächte erwarteten eine schnelle militärische Entscheidung. Am Ende blickte man aber auf einen vier Jahre dauernden Weltkrieg zurück, in dem mehr als acht Millionen Menschen den Tod fanden. Wie verlief dieser Krieg?

**Vom Bewegungskrieg zum Stellungskrieg** – Die Strategie des deutschen Militärs ging auf den Plan des Generalstabschefs VON SCHLIEFFEN aus dem Jahr 1905 zurück. Dieser wollte verhindern, dass Deutschland zeitgleich einen Krieg an zwei Fronten, im Osten und Westen, führte. Die Truppen sollten daher anfangs im Westen konzentriert werden, um Frankreich anzugreifen. Dabei sollten die französischen Truppen weiträumig umgangen werden. Dafür nahm das Deutsche Reich die Verletzung der Neutralität Belgiens und Luxemburgs in Kauf. Binnen sechs Wochen sollte so der Sieg über Frankreich errungen sein. Danach sollten die Truppen in den Osten geschickt werden.

Doch der deutsche Vormarsch wurde Anfang September 1914 von einer Gegenoffensive der Entente-Mächte an der Marne gestoppt. Die deutschen Truppen mussten sich wieder Richtung Belgien zurückziehen, wo sie sich in Schützengräben festsetzten. Aus dem angestrebten Bewegungskrieg wurde ab November 1914 ein Stellungskrieg. Die Front zwischen den feindlichen Truppen erstarrte in einem 760 km langen System von Schützengräben.

Eine ähnliche Situation war auch an der Ostfront eingetreten. Zwar hatten die Mittelmächte bis Sommer 1915 das anfangs erfolgreiche russische Heer in einer großen Offensive wieder weit auf russisches Gebiet zurückdrängen können. Aber dann waren die Truppen beider Heere gezwungen gewesen, sich in einem Grabenkrieg zu verschanzen.

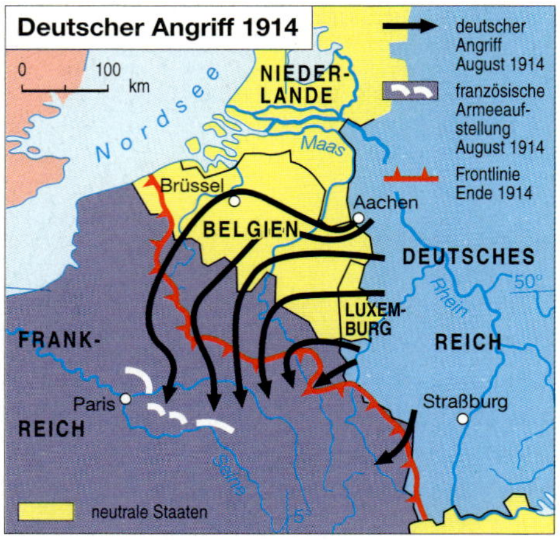

**Q2** Reichskanzler Bethmann-Hollweg an den deutschen Botschafter in London, 3. August 1914:

1 Bitte [britischem Außenminister] zu sagen, dass, wenn wir zur Neutralitätsverletzung Belgiens schritten, wir dazu durch die Pflicht der Selbsterhaltung gezwungen würden. Wir befänden uns in einer militärischen Zwangslage.
5 Die unselige russische Mobilmachung hätte uns, die wir uns bis dahin militärisch auf Defensivregeln beschränkt hätten, plötzlich in Gefahr gesetzt, nachdem Frankreich schon vorher stark gerüstet hätte, von den Fluten von Ost und West verschlungen zu werden ...

(In: I. Geiss [Hg.], Juli-Krise 1914, München 1965, S.364. Bearbeitet)

**Q3** Die Kriegsziele Deutschlands. Septemberprogramm der Regierung Bethmann-Hollweg, 9. September 1914:

1 Sicherung des Deutschen Reiches nach West und Ost auf erdenkliche Zeit ...
1. Frankreich: ... In jedem Fall abzutreten, weil für die Erzgewinnung unserer Industrie nötig, [ist] das Erzbecken
5 von Briey. Ferner in Raten zahlbare Kriegsentschädigung; sie muss so hoch sein, dass Frankreich nicht imstande ist, in den nächsten 15 bis 20 Jahren erhebliche Mittel für Rüstung aufzuwenden ...
2. Belgien: Angliederung von Lüttich und Verviers. ... jedenfalls muss Belgien, wenn es auch als Staat äußerlich
10 bestehen bleibt, zu einem Vasallenstaat herabsinken ...
3. Luxemburg: Wird deutscher Bundesstaat ...
4. Es ist zu erreichen: Die Gründung eines mitteleuropäischen Wirtschaftsverbandes durch gemeinsame Zollabmachung ... Dieser Verband unter deutscher Führung
15 muss die wirtschaftliche Vorherrschaft Deutschlands über Mitteleuropa stabilisieren.

(In: F. Fischer, Der Griff nach der Weltmacht, Düsseldorf 1961, S. 93 f. Bearbeitet)

**Deutscher Angriff 1914**

0 — 100 km

NIEDERLANDE
Nordsee
Maas
Brüssel
Aachen
BELGIEN
DEUTSCHES
LUXEMBURG
REICH
FRANKREICH
Rhein
50°
Paris
Straßburg

deutscher Angriff August 1914
französische Armeeaufstellung August 1914
Frontlinie Ende 1914
neutrale Staaten

K1

**Kriegswende im Osten** – Im Dezember 1916 gab es erste Initiativen der Mittelmächte für eine Friedenskonferenz, da ein Sieg für keine Seite möglich schien. Warum dauerte der Krieg dennoch zwei weitere Jahre?

**Oktoberrevolution in Russland** – Der militärische Misserfolg des russischen Heeres im Jahr 1915 mit Millionen Kriegstoten und die schlechte Versorgungslage der Zivilbevölkerung hatten im Frühjahr 1917 in Russland zu Massenstreiks und Aufständen der Soldaten geführt. Die Unruhen mündeten im Frühjahr 1917 in einer Revolution und der **Abdankung des Zaren**. Doch auch die neue bürgerliche Regierung verlor bald den Rückhalt in der Bevölkerung, weil sie den verhassten Krieg nicht sofort beendete. Im Oktober 1917 wurde auch sie von den radikalen Sozialisten unter Führung LENINS in der **Oktoberrevolution** gestürzt. Um im Innern den aufflammenden Bürgerkrieg gegen ihre Gegner bestehen zu können, suchten die Revolutionäre nach außen den Friedensschluss mit den Mittelmächten. Im Dezember 1917 wurde der Krieg im Osten auf Initiative Russlands durch einen Waffenstillstand vorerst beendet. Das Deutsche Reich diktierte Russland am 3. März 1918 im **Frieden von Brest-Litowsk** sehr harte Friedensbedingungen: Mit großen Gebietsverlusten sollte Russland auch etwa 90% seiner Kohlebergwerke, 50% der Industriebetriebe, 30% der Ackerfläche und 25% seiner Bevölkerung verlieren.

**Der Erste Weltkrieg 1914 - 1918**

Frontlinien Frühjahr 1915
neue Frontlinie Ende 1917
neue Frontlinie Sommer 1918
britische Blockadelinie

Mittelmächte
Verbündete der Mittelmächte
Entente-Mächte
Verbündete der Entente-Mächte
neutrale Staaten

K 5

**Q 4** Lenin auf dem VII. Parteitag zur Rechtfertigung des Friedensvertrags mit Deutschland, 7.3.1918:

1 Wenn man nicht gewillt ist, auf dem Bauch durch den Schmutz zu kriechen, dann ist man kein Revolutionär, sondern ein Schwätzer.
5 Wenn ich den Frieden in einem Augenblick annehme, wo die Armee flieht, so ... um Schlimmeres zu verhüten. Jeder ernste Bauer und Arbeiter wird mir Recht geben,
10 denn er versteht, dass der Friede ein Mittel ist, Kräfte zu sammeln ... Wenn wir diesen Frieden unterschreiben, geben wir die Arbeiterrevolution nicht auf, ... denn durch
15 *einen* Krieg, durch *einen* Friedensvertrag *allein* wird eine solche historische Krise nicht entschieden.

(In: W. I. Lenin, Ausgewählte Werke Bd. 4, Frankfurt/Main 1971, S. 201 ff. Bearbeitet)

**Gebietsverluste Russlands im Frieden von Brest-Litowsk**

Staatsgrenze nach dem Vertrag von Brest-Litowsk
Staatsgrenze vor dem 3. März 1918
Unter deutscher Oberhoheit
Hauptstadt

K 6

**Die Ausweitung zum Weltkrieg** – Befreit von der zweiten Front im Osten, starteten die Mittelmächte im Frühjahr 1918 eine große Offensive im Westen. Doch die Armeen der Ententemächte waren durch den **Kriegseintritt der USA** im April 1917 entscheidend verstärkt worden. Nach anfänglichen Erfolgen blieben die Angriffe des deutschen Heeres bald stecken und wurden zurückgeschlagen. Warum waren die USA auf der Seite der Ententemächte in den Krieg eingetreten?

**Deutscher U-Boot-Krieg** – England hatte bereits 1914 damit begonnen, durch eine **Seeblockade** der Nordsee die Versorgung Deutschlands zu schwächen. Die deutsche Schlachtflotte war zu schwach, das weit gespannte Netz der englischen Blockade zu durchbrechen. Daher griffen U-Boote der deutschen Marine feindliche Kriegsschiffe ohne Vorwarnung an. Doch am 7. Mai 1915 versenkte ein deutsches U-Boot den britischen Passagierdampfer LUSITANIA. Unter den 1198 Zivilisten, die ums Leben kamen, waren auch 139 Amerikaner. Als die USA, die 1914 ihre militärische Neutralität erklärt hatten, scharf gegen diese **Verletzung des See- und Völkerrechts** protestierten, stellte

Deutschland vorübergehend den U-Boot-Krieg ein. Doch im Januar 1917 entschied die Oberste Heeresleitung (OHL) des Deutschen Reichs, den „uneingeschränkten U-Boot-Krieg" wieder aufzunehmen: Ohne Vorwarnung griffen deutsche U-Boote nun alle Schiffe an, auch Handels- und Passagierschiffe. Dabei machten sie auch keinen Unterschied zwischen Schiffen feindlicher oder neutraler Nationen. Daraufhin traten die USA im April 1917 in den Krieg gegen Deutschland ein.

**Q 8** Der Präsident der USA, Woodrow Wilson, in einer Rede vor dem amerikanischen Kongress, 2. April 1917:

1 Der gegenwärtige deutsche Unterseebootkrieg gegen den Handelsverkehr ist ein Krieg gegen die Menschheit. ... Es sind keine Unterschiede gemacht worden, die Herausforderung hat der ganzen Menschheit gegolten ...
5 Unser Ziel ist, die Grundsätze des Friedens und der Gerechtigkeit [in] der Welt gegen selbstsüchtige und autokratische Mächte zu verteidigen. Wir haben keinen Streit mit dem deutschen Volk. [Doch] seine Regierung hat nicht auf sein Betreiben hin gehandelt, als sie in den Krieg
10 eintrat. Das geschah nicht mit vorheriger ... Billigung des Volkes. Es war ein Krieg, der beschlossen wurde ... im Interesse von Dynastien oder von kleinen Gruppen...

(In: Geschichte in Quellen, Bd. 5, München 1989, S. 57. Bearbeitet)

**Q 7** Der Chef des deutschen Admiralstabs, Admiral von Holtzendorff, in einem Brief vom 22.12.1916:

1 Der Krieg verlangt eine Entscheidung vor Herbst 1917, wenn er nicht ... für uns verhängnisvoll enden soll. Gelingt es, England das
5 Rückgrat zu brechen, so ist der Krieg sofort zu unseren Gunsten entschieden. Englands Rückgrat aber ist der Schiffsraum, der den großbritannischen Inseln die not-
10 wendige Zufuhr für die Erhaltung des Lebens und der Kriegsindustrie bringt ... Ein bald einsetzender uneingeschränkter U-Boot-Krieg ist trotz der Gefahr eines Bruches
15 mit Amerika das richtige Mittel, den Krieg siegreich zu beenden.

(In: Geschichte in Quellen, Bd. 5, S. 52 f. Bearbeitet)

**B 9** Versenkung des Passagierschiffs Lusitania am 7. 5. 1915 durch ein deutsches U-Boot. Kolorierter Druck

**Niederlage im Westen** – Bereits vor ihrem Kriegseintritt hatten die USA den Ententemächten Kredite gewährt sowie Kriegsmaterialien geliefert. Trotz des deutschen U-Boot-Kriegs waren diese in gesicherten Geleitzügen nach Europa gelangt.

Zwischen April 1917 und Oktober 1918 wandten die USA weitere 30 Milliarden Dollar für Kriegszwecke auf und entsandten 1,8 Millionen gut ausgerüsteter Soldaten zu den Kampfstätten. Im August 1918 erlitt die deutsche Armee in Frankreich eine schwere Niederlage. Der größeren Truppenstärke und der **besseren Ausrüstung der Alliierten** konnten die deutschen Truppen nicht mehr standhalten. Mit ihren **neuartigen Tanks** (dt.: Panzer) konnten englische Truppenverbände die deutschen Stellungen regelrecht überrollen. Die Westfront musste zurückverlegt werden und drohte völlig zu zerbrechen.

Im September 1918 gaben sich Österreich-Ungarn sowie die mit den Mittelmächten verbündeten Staaten Bulgarien und das Osmanische Reich militärisch geschlagen und baten um Waffenstillstandsverhandlungen. Auch der deutsche Zusammenbruch war jetzt nur noch eine Frage der Zeit.

**B 10** Ein deutsches U-Boot versenkt zwei Dampfer aus einem feindlichen Geleitzug. Aquarell von Willy Stöwer, 1917

**Q 11** Friedensprogramm des US-Präsidenten Wilson vom 8. Januar 1918 (das so genannte 14-Punkte-Programm):

1. 1. Alle Verträge zwischen Staaten sollen veröffentlicht werden; Abschaffung der Geheimdiplomatie
   2. Freiheit der Schifffahrt auf allen Meeren
   3. Aufhebung aller wirtschaftlichen Schranken sowie
5.   Festsetzung gleichmäßiger Handelsbeziehungen zwischen den Staaten
   4. Vereinbarungen über Rüstungsbegrenzungen
   5. Friedliche Regelung der Kolonialfragen
   6. Räumung des gesamten russischen Gebiets von
10.   fremden Truppen
   7. Räumung Belgiens von fremden Truppen und Wiederherstellung seiner Neutralität
   8. Räumung Frankreichs von fremden Truppen; Wiederherstellung der zerstörten Teile; Rückgabe von El-
15.   sass-Lothringen an Frankreich
   9. Grenzziehung Italiens nach dem Nationalitätenprinzip
   10. Autonomie der Völker Österreich-Ungarns
   11. Wiederherstellung Serbiens, Rumäniens und Montenegros
20. 12. Gesicherte Souveränität für den türkischen Teil des Osmanischen Reichs, aber Autonomie für die anderen Völker und Ende der türkischen Herrschaft; freie Durchfahrt durch die Dardanellen und den Bosporus
   13. Errichtung eines unabhängigen polnischen Staates
25. 14. Gründung eines Völkerbundes zur Regelung von internationalen Konflikten und zur Garantie der Souveränität aller Staaten.

(Nach: Geschichte in Quellen, Bd. 5, München 1989, S. 104 f. Zusammengefasst)

## ARBEITSAUFTRÄGE

1. Beschreibe anhand von K 1 die Strategie des Schlieffen-Plans. Erläutere die Folgen des Plans für Belgien. Beurteile die Begründung der deutschen Regierung in Q 2.
2. Lies Q 3. Welches waren die Kriegsziele des Deutschen Reiches im September 1914? Vergleiche mit Q 2. Wie bewertest du die Aussage von Q 2, nachdem du Q 3 gelesen hast?
3. Beschreibe mit Hilfe von K 5, wie sich der Frontverlauf im Osten verändert hat. Nenne mögliche Gründe für den unterschiedlichen Frontverlauf Ende 1917 bzw. im Sommer 1918.
4. Analysiere K 6 und beurteile die Auswirkungen des Friedensschlusses für Russland. Lies dazu auch den Darstellungstext.
5. Wie begründet Lenin in Q 4 den Friedensschluss von Brest-Litowsk? Nenne Pro- und Kontra-Argumente für seine Haltung.
6. Erläutere und beurteile die Motive der deutschen Admiralität in Q 7 für den uneingeschränkten U-Boot-Krieg; vgl. auch B 9.
7. Nenne mit Hilfe von Q 8 und Q 11 die Motive für den Kriegseintritt der USA und erläutere die Ziele für die Nachkriegszeit.

# 3.  Die Katastrophe des Krieges

Dauer, Grausamkeit und Ausmaß des Krieges brachten für die Menschen Leid, Schrecken und tief greifende Veränderungen in ihrem Leben. Was widerfuhr den Soldaten an der Front? Wovon war das Leben der Zivilbevölkerung geprägt?

**Das Elend der Soldaten** – Der Stellungskrieg in den Schützengräben war für die Beteiligten seelisch und körperlich zermürbend. Auch die Ziele der Kriegführung trugen dazu bei: Als die deutschen Truppen im Februar 1916 VERDUN angriffen, erfolgte dieser Angriff nicht nur mit dem Ziel, die französische Front zu durchbrechen. Darüber hinaus sollte die französische Armee in einer riesigen **Menschen- und Materialschlacht** regelrecht zerrieben werden. Allein in der „Hölle von Verdun" starben auf beiden Seiten mehr als 500.000 Menschen. 🖰/7

Für die Kriegführung wurden neuartige Waffen mit verheerenden Wirkungen eingesetzt: Maschinengewehre, Flugzeuge, U-Boote und auf englischer Seite ab 1918 Panzer, die „Tanks". Der Krieg wurde durch die industrielle Massenproduktion von Waffen technisiert. Selbst **Giftgas** als heimtückischste Waffe wurde eingesetzt – zuerst von deutscher Seite. 🖰/8

**Kriegswirtschaft und „Heimatfront"** – Deutschland und Österreich waren auf einen langen Krieg nicht vorbereitet. Wegen der englischen Seeblockade waren sie zudem vom Welthandel abgeschnitten. Deshalb traten bald Munitions- und Versorgungskrisen auf. Wie versuchte man diese Situation zu bewältigen?

**Q2** Der 38-jährige Stefan Schimmer (vgl. Q5, Seite 47 ) schreibt seiner Frau von der Front:

1  3.11.1914: Wenn wir nur nicht ins Gefecht müssten.
15.11.1914: Wenn wir bloß Stellung hier halten müssten, wäre es nicht so schlimm. Aber wenn wir angreifen müssen, gehen ganze Kompanien drauf.
5  6.12.1914: Bin gar nicht viel hungrig. Kann nichts essen vor lauter Gram und Sorgen. Ich halte es keine 4 Monate mehr aus. Du weißt ja gar nicht, wie es mir ist. Ich bin ganz kaputt.
9.12.1914: Kann dir nicht viel Neues schreiben, bloß dass
10  es bei uns immer schlechter wird. Fast Tag und Nacht geht die Schießerei fort. Bei Tag auch noch Artillerie.

Am 22. Juni 1915 wurde Stefan Schimmer bei einer Offensive eingesetzt. Er starb im Gewehrfeuer.

(In: P. Knoch [Hg.], Kriegsalltag, Stuttgart 1989, S. 114 f.)

**Q1** Der 20-jährige französische Soldat René Jacob schreibt 1915 in einem Brief an seine Eltern:

1  Auf einmal erschien vor uns das Schlachtfeld mit all seinem Grauen. Leichname ... am Rand der Landstraße. Schwärzliche, grünli-
5  che zerfallene Leichname in den Senken. ... Ein schrecklicher Geruch, ein Beinhausgeruch, steigt aus der Verwesung hervor. Der in Böen wehende Wind vermochte
10  nicht, den Geruch des Todes zu vertreiben.

René Jacob fiel im Februar 1916 vor Verdun.
(In: Feldpostbriefe – Lettres de poilus 1914–1918, Volk und Wissen Verlag, Berlin 1998)

**B3** Gemälde des Kriegsteilnehmers Otto Dix: Der Krieg (1929–1932)

Der Staat errichtete eine **Zwangswirtschaft**: Rohstoffe wurden beschlagnahmt und der Rüstung zugeführt. Den Bauern und dem Lebensmittelhandel wurden Produktionsvorschriften und Preisbeschränkungen auferlegt. Die knappen Lebensmittel wurden rationiert (= eingeteilt), sodass viele Menschen hungerten. In den Kriegsjahren starben allein in Deutschland 800.000 Menschen den Hungertod.

Um die hohen Kosten der Kriegführung zu bestreiten, wurden neue Steuern eingeführt. Die Bürger wurden unter großem Propagandaaufwand zur Zeichnung von **Kriegsanleihen** gedrängt: Das waren Kredite, mit denen die Bürger dem Staat Geld liehen, z. B. ihr Spargututhaben. Löhne und Gehälter gingen zurück, breite Schichten der Bevölkerung verarmten. Einige Unternehmen profitierten aber vom Krieg. Sie erhielten Aufträge des Heeres und konnten dadurch große Gewinne machen.

**Innenpolitischer Stimmungswandel** – Die Not in der Heimat und die Todesnachrichten von der Front bewirkten einen Umschwung der anfangs kriegsbegeisterten Stimmung. Der politische „Burgfrieden" zwischen den Parteien wurde brüchig. Immer häufiger wurde über die Notwendigkeit eines Friedens diskutiert. Die Linksliberalen und Sozialdemokraten waren gegen Eroberungen als Ziel des Krieges. 1917 forderten sie die Abkehr vom Ziel des militärischen „Siegfriedens" und die Aufnahme von Friedensverhandlungen. Doch die Oberste Heeresleitung unter den Generälen PAUL VON HINDENBURG und ERICH LUDENDORFF weitete die Kampfhandlungen mit dem uneingeschränkten U-Boot-Krieg sogar noch aus.

**B 5** Das Eiserne Kreuz. Lithografie von Heinrich Zille, 1916

**B 4** Frauen bei der Arbeit in einer Munitions- und Gewehrfabrik, 1916

**Q 6** Eine Australierin berichtet Ende 1917 aus Leipzig:

1  Wir haben eine seltsame Woche durchgestanden – die schlimmste Woche, die das deutsche Volk bis jetzt erleben musste. Keine Kohle, das elektrische Licht abgestellt, Gas heruntergedreht und praktisch nichts zu essen – es

5  scheint keine Kartoffeln mehr zu geben. Jeder hat ein halbes Pfund so genannte Kartoffelflocken bekommen. Sie scheinen aus getrockneten Kartoffelschalen zu sein. Wir hatten also dies halbe Pfund, 5 Pfund Rüben, 3 1/2 Pfund Brot und das war alles ... Jedes andere Volk dieser Erde

10  würde sich gegen eine Regierung erheben, die es in solches Elend geführt hat, aber diese Leute haben keinen Funken Unternehmungsgeist mehr.

(In: B. Hüppauf [Hg.], Ansichten vom Krieg, Königstein 1984, S. 141. Bearbeitet)

## ARBEITSAUFTRÄGE

1. Lies Q 2 sowie Q 5 auf Seite 47. Erläutere, worauf die Veränderungen in den Briefen des Stefan Schimmer zwischen September 1914 und Dezember 1914 zurückzuführen sind.
2. Wie wird das Kriegsgeschehen von Otto Dix in B 3 dargestellt?
3. Erläutere mit Hilfe von B 4, B 5 und Q 6 die Auswirkungen des Kriegsgeschehens auf die Menschen an der „Heimatfront". Beschreibe dabei auch die Auswirkungen des Krieges für Frauen.

# 4. Kapitulation und Zusammenbruch der Monarchie

Die Hungersnot und die Ängste der Menschen um das eigene Schicksal und das der Soldaten hatten 1917/1918 in ganz Deutschland zu Teuerungsprotesten, Unruhen und Massenstreiks geführt. Doch ein Ende des Krieges konnten die Menschen nicht erzwingen. Erst im November 1918 endete der Krieg mit der bedingungslosen Kapitulation Deutschlands und dem Zusammenbruch der Monarchie. Wie kam es zu dieser Entwicklung?

**Zusammenbruch des Kaiserreichs** – Im August 1918 konnte die Oberste Heeresleitung das wirkliche Ausmaß des militärischen Fiaskos nicht mehr verschleiern. Nun forderte sie die Bildung einer neuen Regierung und die sofortige Aufnahme von **Waffenstillstandsverhandlungen**. Am 3. Oktober 1918 trat die neue Regierung unter Reichskanzler Prinz MAX VON BADEN zusammen; ihr gehörten erstmals auch Vertreter der SPD an. Noch am selben Tag schickte die Regierung ein Telegramm an US-Präsident Wilson und ersuchte um die Aufnahme von Waffenstillstandsverhandlungen. Doch Wilson nannte als Bedingungen für einen Waffenstillstand demokratische Verhältnisse in Deutschland und das Ende der Monarchie. Daher gab Prinz Max von Baden am 9. November 1918 ohne Zustimmung Wilhelms II. die **Abdankung des Kaisers** bekannt. Der Weg für ein Waffenstillstandsabkommen war frei.

PERSONENLEXIKON

ERICH LUDENDORFF, 1865–1937.
Im 1. Weltkrieg zusammen mit Paul von Hindenburg Chef der Obersten Heeresleitung (OHL). Im Herbst 1918 drängte er die Reichsregierung, Waffenstillstandsverhandlungen aufzunehmen; 1923 Beteiligung am Hitler-Putsch; 1925 Kandidat der NSDAP für die Reichspräsidentenwahl

**Q2** Ersuchen der deutschen Regierung um Waffenstillstand und Friedensverhandlungen vom 3.10.1918:

1 Die deutsche Regierung ersucht den Präsidenten der Vereinigten Staaten von Amerika, die Herstellung des Friedens in die Hand
5 zu nehmen ... Sie nimmt das von dem Präsidenten der Vereinigten Staaten von Amerika in der Kongressbotschaft am 8. Januar 1918 [14-Punkte-Programm] und in sei-
10 nen späteren Kundgebungen aufgestellte Programm als Grundlage für Friedensverhandlungen an.

(In: Amtliche Urkunden zur Vorgeschichte des Waffenstillstandes 1918, hrsg. vom Auswärtigen Amt, Berlin 1924, S. 74. Bearbeitet)

**Q1** Telegramme der Obersten Heeresleitung (OHL) an die deutsche Regierung, im Herbst 1918:

1 *General Hindenburg, 1. 10. 1918:*
„General Ludendorff bat seine dringende Bitte zu übermitteln, dass unser Friedensangebot sofort hi-
5 nausgehe. Heute halte die Truppe noch, was morgen geschehen könne, sei nicht vorauszusehen."

*General Hindenburg, 10. 11. 1918:*
10 „In den Waffenstillstandsverhandlungen muss versucht werden, Erleichterungen ... zu erreichen. Gelingt die Durchsetzung nicht, so wäre trotzdem abzuschließen."

(In: H. D. Schmid, Fragen an die Geschichte, Band 4, Frankfurt/Main 1983, S. 10. Bearbeitet)

B3 „Der Weg zum Waffenstillstand", engl. Flugblatt vom Oktober 1918

**Die Waffenstillstandsbedingungen** – Am 8. November 1918 übergaben die Alliierten die Bedingungen für den Waffenstillstand:
– sofortige Räumung Frankreichs, Belgiens und Luxemburgs;
– Abtretung von Elsass-Lothringen an Frankreich;
– Besetzung linksrheinischer deutscher Gebiete durch alliierte Truppen binnen 25 Tagen sowie die Einrichtung einer rechtsrheinischen Sicherheitszone;
– Entwaffnung der deutschen Armee;
– Aufhebung des deutsch-sowjetischen Friedensvertrags von Brest-Litowsk;
– Beibehaltung der Blockade Deutschlands durch die Alliierten.
Die deutsche Regierung empfand die Bedingungen als überaus hart. Doch die Alliierten ließen keinerlei Verhandlungen zu. Angesichts der aussichtslosen militärischen Situation sowie der Nöte und Unruhen in Deutschland unterschrieb die deutsche Delegation am 11. November 1918 die Waffenstillstandsurkunde.

**Q 4** Note des amerikanischen Präsidenten W. Wilson an die deutsche Regierung, 23.10.1918:

1 [Der] Waffenstillstand [muss] eine Wiederaufnahme der Feindseligkeiten seitens Deutschlands unmöglich machen ... Die Vereinigten
5 Staaten [werden nur] mit Vertretern des deutschen Volkes verhandeln. ... Wenn mit den militärischen Beherrschern und monarchischen Autokraten Deutschlands jetzt ver-
10 handelt werden muss ..., kann Deutschland über keine Friedensbedingungen verhandeln, sondern muss sich ergeben.

(In: Amtliche Urkunden zur Vorgeschichte des Waffenstillstandes 1918, hrsg. vom Auswärtigen Amt, Berlin 1924, S. 189 f. Bearbeitet)

B6 Extrablatt der sozialdemokratischen Zeitung „Vorwärts", 9.11.1918

**B5** Foto von der Delegation der Alliierten in Compiègne, 11. November 1918

## ARBEITSAUFTRÄGE

1. Welche Position vertritt die Oberste Heeresleitung am 1.10.1918 in Q 1 hinsichtlich der Erfolgsaussichten Deutschlands im 1. Weltkrieg? Wie beurteilt der englische Karikaturist in B 3 das Verhalten der deutschen OHL im Herbst 1918?
2. Die deutsche Regierung empfand die Waffenstillstandsbedingungen und die Haltung der Alliierten als sehr hart. Analysiere Q 2, Q 4 und B 6 und versuche, die Enttäuschung der deutschen Seite zu begründen.
3. Die französischen Verhandlungsführer der Alliierten setzten harte Waffenstillstandsbedingungen für Deutschland durch. Kannst du Gründe nennen für die harte französische Haltung?

# 5. Der Friedensvertrag von Versailles

Am 18. Januar 1919 wurde im Spiegelsaal von Versailles die **Friedenskonferenz** eröffnet. Dort sollte der Friedensvertrag unterzeichnet und damit der Erste Weltkrieg auch völkerrechtlich beendet werden. Ziel der an der Konferenz beteiligten Siegermächte war zudem, für Europa eine **dauerhafte Nachkriegsordnung** festzulegen. Welche Regelungen wurden für Deutschland und Europa getroffen?

**Die Friedensverhandlungen in Versailles** – An den Verhandlungen nahmen Delegationen aus 32 Staaten teil. Alle wichtigen Entscheidungen wurden jedoch von den USA, Großbritannien und Frankreich getroffen. An den Beratungen durften die Delegationen der Verliererstaaten nicht teilnehmen. Die Sowjetunion war gar nicht eingeladen worden.

Am 7. Mai 1919 wurden der deutschen Delegation die Friedensbedingungen mitgeteilt. Die Bestimmungen des **440 Artikel umfassenden Vertragstextes** gingen über die Forderungen des Waffenstillstandsabkommens vom 11. November 1918 hinaus und riefen in der deutschen Bevölkerung

große Empörung hervor. Auch die Parteien, die seit November 1918 regierten und 1914 keine Kriegsbefürworter gewesen waren, empfanden die Bestimmungen des Vertragstextes als ungerecht. Doch angesichts der kompromisslosen Haltung der Alliierten, der aussichtslosen militärischen Lage, der wirtschaftlichen Not sowie der Gefahr eines Einmarsches alliierter Truppen hatte die deutsche Regierung keine Wahl: Am 28. Juni 1919 unterzeichnete sie den von vielen als „Diktat" empfundenen **Friedensvertrag von Versailles**.

---

**T2** Aus den Bestimmungen des Friedensvertrags von Versailles für Deutschland

- Umfangreiche Gebietsabtretungen
- Verlust aller Kolonien
- Die Unabhängigkeit Österreichs von Deutschland wird auf Dauer anerkannt
- Reduzierung der deutschen Armee (max. 115.000 Soldaten); Verbot schwerer Waffen
- Wiedergutmachung durch Geld- und Sachleistungen in noch festzulegender Höhe
- Stationierung alliierter Truppen links des Rheins für mindestens 15 Jahre als „Faustpfand" für die Einhaltung des Vertrages

---

PERSONENLEXIKON

WOODROW WILSON, 1856–1924. Präsident der USA von 1913 bis 1921. Auf Wilsons Initiative nahm 1920 die internationale Staatenorganisation des Völkerbunds ihre Arbeit auf.

GEORGES CLEMENCEAU, 1841–1929. Französischer Ministerpräsident von 1906 bis 1909 und von 1917 bis 1920. Clemenceaus Anliegen war es, die französische Position gegenüber Deutschland in den Friedensverhandlungen von Versailles dauerhaft zu stärken.

**Gebietsverluste Deutschlands im Frieden von Versailles**

Legende:
- Staatsgrenze von 1914
- Staatsgrenze nach dem Vertrag von Versailles
- Nach Abstimmung bei Deutschland verbliebene Gebiete
- Gebiete nach Abstimmung verloren
- Gebiete vom Völkerbund kontrolliert
- Gebiete von Frankreich besetzt

Kartenbeschriftungen: SCHWEDEN, DÄNEMARK, Ostsee, Memelgebiet, LITAUEN, Schleswig (an Dänemark), Danzig, Ostpreußen, Nordsee, Westpreußen (an Polen), POLEN, NIEDERLANDE, Ruhrgebiet, Berlin, Posen, Oder, Weichsel, BELGIEN, Eupen-Malmedy (an Belg.), DEUTSCHLAND, Rheinland, LUXEMBURG, Saargebiet, FRANKREICH, Elsass-Lothringen (an Frankreich), Hultschiner Ländchen (an Tschechoslowakei), Oberschlesien (an Polen), TSCHECHOSLOWAKEI, Donau, ÖSTERREICH, SCHWEIZ

K1

Als besondere „Schmach" empfanden viele Deutsche den Artikel 231 des Vertrages, in dem Deutschland und seinen Verbündeten die Alleinschuld am Krieg zugesprochen wurde. Die große Mehrheit der Bevölkerung war auch nach Kriegsende weiterhin davon überzeugt, 1914 einen gerechten Verteidigungskrieg geführt zu haben oder zumindest nicht die alleinige Schuld am Ausbruch des Krieges zu tragen. Die Erbitterung über den **Kriegsschuldparagraphen** war auch deshalb groß, weil die Alliierten daraus ihren Anspruch auf **Reparationszahlungen** (dt.: Wiedergutmachung) für die ihnen entstandenen Kriegsschäden ableiteten. Die Kritiker des „Diktatfriedens" hatten allerdings vergessen, mit welchen aggressiven Zielen gegenüber Frankreich und Belgien die deutsche Regierung 1914 in den Krieg hineingegangen war. Neben umfangreichen Gebietsabtretungen hatte die deutsche Regierung geplant, Frankreich mit hohen Kriegsentschädigungen zu belasten. Ebenfalls vergessen waren die sehr harten Bedingungen, die Deutschland im März 1918 der Sowjetunion im Frieden von Brest-Litowsk diktiert hatte.

**Q 3** Aus den Artikeln 231 und 233 des Versailler Friedensvertrages:

1 § 231: Die alliierten Regierungen erklären, und Deutschland erkennt an, dass Deutschland und seine Verbündeten als Urheber
5 [des Krieges] für alle Verluste und Schäden verantwortlich sind ...
§ 233: Der Betrag, den Deutschland als Wiedergutmachung schuldet, wird [später] durch einen
10 alliierten Ausschuss festgesetzt.

(In: Michaelis-Schraepler, Ursachen und Folgen, Bd. 3, Berlin 1959, S. 388 ff. Bearbeitet)

**Q 5** Der britische Premierminister Lloyd George am 25. März 1919:

1 Wir wären weise, wenn wir Deutschland einen Frieden anböten, der – indem er gerecht ist – für alle vernünftigen Leute der
5 Alternative des Bolschewismus vorzuziehen wäre. Die größte Gefahr, die ich sehe, ist die, dass Deutschland sein Wirtschaftspotenzial den revolutionären Fanati-
10 kern zur Verfügung stellt ...

(In: G. Niedhart, Internationale Beziehungen 1917–1947, Paderborn 1989, S. 39 f. Bearbeitet)

**B 4** Unterzeichnung des Friedensvertrages am 28. Juni 1919 im Spiegelsaal von Versailles

**Veränderung der europäischen Landkarte** – Der Erste Weltkrieg brachte unsägliches Leid für Millionen Menschen. Er führte auch zu tief greifenden territorialen Änderungen und zu einer dauerhaften Verschiebung des internationalen Kräfteverhältnisses.

Österreich, viele Jahrhunderte lang eine der führenden Großmächte Europas und Beherrscher großer Teile Mitteleuropas und des Balkans, wurde aufgeteilt. Bereits im Oktober 1918 war ein unabhängiger Staat Tschechoslowakei ausgerufen worden; auch Ungarn hatte sich im Oktober 1918 von Österreich losgelöst. Die Schaffung des neuen Staates Jugoslawien, in dem die früher zu Ungarn gehörenden Südslawen mit den Königreichen Serbien und Montenegro vereinigt wurden, reduzierte das frühere Territorium Österreichs weiter. Darüber hinaus musste es auch Südtirol an Italien abtreten. Eine Vereinigung mit Deutschland, wie von der neuen provisorischen Regierung in Wien im November 1918 beschlossen, wurde von den Siegermächten verboten.

Das Osmanische Reich, das wie Bulgarien an der Seite der Mittelmächte den Krieg verloren hatte, büßte den größten Teil seines früheren europäischen Territoriums ein. Bulgarien verlor wieder seinen Zugang zum Mittelmeer.
Die USA stiegen zur Weltmacht auf; Russland, das sich während des Krieges zur sozialistischen Sowjetrepublik gewandelt hatte, bildete von nun an einen Gegenpol zur westlichen Welt.

**K 7**
Staaten und Grenzen Europas 1919

**Q 8** Der Historiker Fritz Fischer zur Kriegsschuldfrage:

1 Da Deutschland den österreichisch-serbischen Krieg gewollt, gewünscht und gedeckt hat und, im Vertrauen auf die deutsche militärische Überlegenheit, es im Jahre 1914 bewusst auf einen Konflikt mit Russland und
5 Frankreich ankommen ließ, trägt die deutsche Reichsführung einen erheblichen Teil der historischen Verantwortung für den Ausbruch des allgemeinen Krieges.

(In: F. Fischer, Der Griff nach der Weltmacht, Düsseldorf 1961, S.97)

**Q 9** Der Historiker Th. Nipperdey zur Kriegsschuldfrage:

1 Zwei Dinge gelten für alle: Alle glaubten sich in der Defensive, und alle waren kriegsbereit. Alle überschätzten die eigene existenzielle Bedrohung, alle unterschätzten den kommenden Krieg. Der Krieg kam, weil alle oder
5 einige am Frieden zweifelten, nicht weil alle oder einige zum Krieg unter allen Umständen entschlossen waren.

(In: Th. Nipperdey, Deutsche Geschichte 1866 – 1918, Bd. 2, München 1992, S. 696 f. Bearbeitet)

| T 6 Die militärischen Opfer des Weltkrieges* | | |
|---|---|---|
| Land | mobilisierte Soldaten | gefallene Soldaten |
| Russland | 12 Mill. | 1,7 Mill. |
| Deutschland | 11 Mill. | 1,7 Mill. |
| Frankreich | 8,4 Mill. | 1,3 Mill. |
| Großbritannien | 8,9 Mill. | 1,3 Mill. |
| Österreich-Ungarn | 7,8 Mill. | 1,2 Mill. |
| Italien | 5,6 Mill. | 0,6 Mill. |
| USA | 4,3 Mill. | 0,1 Mill. |
| Insgesamt** | 65 Mill. | 8,5 Mill. |

*Länderauswahl; **alle kriegführenden Staaten

(In: Ploetz, Illustrierte Weltgeschichte, 1973, S. 424)

## ARBEITSAUFTRÄGE

1. Stelle mit Hilfe von K 1 und T 2 und T 6 zusammen, welche Folgen der Krieg für Deutschland hatte.
2. Der Versailler Friedensvertrag wurde in Deutschland als ungerechter „Diktatfrieden" empfunden. Wie lautet dein eigenes Urteil? Nutze für deine Meinungsbildung K 1, T 2, Q 8, Q 9 sowie Q 3 von Seite 48.
3. Beschreibe B 4. Achte auf die Sitzposition der Personen. Welchen Eindruck vermittelt das Bild?
4. Arbeitet die unterschiedlichen Standpunkte der beiden Historiker zur Kriegsschuldfrage in Q 8 und Q 9 heraus. Gibt es Argumente für beide Positionen? Wie ist eure Meinung?

| | Politik | Kultur | Alltag/Wirtschaft |
|---|---|---|---|
| 1920 | | | |
| | 1919: Vertrag von Versailles; 11.11.1918: Deutsche Kapitulation / Waffenstillstand; 9.11.1918: Abdankung des deutschen Kaisers; 1917: Kriegseintritt der USA; 1914–1918: I. Weltkrieg; 1914: Ermordung des österreichischen Thronfolgers; 1908/12: Balkankrisen | 1918: Zusammenbruch des alten monarchistischen Gesellschaftssystems | Frühjahr 1919: Demonstrationen gegen die Bedingungen des Versailler Friedensvertrags; November 1918: Streiks und revolutionäre Erhebungen in ganz Deutschland (Arbeiter- und Soldatenräte); |
| 1910 | | 1916 f.: Künstler stellen den Schrecken des Krieges dar; 1914: Gesellschaftlicher Konsens über die Kriegführung („Burgfrieden"); Kriegspropaganda und Kriegsbegeisterung | 1916 ff.: Brennstoff- und Lebensmittelrationierung; bis Ende 1918 in Deutschland 800.000 Hungertote); 1914–1918: Die Menschen erleben die Schrecken eines Krieges mit neuer Dimension; |
| | 1907: Triple-Entente zwischen England, Frankreich und Russland; 1904/07: Hereroaufstände in Deutsch-Südwestafrika; 1904: Entente cordiale; 1900: „Boxeraufstand" in China | 1905: Bertha von Suttner erhält den Friedensnobelpreis | 1912 ff.: In den europäischen Zeitungen ist häufiger von einem drohenden Krieg zu lesen; |
| 1900 | | 1900 ff.: Militarisierung der deutschen Gesellschaft (Beispiele: Flottenschauspiele, Kinofilme, militärische Feiern); 1900: Aufstand der chinesischen „Boxer" gegen religiöse und kulturelle Fremdbestimmung; | |
| | 1894: Französisch-Russisches Bündnis | | 1904/07: Ermordung Zehntausender Herero in Deutsch-Südwestafrika; um 1900: In den Kinos laufen Filme über die deutsche Kriegsflotte; |
| 1890 | 1890 ff.: Deutsches Flottenbauprogramm | 1899–1914: Pazifisten und Sozialisten treten für den Erhalt des Friedens ein; 1891: Gründung des „Alldeutschen Verbands" | um 1900: Der Matrosenanzug wird zum beliebtesten Kleidungsstück für Jungen |
| | 1888: Wilhelm II. wird Deutscher Kaiser | | |
| | 1882: Dreibund Deutschland, Österreich-Ungarn, Italien | 1884 ff.: Kulturelle Fremdbestimmung der Einheimischen in den Kolonien durch die Kolonialmächte | |
| 1880 | | | |
| | 1870 ff.: England nutzt in Afrika das Herrschaftssystem „indirect rule" | 1870 ff.: Die Kolonialmächte rechtfertigen ihre Politik als „Zivilisation der kolonisierten Völker"; 1870 ff.: Afrikanische Könige und Stammesführer werden abhängig von Beamten der Kolonialmächte | 1870 ff.: In den Kolonien entstehen Manufakturläden mit industriellen Produkten der Mutterländer; in den Mutterländern der Kolonien entstehen Kolonialwarenläden |
| 1870 | | | |
| | 1860 ff.: Die Kolonialpolitik der Großmächte steigert sich zum Imperialismus | 1860 ff.: Die Menschen in den Kolonien werden mit den „Segnungen" der europäischen Kultur konfrontiert | 1860 ff.: Die traditionellen Lebensformen der Menschen in den Kolonien werden zerstört |
| 1860 | | | |

# Zusammenfassung – Imperialismus / 1. Weltkrieg

In der zweiten Hälfte des 19. Jahrhunderts verschärfte sich die Kolonialpolitik der Großmächte zu einem regelrechten „Wettlauf um die Aufteilung der Welt". An dieser **imperialistischen Politik** beteiligten sich u. a. England, Frankreich, Russland, die USA und auch Deutschland.

Die Kolonialmächte rechtfertigten ihr Eindringen in fremde Länder mit der angeblichen Überlegenheit der europäischen (weißen) Kultur. Tatsächlich hatten sie vor allem wirtschaftliche und machtpolitische Gründe für ihre imperialistische Politik.

Die Kolonialpolitik der Weißen war oft von großer Brutalität gegenüber den Einheimischen und ihrer Kultur geprägt. Beim **Aufstand der Herero** in der Kolonie Deutsch-Südwestafrika wurden Zehntausende der dort lebenden Herero getötet.

Kaiser Wilhelm II. wollte die angestrebte Weltmachtstellung Deutschlands mit einer Kampfflotte absichern. Die aggressive **Kolonial- und Flottenpolitik** sowie eine undiplomatische Außenpolitik führten Deutschland in eine Konfrontation mit England, Frankreich und Russland. Als die drei Länder 1907 das Bündnis der „Triple-Entente" schlossen, war Deutschland in die Isolation geraten.

In dem von machtpolitischen Konflikten aufgeheizten europäischen „Pulverfass" war die Ermordung des österreichischen Thronfolgers nur Anlass, nicht Ursache der Explosion: Im August 1914 begann der **Erste Weltkrieg**, der für die Völker Europas in einer Katastrophe und 1918 für Deutschland in einer Niederlage endete.

Der Eintritt der USA in den Krieg 1917 und deren militärische und wirtschaftliche Überlegenheit entschied den Krieg: Am 11. November 1918 musste Deutschland die **Kapitulationsurkunde** unterzeichnen. Eine Folge des verlorenen Krieges war das **Ende der Monarchie** in Deutschland. Der Kaiser musste abdanken; eine **demokratische Republik** wurde ausgerufen.   🌐/9

## ARBEITSAUFTRAG

Wie beurteilst du die Auffassung, dass der Imperialismus der europäischen Großmächte eine wesentliche Ursache für den Ersten Weltkrieg war? Begründe deine Meinung.

## ZUM WEITERLESEN

R. Frank: Der Junge, der seinen Geburtstag vergaß. Ein Roman gegen den Krieg. Ravensburger Buchverlag, Ravensburg 1990.
U. Timm: Morenge. Kiepenheuer & Witsch, Köln 1985.
W. Wegner/ E.M. Steinke: Die Hyänen von Impala Hills. Arena, Würzburg 1989.

🌐/1 http://www.destination-asien.de/indien/indien.htm
🌐/2 http://www.stub.bildarchiv-dkg.uni-frankfurt.de/
🌐/3 http://www.dhm.de/ausstellungen/tsingtau/katalog/
🌐/4 http://gfbv.de/voelker/afrika/herero.htm
🌐/5 http://www.bmlv.gv.at/hgm/sarajewo.html
🌐/6 http://www.preussen-chronik.de/
🌐/7 http://www.dhm.de/lemo/forum/kollektives_gedaechtnis/024/index.html
🌐/8 http://www.uni-konstanz.de/FuF/Philo/Geschichte/MMAG/MMAG_Zeppelin/index.htm
🌐/9 http://www.dhm.de/lemo/html/wk1/index.html

Zu Beginn des 19. Jahrhunderts wanderten Hunderttausende Menschen aus Nord- und Westeuropa in die USA ein. Sie wollten die wirtschaftliche Not sowie die politische und religiöse Reglementierung ihrer Heimatländer hinter sich lassen. In den USA wollten sie teilhaben am „American Dream", der Gleichheit, Selbstbestimmung und Wohlstand versprach. Doch nicht für alle ging dieser Traum in Erfüllung.

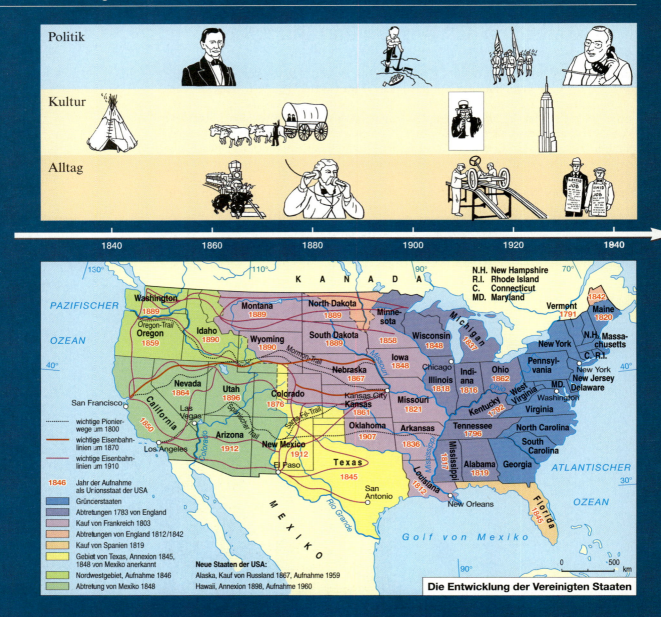

**Politik**

**Kultur**

**Alltag**

1840    1860    1880    1900    1920    **1940**

Die Entwicklung der Vereinigten Staaten

N.H. New Hampshire
R.I. Rhode Island
C. Connecticut
MD. Maryland

PAZIFISCHER OZEAN

ATLANTISCHER OZEAN

Golf von Mexiko

KANADA

MEXIKO

Washington 1889
Montana 1889
North Dakota 1889
Minnesota 1858
Oregon 1859
Idaho 1890
Wyoming 1890
South Dakota 1889
Wisconsin 1848
Michigan 1837
Vermont 1791
Maine 1820
Nevada 1864
Utah 1896
Colorado 1876
Nebraska 1867
Iowa 1848
Illinois 1818
Indiana 1816
Ohio 1862
Pennsylvania
New York
N.H. Massachusetts
C. R.I.
New Jersey
Delaware
MD.
Washington
California 1850
Arizona 1912
New Mexico 1912
Kansas 1861
Missouri 1821
Kentucky 1792
West Virginia
Virginia
North Carolina
Oklahoma 1907
Arkansas 1836
Tennessee 1796
South Carolina
Texas 1845
Louisiana 1812
Mississippi 1817
Alabama 1819
Georgia
Florida 1845

Chicago
Kansas-City
San Francisco
Las Vegas
Los Angeles
El Paso
San Antonio
New Orleans
New York

Oregon-Trail
Mormon-Trail
Santa-Fe-Trail
Spanischer Trail
Colorado
Missouri
Mississippi
Rio Grande

- - - - wichtige Pionierwege um 1800
—— wichtige Eisenbahnlinien um 1870
—— wichtige Eisenbahnlinien um 1910

**1846** Jahr der Aufnahme als Unionsstaat der USA

Gründerstaaten
Abtretungen 1783 von England
Kauf von Frankreich 1803
Abtretungen von England 1812/1842
Kauf von Spanien 1819
Gebiet von Texas, Annexion 1845, 1848 von Mexiko anerkannt
Nordwestgebiet, Aufnahme 1846
Abtretung von Mexiko 1848

Neue Staaten der USA:
Alaska, Kauf von Russland 1867, Aufnahme 1959
Hawaii, Annexion 1898, Aufnahme 1960

0    500 km

**Die Entwicklung der Vereinigten Staaten**

ARBEITSAUFTRAG

Beschreibe die Phasen und den zeitlichen Verlauf der Besiedlung der USA durch die weißen Einwanderer. Erkläre, warum die Besiedlung von Osten nach Westen erfolgte.

# 1. Kolonisation des Westens und Bürgerkrieg

Im 19. Jahrhundert begann die Entwicklung der USA zur Großmacht. Dies war mit einer massiven Einwanderungswelle sowie tief greifenden Veränderungen des nordamerikanischen Kontinents verbunden. Aus welchen Gründen kamen die Menschen in die USA?

**Einwanderer werden zu Siedlern** – In der Mehrzahl kamen Familien aus Ländern Nord- und Westeuropas, die ihre Arbeitsplätze in der Landwirtschaft durch die dort einsetzende Industrialisierung verloren hatten. In den weiten Gebieten des nordamerikanischen Kontinents hofften sie auf Landbesitz und Arbeit. Die **Homestead Act**, ein Gesetz von 1862, machte es jedem Bürger möglich, in den von Weißen noch unerschlossenen Gebieten des Westens 65 ha Land gegen eine geringe Gebühr zu erwerben und zu besiedeln. Unter den Einwanderern waren auch viele Abenteurer, die als Jäger, Pelzhändler und Goldgräber oder beim Eisenbahnbau ihr Glück suchten.

„**Melting pot of nations**" – Die Neuankömmlinge vereinte ein starker **Pioniergeist** und die Zuversicht, in einem freien Land voller scheinbar unbegrenzter Möglichkeiten ihr Glück zu finden. Trotz unterschiedlicher Herkunftsländer wuchs diese Pioniergeneration im 19. Jahrhundert zu einer Nation zusammen. Die USA wurden zum „**melting pot of nations**" (dt.: Schmelztiegel der Nationen).                    ❷/1

**T1** Fläche und Einwohnerzahl der USA

- ■ Fläche in Mio. km²
- ■ Einwohnerzahl in Mio.

| Jahr | Fläche in Mio. km² | Einwohnerzahl in Mio. |
|------|------|------|
| 1790 | 2,3 | 4 |
| 1830 | 4,63 | 13 |
| 1870 | 7,83 | 40 |
| 1910 | 7,83 | 92 |
| 1950 | 7,83 | 151 |
| 1990 | 9,36 | 250 |

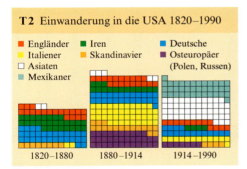

**T2** Einwanderung in die USA 1820–1990

- ■ Engländer
- ■ Iren
- ■ Deutsche
- ■ Italiener
- ■ Skandinavier
- ■ Osteuropäer (Polen, Russen)
- □ Asiaten
- ■ Mexikaner

1820–1880    1880–1914    1914–1990

**B4** Das Vordringen der Eisenbahn in den Westen der USA

| Der Westen | Trapper Frontier | Cattle Frontier Cowboys | Farming Frontier | | Urban Frontier | Der Osten |
|---|---|---|---|---|---|---|
| Mythos für Wohlstand und Reichtum | Jäger Fallensteller Pelzhändler | Lumering Frontier (Holzfäller) Mining Frontier (Goldgräber) | Squatters („wilde Siedler") | Farmer (Landbesitzer, Pächter, Landarbeiter) | Handwerker Gewerbetreibende Händler Kleinstädte | Arbeiter Unternehmer Großstädte Universitäten |
| Indianer | Indianer | Indianer | Indianer | | Indianer | Indianer |

**B3** „Go West" – Verlaufsschema der von Ost nach West wandernden Grenze (= Frontier) der USA

**Der Zug nach Westen** – Als Mitte des 19. Jahrhunderts die Industrialisierung auch in den USA einsetzte, wurden zahlreiche Eisenbahnstrecken von Ost nach West gebaut. Die Menschen und alle Transportgüter, die ursprünglich mit Pferdetrecks nach Westen gelangten, erreichten nun sehr viel schneller die Siedlungsgrenze der Weißen, **Frontier** genannt. Die nordamerikanischen Ureinwohner, etwa **500 Indianervölker**, wurden dabei vertrieben, getötet oder zwangsumgesiedelt. Um 1890 war Nordamerika von europäischen Siedlern im Wesentlichen erschlossen.

**Krieg zwischen Nord- und Südstaaten** – In den Jahren 1775 bis 1783 hatten sich die ehemals englischen Kolonien in einem blutigen Krieg die Selbstständigkeit erkämpft. Nicht einmal hundert Jahre später kam es zwischen den Bundesstaaten der USA zu einem erbitterten **Bürgerkrieg**, in dem mehr als eine halbe Million Amerikaner ihr Leben verloren. Welche Konflikte führten zu diesem Krieg?

In den **Südstaaten** der USA hatte sich seit dem 18. Jahrhundert eine aristokratisch geprägte Gesellschaft von Plantagenbesitzern gebildet. Günstige Klimabedingungen ermöglichten hier den großflächigen und Gewinn bringenden Anbau von Baumwolle und Tabak. Der Gewinn der Plantagenbesitzer war vor allem deshalb groß, weil die Mehrzahl der Arbeitskräfte schwarze **Sklaven** waren. So blieben die Südstaaten zunächst von Agrarwirtschaft, Großgrundbesitz und Sklaverei geprägt. ℗/2
Auf den Farmen der **Nordstaaten** gab es dagegen keine Sklaverei. Außerdem durchlief der Nordosten eine rasche Industrialisierung und in den Industriebetrieben waren keine Sklaven, sondern Einwanderer als Arbeiter beschäftigt.

In den Nordstaaten entwickelte sich eine starke Bewegung gegen die Sklaverei der Südstaaten. Als der neu gewählte Präsident Abraham Lincoln die totale **Abschaffung der Sklaverei** forderte, kam es zur **Abspaltung** (Sezession) des Südens und zum Bürgerkrieg (1861–1865) zwischen den Nordstaaten (Union) und den Südstaaten (Konföderation). Dabei ging es nicht nur um die ethische Frage der Sklaverei. Der Krieg entzündete sich auch an den verschiedenen wirtschaftlichen Interessen und Einflussmöglichkeiten der Nord- und Südstaaten in den neuen westlichen Bundesstaaten. Die Südstaaten wurden von den militärisch und wirtschaftlich überlegenen Nordstaaten besiegt und wieder angeschlossen. ℗/3

Die Sklaverei wurde nun abgeschafft; die soziale Benachteiligung der Schwarzen blieb aber bestehen. Viele wanderten in der Folge ihrer Befreiung in die Industriestädte des Nordens aus, um dort Arbeit zu finden.

Abraham Lincoln, 1809–1865, Anwalt. 1861–1865 Präsident der USA. Lincoln war ein gemäßigter Gegner der Sklaverei. Er wurde von einem fanatischen Südstaatenanhänger ermordet.

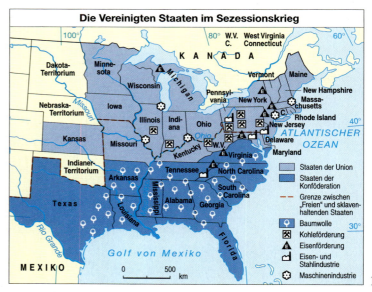

Die Vereinigten Staaten im Sezessionskrieg

K 5

## ARBEITSAUFTRÄGE

1. Erläutere anhand von T1 und B3 sowie der Auftaktkarte von S. 62 den Verlauf der Erschließung Nordamerikas.
2. Erkläre mit Hilfe von B4 die Bedeutung der Eisenbahn für die weißen Siedler und für die Indianer.
3. Analysiere T2. Begründe, warum die Einwanderer des 19. Jahrhunderts bald zu einer Nation werden konnten.
4. Erläutere anhand von K5 die wirtschaftlichen Gründe des Bürgerkriegs. Berücksichtige dabei auch die Verteilung der Schwarzen in den Süd- und Nordstaaten.

# 2. Geschichte und Kultur der Indianer

Bis zur Eroberung Nordamerikas lebten auf dem Gebiet der heutigen USA und Kanadas 5 bis 6 Millionen Ureinwohner, die Indianer. Wie veränderte sich ihr Leben nach der Ankunft der Europäer?

**Das Stammesleben** – Die Indianer lebten und wirtschafteten im Einklang mit der Natur. Je nach den natürlichen Gegebenheiten jagten, fischten und sammelten sie in der Umgebung. Im Südwesten betrieben Puebloindianer hoch entwickelten Ackerbau und bewohnten seit Jahrhunderten aus Lehmziegeln oder Steinen erbaute Dörfer. Auch andere Stämme waren **sesshaft** und lebten in Holz- oder Erdhäusern. Wieder andere wie die Büffel jagenden Apachen und Sioux zogen als **Nomaden** mit ihren Zelten durch die Prärie. Familien und Stämme regelten ihre Angelegenheiten selbstständig.

**Zusammenprall zweier Kulturen** – Die Beziehungen zu den europäischen Siedlern veränderten sich rasch: Zunächst gab es friedlichen Handel, doch bald verdrängten die Farmer die Indianer auf ihrer Westwanderung fast vollständig.

Etwa 300 Jahre nach Ankunft der Weißen lebten nur noch 5 % der Indianer! Gründe waren eingeschleppte Krankheiten, Ausrottung und Hungersnöte. Die Indianer erlebten die Weißen als Eindringlinge, die ihr Land wegnahmen und Verträge brachen. Sie setzten sich dagegen zur Wehr, aber nur ca. 250.000 überlebten die blutigen Kriege. Die Überlebenden wurden zwangsweise in Reservate umgesiedelt, oft weit entfernt von ihrem früheren Stammesland. Dort verelendeten viele und verloren ihre kulturelle Identität.

**Neues Selbstbewusstsein** – Erst 1924 erhielten die Indianer die freie Staatsbürgerschaft. Viele haben sich auf alte Stammestraditionen zurückbesonnen; ihre Kulte sind seit 1978 den christlichen, jüdischen und islamischen Bekenntnissen gleichgestellt. Heute leben wieder ca. 2 Millionen „**Native Americans**" in den USA, davon nur noch jeder vierte in einem Reservat. 🖱/4

Tipi der Sioux-Indianer

Langhaus der Irokesen

**Indianerstämme Nordamerikas auf dem Gebiet der späteren USA**

K A N A D A
Blackfoot  Mandan  Sank und Fox
Shoshone  Sioux  Irokese
Pueblo  Osage  Cherokee
Kiowa
Hopi  Seminole
Apache
MEXIKO  Golf von Mexiko
ATLANTISCHER OZEAN

Fischer
Sammler
Jäger der Prärien
Schafzüchter
Pueblo-Bauern
Wüstenbewohner
Waldläufer

0    500 km

K 2

## ARBEITSAUFTRÄGE

1. Arbeite die Gründe heraus, die der Sioux-Häuptling in Q 1 für die Konflikte zwischen Indianern und Weißen nennt.
2. Erkläre mit Hilfe von K 2 und der Abbildungen der Randspalte Unterschiede in der Lebensweise von Sioux-Indianern und Irokesen.

# 3. Der Wirtschaftsaufschwung nach dem Bürgerkrieg

In der 2. Hälfte des 19. Jahrhunderts führte die wirtschaftliche Entwicklung die USA an die Spitze der Industrienationen und zur Position einer Weltmacht. Worin gründete ihre wirtschaftliche Stärke?

**Ursachen des Aufschwungs** – Im Vergleich zu Großbritannien und auch zu Frankreich begann die Industrialisierung in den USA relativ spät; ab Mitte des 19. Jahrhunderts vollzog sie sich dann jedoch mit ungeheurer Geschwindigkeit. Steinkohle und Eisenerz lagerten genügend im Nordosten. Der **Eisenbahnbau** förderte nicht nur die Eisen- und Stahlindustrie, den Kohlebergbau und den Maschinenbau, er ermöglichte auch die rentable Ausbeutung der Bodenschätze, den schnellen und kostengünstigen Transport großer Warenmengen und landwirtschaftlicher Produkte. Der Bau von Telegrafenlinien revolutionierte parallel dazu die Kommunikationsmöglichkeiten.

In der **Landwirtschaft** vollzog sich früher als in Europa eine Mechanisierung des landwirtschaftlichen Anbaus, besonders in den Nordstaaten. Dies steigerte die Erträge. Eine kräftig wachsende Bevölkerung und der große Bedarf an Fleisch führten zum Aufschwung der Viehzucht.

**Selbstverständnis der Amerikaner** – Eine Hauptursache für den raschen Aufschwung lag im Selbstverständnis der Amerikaner von sich und von der Organisation ihres Staates und ihrer Gesellschaft. Sie wollten sich von den feudalistischen Verhältnissen in Europa abheben und ihre Vorstellungen von Demokratie, Gleichheit, Freiheit des Individuums, Selbstverwaltung und Recht auf Privateigentum verwirklichen. Diese Vorstellungen nannten sie den „**American Dream**".

ALEXANDER G. BELL, 1847–1922. Erfinder des ersten verwendbaren Telefons

---

**Q2** Der amerikanische Historiker F.J. Turner über die Auflösung alter Standesschranken, 1920:

1 Im Grenzerleben gab es keine Freizeit, [nur] harte Arbeit. Ererbte Titel und althergebrachte Klassenunterschiede [waren] bedeutungslos, [weil] der Wert eines Menschen für die Gesellschaft nach seinen persönlichen Fähigkei-
5 ten beurteilt wurde. Ein demokratisches Gesellschaftssystem mit größeren Aufstiegschancen war die Folge. Vor allem aber [bot] das weite Land im Grenzgebiet dem Einzelnen so große Entfaltungsmöglichkeiten, dass äußere Kontrollen unnötig waren. Individualismus und
10 Demokratie wurden Leitbilder der Grenzer.

(In: R. A. Billington, America's Frontier Heritage, Albuquerque 1974, S. 3, Übersetzung: F. Anders. Bearbeitet)

---

**Q3** John L. O'Sullivan, der Herausgeber einer großen Zeitung, 1839:

1 Es ist sicher, dass unser Land dazu bestimmt ist, die große Nation der Zukunft zu sein. Die Zukunft ist unsere Arena und das Feld unserer Geschichte. Wir sind die Nation des menschlichen Fortschritts. Diese Nation aus vie-
5 len Nationen [ist] bestimmt, der Menschheit die Größe der göttlichen Prinzipien aufzuzeigen. [Unser Land ist] bewohnt von Millionen Menschen, die niemandem untertan sind, sondern bestimmt von Gottes natürlichem und moralischem Gesetz der Gleichheit [und] Brüderlichkeit –
10 vom Frieden und guten Willen unter den Menschen.

(In: O. Handlin, American Principles and Issues, New York 1961, S. 536 / 537. Bearbeitet)

**B1** Zeitungsartikel über Bells Telefon, 1877

In diesem Bewusstsein verschwand die anfängliche Verbundenheit zur alten Heimat schon ab der zweiten Generation nach der Einwanderung. Es entwickelte sich eine neue amerikanische Identität, die nach dem Grundsatz lebte, dass jeder für sein Glück selbst verantwortlich sei.

**Kapitalistische Wirtschaftsordnung** – Auf der Grundlage des amerikanischen Selbstverständnisses entstand ein leistungsstarkes kapitalistisches Wirtschaftssystem nach dem Grundsatz „Laissez faire" (dt. gewähren lassen). Das Misstrauen der Amerikaner gegenüber einem zu starken Staat führte dazu, dass die Politik in die wirtschaftlichen Handlungen des Einzelnen und von Unternehmen kaum eingriff. Weil sich die Unternehmen völlig frei entfalten konnten, entstanden gegen Ende des 19. Jahrhunderts so genannte **Monopole** (= marktbeherrschende Unternehmen) und **Trusts**, Zusammenschlüsse riesiger Unternehmen. Diese Monopole und Trusts konnten die Preise für Produkte regelrecht diktieren, da ein Wettbewerb zwischen mehreren konkurrierenden Unternehmen nur noch eingeschränkt stattfand. Die Geld- und Sachwerte der Wirtschaft konzentrierten sich auf wenige Personen und Unternehmen. Um den Wettbewerb in der Wirtschaft zu bewahren, verabschiedete der Staat 1890 ein **Anti-Trust-Gesetz**, das die wirtschaftliche Größe von Unternehmen begrenzte. Unfaire Geschäftspraktiken wie Marktaufteilung und Preisabsprachen wurden verboten.

Die Figur des „Uncle Sam" steht für das erfolgreiche Amerika

**Kehrseite des amerikanischen Traums** – In den entstehenden städtischen Zentren mit industriellen Schwerpunkten wie **Detroit** als Zentrum des Automobilbaus, **Pittsburgh** als Zentrum der Schwerindustrie und **New York** als Börsen- und Handelsmetropole lebte eine große Anzahl Arbeiter und Angehörige der Unterschicht. Auch sie träumten den „American Dream", jedoch waren die meisten weit davon entfernt, ihn jemals verwirklichen zu können und einen auch nur bescheidenen Wohlstand zu erreichen.

**Q 4** Der Industrielle Andrew Carnegie 1889:

1 Der freie Wettbewerb mag zwar für den Einzelnen manchmal schwierig sein, der Menschheit insgesamt jedoch dient er zum Besten,
5 weil er auf jedem Gebiet das Überleben des Tüchtigsten garantiert. Deshalb akzeptieren und begrüßen wir die Ungleichheit der Lebensbedingungen, die Konzen-
10 tration von Industrie und Handel in den Händen weniger Unternehmer, weil sie für den zukünftigen Fortschritt der Menschheit zwingend erforderlich sind. Die Zivilisa-
15 tion an sich beruht auf der Unantastbarkeit des Eigentums – dem Recht des Arbeiters auf seine hundert Dollar ebenso wie dem Recht des Millionärs auf seine Millionen.

(In: A. Carnegie, Wealth, in: North American Review 391, Juni 1889, S. 655 f. Übersetzung: F. Anders. Bearbeitet)

**T 5** Anteil der USA an der Weltproduktion 1820–1913 in Prozent

|  | 1820 | 1840 | 1870 | 1896–1900 | 1913 |
|---|---|---|---|---|---|
| England | 34 | 29 | 31,8 | 19,5 | 14 |
| Frankreich | 25 | 20 | 10,3 | 7,1 | 6,4 |
| Deutschland | 10 | 11 | 13,2 | 16,6 | 15,7 |
| USA | 6 | 7 | 23,3 | 30,1 | 35,8 |
| Russland | 2 | 3 | 3,4 | 5 | 5,5 |

(Nach: W. P. Adams, Die Vereinigten Staaten von Amerika, Frankfurt/M. 1977, S. 126)

## ARBEITSAUFTRÄGE

1. Beschreibe mit B 1 die Auswirkung des Telefons auf die Kommunikationsmöglichkeiten in einem Land wie den USA.
2. Analysiere Q 2 und Q 3 und schreibe die Begriffe heraus, die für den „American Dream" kennzeichnend waren.
3. Gib die Vorstellung, die der Herausgeber der Zeitung in Q 3 von der Zukunft der USA entwickelt, mit eigenen Worten wieder.
4. Liste die Argumente Carnegies in Q 4 für einen freien, völlig unregulierten Wettbewerb auf. Vergleiche mit den Aussagen in Q 3. Schreibe nun eine Antwort aus der Sicht eines Arbeiters.
5. Beschreibe mit T 5 den Anteil der USA an der Weltindustrieproduktion im Verhältnis zu den anderen Staaten.

# 4.  Soziale Spannungen zu Beginn des 20. Jahrhunderts

Mit Beginn des 20. Jahrhunderts verschärften sich die Gegensätze in der amerikanischen Gesellschaft erheblich. Einer relativ kleinen Ober- und Mittelschicht stand eine ständig größer und ärmer werdende Unterschicht gegenüber. Wie zeigten sich die Spannungen und welche Ursachen hatten sie?

**Polarisierung von Arm und Reich** – Als Folge der raschen Industrialisierung und der dynamischen Wirtschaftsentwicklung vergrößerte sich der Einkommens- und Vermögensunterschied in der Bevölkerung beständig. Der Wirtschaftsaufschwung ließ die Unternehmer, nicht aber die Arbeiter reicher werden. Die liberale Wirtschaftspolitik des Staates, die Eingriffe in das Wirtschaftsleben vermied, begünstigte dies noch. Die gut verdienende Ober- und Mittelschicht konnte sich zunehmend einen **luxuriösen Lebensstandard** leisten und zog aus den engen Großstädten in Villenvororte.

Dem Luxus der Vororte stand das **Massenelend** der **Slums** gegenüber, in denen die Arbeiterfamilien dicht gedrängt und meist in der Nähe der großen Industriebetriebe oder im Innern der Großstädte

**B1** „Uncle Sam in den Händen seiner selbstlosen Freunde", Karikatur von 1897

lebten. In den Slums gab es weder eine geregelte Müllabfuhr noch eine ausreichende Versorgung mit Frischwasser oder eine Kanalisation. Die Menschen lebten dort auf engstem Raum miteinander. Da ihre Eltern nicht genug verdienten, mussten viele Kinder sehr früh arbeiten und konnten nicht regelmäßig zur Schule gehen.

**Fehlende soziale Absicherung** – Eine gesetzliche Versicherung der Arbeiter bei Krankheit, Invalidität oder für das Alter, wie Bismarck sie in Deutschland seit den 80er Jahren des 19. Jahrhunderts geschaffen hatte, gab es in den USA nicht. Sie entsprach auch nicht der amerikanischen Mentalität, nach der jeder für sein Glück selbst verantwortlich ist.

**Organisationsgrad der Arbeiterschaft** – Durch die hohe Einwanderung in die USA entstand bald ein **Überschuss an Arbeitskräften**. Deshalb lagen die Löhne der Arbeiter niedrig und konnten von den Arbeitgebern oft sogar noch gesenkt werden. Entlassungen aus den Betrieben waren keine Seltenheit. Um gegen diese Situation zu protestieren und Verbesserungen zu erzwingen, riefen die Arbeiter immer wieder zu **Streiks** und Arbeiterdemonstrationen auf, die von den Gewerkschaften unterstützt wurden. Doch Polizei und Armee standen auf der Seite der Arbeitgeber und bekämpften die Streikenden.

Trotz dieser extremen und schlechten Lebens- und Arbeitsbedingungen der unteren Schichten entwickelte sich in den USA im Gegensatz zu vielen europäischen Staaten **keine starke sozialistische Arbeiterbewegung**. Es gab zwar Gewerkschaften, die sich für die Interessen ihrer Mitglieder einsetzten, aber deren Mitgliederzahlen blieben gering. Ständige Westwanderung und die amerikanische Mentalität aus Individualismus und persönlichem Erfolgsstreben hielten die Arbeiter mobil und ließen ein festes Klassenbewusstsein nicht aufkommen.

Zweisprachiger Aufruf an die Arbeiterschaft in Chicago 1886

Kinder aus den Textilfabriken von Philadelphia während des Streiks von 1903 zur Durchsetzung der 55-Stunden-Woche

Auch die ethnischen Spannungen innerhalb der Arbeiterschaft verhinderten die Bildung einer einheitlichen Arbeiterbewegung. Welche Ursachen hatten sie?

**Vormacht der weißen Amerikaner** – Die weißen US-Bürger, die anfangs vor allem aus Nord- und Westeuropa gekommen waren, empfanden die vielen neuen Einwanderer aus Ost- und Südosteuropa sowie aus Asien als „Fremdkörper". Diese waren zudem bereit, zu noch schlechteren Bedingungen zu arbeiten und zu leben. Auch die Schwarzen, die nach der „Sklavenbefreiung" in die Industriegebiete des Nordens kamen, galten als Konkurrenz.

Als Folge dieser Konflikte entstanden **ethnisch geprägte Wohnviertel** in den Städten. Da neue und alte Bewohner nicht friedlich miteinander leben wollten, zogen die ursprünglichen Bewohner in andere Viertel und verdrängten dort ihrerseits wieder deren alte Bewohner. Soziale und ethnische Spannungen überlagerten und verstärkten einander.

Der wachsende Fremdenhass vieler Weißer bildete den Nährboden für die Wiedergründung des **Ku-Klux-Klans**, der sich bereits 1865 in den Südstaaten gebildet hatte, später aber verboten worden war. Der Geheimbund, der auf bis zu 3 Millionen Mitglieder anwuchs, forderte die Vormachtstellung der weißen protestantischen Amerikaner und terrorisierte Schwarze, Asiaten und Juden. 🌐/5

Auch heute gibt es noch rassistische Aktionen des Ku-Klux-Klans

**Q2** Ein Gewerkschaftsführer beschreibt die Auswirkungen des Wirtschaftssystems anlässlich des von der Armee niedergeschlagenen Pullman-Streiks in Pullman-City:

1 Zwischen Mai und Dezember 1893 sind fünf Kürzungen der Löhne, der Arbeitszeit und Verschlechterungen der Arbeitsbe-
5 dingungen durch die Werkshallen von Pullman gefegt. Mit fast 30% war die letzte Kürzung die einschneidendste, ohne dass im Gegenzug unsere Mieten gesenkt
10 wurden. Der Unternehmer Pullman wie auch seine Stadt sind ein Krebsgeschwür der Gesellschaft. Ihm gehören die Wohnhäuser, die Schulen und die Kirchen dieser
15 Stadt, der er seinen vorher völlig unbekannten Namen gab. Was er uns mit der einen Hand als Lohn zahlt, nimmt er uns mit der anderen wieder ab. So kann er jeden
20 anderen Waggonbauer im Land unterbieten. Um mit ihm mithalten zu können, müssen seine Konkurrenten die Löhne ihrer Arbeiter kürzen. Dann kann auch er unse-
25 re Löhne noch weiter senken. Und dieser Prozess geht immer so weiter. Ohne die mildtätige Hilfe der herzensguten Menschen in und um Chicago würden wir ver-
30 hungern!

(In: P. Angle, The Nation Divided, Bd. 3, New York 1967, S. 220 ff. Übersetzung: F. Anders. Bearbeitet)

**B3** Witwe mit ihren 9 Kindern, die alle in einer Textilfabrik arbeiten. Georgia/USA, um 1908

## ARBEITSAUFTRÄGE

1. Erkläre, was der Zeichner in B1 zum Ausdruck bringen wollte.
2. Gib mit deinen Worten wieder, wie in Q2 das Verhältnis des Unternehmers Pullman zu Pullman-City und seinen Einrichtungen beschrieben wird. Beurteile die Lage der Arbeiter.
3. Versetze dich in die Lage der ältesten Tochter der Witwe von B3 und beschreibe einen Tag im Leben der Familie.

# 5. Imperialistische Außenpolitik und Erster Weltkrieg

Wie die großen europäischen Mächte Großbritannien, Frankreich, Deutschland und Russland, so dehnten auch die USA am Ende des 19. Jahrhunderts ihre politische Macht und ihren wirtschaftlichen Einfluss auf andere Regionen oder Staaten der Erde aus. Sie wollten nun eine aktive Rolle in der Weltpolitik spielen und scheuten dabei auch vor militärischen Maßnahmen gegen andere Staaten nicht zurück. Welche Triebfedern hatte diese neue Politik?

**Ursachen des US-Imperialismus** – Nachdem der nordamerikanische Kontinent gänzlich besiedelt und als Absatzmarkt für die Produkte der Industrie erschlossen worden war, suchte die Wirtschaft **neue Märkte**. Sie fand sie in Kolonien, deren Besitz auch für die USA zum Großmachtprestige gehörte. Dafür benötigte man eine **starke Flotte**; sie war das modernste militärische Instrument für eine imperialistische Politik! Und um mit der Flotte weltweit agieren zu können, legten die USA Versorgungsstützpunkte in vielen Regionen der Welt an, in denen sie nun präsent waren. Nicht zu unterschätzen war auch das Sendungsbewusstsein, mit dem die Amerikaner demokratische Werte auf der Welt verbreiten wollten.

**Mittelamerika und Pazifik** – Hauptgegner einer imperialistischen Politik der USA war Spanien mit seinen Besitzungen in Mittelamerika und im westlichen Pazifik. Doch im Krieg mit den USA verlor Spanien 1898 sämtliche Kolonien. Zahlreiche Inseln im Pazifik, die Philippinen und Puerto Rico wurden US-amerikanisch. Andere Staaten Mittelamerikas wurden gegen starken Widerstand zeitweilig von den USA besetzt oder gelangten in wirtschaftliche Abhängigkeit. Man nannte dies **Dollar-Diplomatie** und die Region seitdem auch den „Amerikanischen Hinterhof".

Ein strategisch wichtiger Zug gelang den USA, als sich Panama 1903 mit ihrer Hilfe von Kolumbien trennte. Der neue Staat verpachtete für 99 Jahre die spätere **Panama-Kanalzone** als Hoheitsgebiet an die USA, die dort zwischen 1903 und 1914 den Panama-Kanal bauten. Die US-Flotte konnte nun viel besser zwischen Atlantik und Pazifik operieren, aber auch die Handelsschifffahrt profitierte von dem Kanal. Wirtschaftlichen Einfluss sicherten sich die USA auch in China. 1899 einigten sie sich mit den europäischen Großmächten auf eine „**Politik der offenen Tür**" in China, sodass dieser Absatzmarkt für US-Firmen offen blieb. 🔎/6

„Präsident McKinley und der Panamakanal", amerikanische Karikatur von 1899

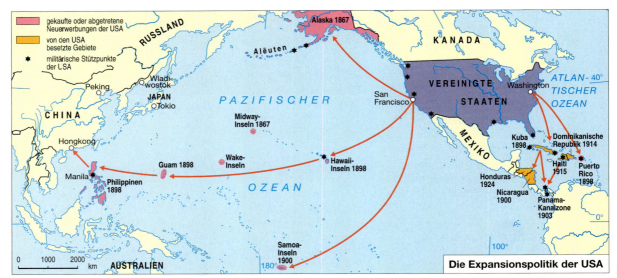

Die Expansionspolitik der USA K1

gekaufte oder abgetretene Neuerwerbungen der USA
von den USA besetzte Gebiete
★ militärische Stützpunkte der USA

RUSSLAND
Alaska 1867
KANADA
Aleuten
Wladiwostok
Peking
JAPAN
Tokio
CHINA
PAZIFISCHER
San Francisco
VEREINIGTE
STAATEN
Washington
ATLAN- 40°
TISCHER
OZEAN
Hongkong
Midway-Inseln 1867
MEXIKO
Kuba 1898
Dominikanische Republik 1914
Guam 1898
Wake-Inseln
Hawaii-Inseln 1898
Haiti 1915
Puerto Rico 1898
Manila
Philippinen 1898
OZEAN
Honduras 1924
Nicaragua 1900
Panama-Kanalzone 1903
0°
Samoa-Inseln 1900
0 1000 2000 km
AUSTRALIEN
180°
100°

**Der Erste Weltkrieg** – Als 1914 in Europa der Erste Weltkrieg ausbrach, erklärte der neu gewählte Präsident Wilson die Neutralität der USA. Dies stand ganz im Einklang mit der außenpolitischen Tradition. 1917 traten die USA dennoch gegen Deutschland und die Mittelmächte an der Seite der alliierten Westmächte in den Krieg ein. Was waren die Gründe?

**„Kreuzzug für die Demokratie"** – Die Amerikaner standen den alliierten Westmächten näher als dem Deutschen Reich. Deutschland wie Österreich galten wegen ihrer monarchischen Tradition als autoritär und antidemokratisch. Auch wirtschaftliche Gründe sprachen für eine Parteinahme zugunsten der Alliierten. Bereits vor dem Krieg war Großbritannien der wichtigste Handelspartner der USA gewesen, Deutschland hingegen ihr schärfster Konkurrent. Ab 1914 kaufte Großbritannien große Mengen Lebensmittel, Waffen und Munition in den USA, die ihrerseits den Alliierten

**Kredite zur Kriegsfinanzierung** gewährten. Als Deutschland 1917 den uneingeschränkten U-Boot-Krieg gegen alle Schiffe, auch gegen Passagierschiffe, beschloss, erklärten die USA dem deutschen Kaiserreich den Krieg. Sie begründeten ihren Kriegseintritt mit der Gefährdung des amerikanischen Handels und der amerikanischen Sicherheit, bezeichneten ihn aber auch als Krieg für die Demokratie. Gegen Ende des Ersten Weltkrieges kämpften zwei Millionen US-Soldaten in Europa. Die Stärke der US-Wirtschaft und ihre Rüstungsproduktion führten die Wende zugunsten der alliierten Staaten herbei. Nach Kriegsende zogen sich die USA aus der Form der aktiven – auch militärischen – Weltpolitik weitgehend zurück.

Amerikanische Truppen in Paris 1917

B3 „Schlagt die Hunnen mit Kriegsanleihen", US-Propagandaplakat 1917/18

**Q2** Theodore Roosevelt über seine außenpolitischen Ziele, 1904:

1 Jedes Land, dessen Bewohner sich gut betragen, kann unserer herzlichen Freundschaft sicher sein. Wenn eine Nation zeigt,
5 dass sie weiß, wie man mit angemessener Tüchtigkeit und Anständigkeit soziale und politische Angelegenheiten anfasst, wenn sie für Ordnung sorgt und Schul-
10 den bezahlt, braucht sie kein Eingreifen der Vereinigten Staaten zu befürchten. Chronisches Fehlverhalten oder Schwäche kann schließlich die Intervention einer
15 zivilisierten Nation erfordern ... Wie dieses Einschreiten aussieht, hängt von den Umständen des Falls ab ... Die Fälle, in denen wir uns mit Waffengewalt wie in Kuba
20 einmischen ..., sind selbstverständlich sehr selten.

(In: G. Moltmann, Die Vereinigten Staaten von Amerika, Paderborn 1980, S. 87 f. Bearbeitet)

## ARBEITSAUFTRÄGE

1. Beschreibe anhand von K1 die Expansion der USA um 1900.
2. Fasse die Position Roosevelts in Q2 zusammen. Schreibe eine Entgegnung aus der Sicht eines mittelamerikanischen Landes.
3. Erläutere anhand von B3, wie die USA die Teilnahme am Ersten Weltkrieg begründeten.

# 6. Nachkriegsboom und große Wirtschaftskrise

Anders als die meisten europäischen Staaten erlebten die USA nach Kriegsende eine beispiellose Phase wirtschaftlichen Wachstums. Doch im Jahr 1929 folgte unvermittelt der Absturz in die schwerste Krise ihrer Geschichte. Welche Ursachen hatten der Boom und die nachfolgende Krise?

**Der Boom der zwanziger Jahre** – In der Zeit nach dem Ersten Weltkrieg änderte sich viel im Alltag der Amerikaner. Der Wohlstand nahm zu, in den Städten entwickelte sich ein quirliges Leben. Diese Zeit, auch **Roaring Twenties** genannt, brachte den Haushalten zahlreiche neue Konsumgüter wie Telefone, Autos, Radios und Kühlschränke. Die Arbeitszeiten in der Wirtschaft sanken, die Preise für Konsumgüter ebenso, sodass nun immer breitere Schichten der Bevölkerung am Wohlstand teilhaben konnten.

**Ursachen des Booms** – Während des Krieges hatte die Rüstungsindustrie Vorrang vor der Konsumgüterproduktion gehabt. Doch nach dem Krieg wurde ein großer Nachholbedarf an Konsumgütern wirksam und regte die zivile Produktion an. Technische Erfindungen hatten die Arbeitsabläufe weiter rationalisiert, sodass schneller und preiswerter produziert werden konnte. Der Industrielle HENRY FORD hatte beispielsweise das **Fließband** in seinen Automobilwerken eingeführt; die Herstellung seines berühmten „Modells T" („Tin Lizzy") wurde dabei in viele einzelne Arbeitsgänge zerlegt. Der Preis für das Auto sank von 780 $ auf etwa 350 $, sodass erstmals Angehörige der Mittelschichten ein Auto kaufen konnten. Die Steigerung der Produktivität erlaubte es auch, die Reallöhne der Arbeiter zu erhöhen. Höhere Einkommen, neue Werbemethoden steigerten die Umsätze der Unternehmen, ebenso die neue Strategie der **Ratenkäufe** für langlebige Konsumgüter.

Geprägt wurde das Bild der amerikanischen Gesellschaft von den großen **Metropolen**: Sie wuchsen doppelt so schnell wie die Gesamtbevölkerung. Repräsentative Bauten wie das **Empire State Building**,

HENRY FORD, 1863–1947. Autokonstrukteur, Pionier der Serienfertigung (Fließband)

**T3** Verkaufte Kühlschränke (KS) und Radios in den USA, in 1000 Stück

| Jahr | KS | Radios |
|---|---|---|
| 1920/21 | 5 | ? |
| 1922/23 | 18 | 600 |
| 1924/25 | 75 | 3.500 |
| 1926/27 | 390 | 4.100 |
| 1928/29 | 890 | 7.680 |

(Quelle: Kursbuch Geschichte. Berlin 2000, S. 201)

**Q1** Eine Journalistin über den „neuen feministischen Stil", 1927:

1 Die ständig wachsende Gruppe junger Frauen in den Zwanzigern und Dreißigern, die wahrhaft modernen, sind überzeugt, dass ein er-
5 fülltes Leben sowohl nach Ehe und Kindern als auch nach einer beruflichen Karriere verlangt ... Darüber hinaus sind sie überzeugt, dadurch bessere Ehefrauen und Mütter zu
10 werden, weil ihre außerhäusliche Tätigkeit ihnen einen weiteren Horizont beschert ... Die Feministin neuen Stils verkündet, dass Männer und Kinder nicht länger ihre Welt
15 begrenzen sollen, auch wenn sie darin eine große Rolle spielen mögen. Sie ist ausgesprochen selbstbewusst und weiß, dass es ihr amerikanisches ... Geburtsrecht ist, sich
20 von einem Instinktwesen zu einem voll entwickelten Individuum zu erheben, das imstande ist, sein eigenes Leben zu gestalten.

(In: D. J. u. S. M. Rothmann, Sources of the American Social Tradition, Vol. 2, New York 1975, S. 194 f. Bearbeitet)

**B2** Fließbandproduktion bei Ford: Hergestellt wird das Modell T 4

lange Zeit das höchste Bauwerk der Welt, sollten die Weltgeltung und Modernität der USA zum Ausdruck bringen.    ⊘/7

**Die große Krise** – Der 25. Oktober 1929 ist weltweit als „Schwarzer Freitag" in die Börsen- und Wirtschaftsgeschichte eingegangen. Von diesem Tag an wurden panikartig die Aktien vieler Wirtschaftsunternehmen verkauft, sodass deren Kurse um bis zu 90% sanken. Die Wirtschaftskrise der USA begann. Wie war es zu dieser Entwicklung gekommen?

**Ursachen der Krise** – Wirtschaftsschwankungen treten in allen Ländern immer wieder auf. Die große Wirtschaftskrise zwischen 1929 und 1933, die in den USA begann und die gesamte Weltwirtschaft erfasste, hatte jedoch zusätzliche Gründe. In psychologischer Hinsicht herrschte in den 1920er Jahren ein grenzenloser **Wachstumsoptimismus**. Durch das System der Ratenzahlung angeheizt, sollte immer mehr gekauft und produziert werden. Auch die Unternehmen glaubten an ständig steigende Absätze und nahmen Kredite auf, um ihre Produktionsstätten auszubauen. Dadurch kam es zu einer **Überproduktion von Konsumgütern**: Die zu viel produzierten Mengen konnten von der Bevölkerung, deren Kaufkraft nicht im gleichen Maß gestiegen war, gar nicht gekauft werden. Die Aktienkurse und der Wert der überschuldeten Unternehmen fielen innerhalb kurzer Zeit ins Bodenlose.

**Die Folgen der Krise** – Aktienbesitzer verloren in den folgenden Monaten den größten Teil ihres Wertpapiervermögens. Das galt für Privatpersonen ebenso wie für viele Banken, die große Aktienmengen besessen hatten. Den Not leidenden Unternehmen fehlten dadurch die Geldgeber für neue Kredite. Bald erfasste die Krise die ganze Wirtschaft. Absatz und Produktion stockten. Die Löhne sanken um bis zu 50%, viele Arbeiter wurden entlassen, sodass die Kaufkraft weiter sank. Jetzt wirkte sich die im Vergleich zu Europa mangelnde soziale Sicherung der ärmeren Schichten besonders negativ aus: Weite Kreise der amerikanischen Bevölkerung, auch der Mittelschicht, verelendeten.    ⊘/8

Das Empire State Building in New York

**T6** Arbeitslosigkeit und Industrieproduktion der USA in Prozent (1913 = 100% der Industrieprod.)

| Jahr | Arbeits-lose | Ind.-Prod. |
|---|---|---|
| 1927 | 3,3 | 155 |
| 1928 | 4,2 | 163 |
| 1929 | 3,2 | 181 |
| 1930 | 8,7 | 148 |
| 1931 | 15,9 | 122 |
| 1932 | 23,6 | 94 |
| 1933 | 24,9 | 112 |
| 1934 | 21,7 | 122 |
| 1936 | 16,9 | 171 |
| 1938 | 19,0 | 143 |
| 1941 | 9,9 | 186 |
| 1943 | 1,9 | ? |

(nach: Kennedy, P., Aufstieg und Fall der großen Mächte., Frankfurt/M. 1991, S. 451; Adams, W. P., Die Vereinigten Staaten von Amerika. Frankfurt/M. 1977, S. 505)

**B5** Arbeitslose in Chicago, 1934

## ARBEITSAUFTRÄGE

1. Beschreibe anhand von Q1 die Situation von Frauen in den USA in den 1920er Jahren und den Wandel gegenüber früher. Berücksichtige dabei auch T3.
2. Erläutere mit B2 das Prinzip der Fließbandarbeit. Diskutiert die Vor- und Nachteile dieser neuen Produktionsweise.
3. Beschreibe mit Hilfe von Q4 und B5 die Auswirkungen der Wirtschaftskrise auf weite Teile der Bevölkerung.
4. Analysiere mit T6 den Zusammenhang von Wirtschaftskrise, Arbeitslosigkeit und Industrieproduktion. Beurteile, inwieweit die Arbeitslosigkeit Folge *und* Ursache der Wirtschaftskrise war.

# 7. Die Überwindung der Krise – der „New Deal"

Im Jahre 1933, mitten in der Wirtschaftskrise, wurde Franklin D. Roosevelt zum Präsidenten der USA gewählt. Sein wichtigstes politisches Ziel bestand darin, die schwere Wirtschaftskrise zu bekämpfen. Welche Mittel setzte er dazu ein?

**Staatliche Steuerung der Wirtschaft** – Da die wirtschaftliche und soziale Not groß war, handelte Roosevelt schnell. Seine Politik des **New Deal** (dt.: Neuanfang) fand das Vertrauen der Bevölkerung. Mit einem umfangreichen Maßnahmen- und Gesetzesbündel reformierte seine Regierung das Bankenwesen, führte eine staatliche Überwachung der Börsen ein, schuf wirksamere Regeln des Wettbewerbs, garantierte den Farmern Mindestpreise für Agrarprodukte und den Industriearbeitern Mindestlöhne sowie die 40-Stunden-Woche. Um die Wirtschaft zu beleben, vergab der Staat Aufträge für Straßenbau, Flussregulierung und Stadtsanierung.

**Q1** Rede Franklin D. Roosevelts zu seiner Amtseinführung am 4. März 1933:

1 Der Bevölkerung Arbeit zu verschaffen ist unsere größte und wichtigste Aufgabe. Sie kann durch die Einstellung von Arbeits-
5 kräften seitens der Regierung gelöst werden, indem wir diese Aufgabe genauso wie einen Kriegsfall behandeln. Dabei [führen wir] dringend notwendige
10 Projekte durch, die die Nutzung unserer natürlichen Ressourcen fördern und neu organisieren. Auch die staatliche Planung und Überwachung des Verkehrs- und
15 Kommunikationswesens sowie aller sonstigen öffentlichen Einrichtungen kann zur Lösung dieser Aufgabe beitragen.

(In: H.S. Commager [Hg.], Documents of American History, Bd. 2, New Jersey 1988, S. 239 ff. Übersetzung: F. Anders. Bearbeitet)

**Q2** Die Aufgaben des Staates in der Wirtschaft nach J. M. Keynes:

1 Der britische Ökonom John Maynard Keynes (1883–1946) hatte in den 1930er Jahren gefordert, dass der Staat in wirtschaft-
5 lichen Krisensituationen große Geldmengen bereitstellt – notfalls durch staatliches Schuldenmachen(= deficit spending) – und die Wirtschaft durch staatlich finan-
10 zierte Aufträge, Arbeitsbeschaffungsmaßnahmen sowie durch die Förderung der privaten Nachfrage ankurbelt. Die Schulden sollten später, wenn die Wirtschaft florier-
15 te, mit den dann höheren Steuereinnahmen zurückgezahlt werden. Diese Forderung Keynes nach einer antizyklischen, kreditfinanzierten Geld- und Wirt-
20 schaftspolitik in Krisenzeiten ist bis heute unter Ökonomen und Politikern umstritten.

(Autorentext)

FRANKLIN D. ROOSEVELT, 1882–1945. Von 1933–1945 Präsident der USA

B3 „New Deal Arzneien". Roosevelt zum Kongress: „Natürlich müssen wir die Arzneien wechseln, wenn wir keine Erfolge haben." Amerikanische Karikatur von 1936

## ARBEITSAUFTRÄGE

1. Erläutere mit Q1 und Q2 die Wirtschaftspolitik Roosevelts. Vergleiche diese Politik mit dem Selbstbild der Amerikaner: dem Individualismus, dem Ideal des freien Wettbewerbs.
2. Interpretiere die Karikatur B3.

| | Politik | Kultur | Alltag/Wirtschaft |
|---|---|---|---|
| 1930 | 1933: „New Deal"-Politik der Regierung Roosevelt als Maßnahme gegen die schwere Wirtschaftskrise | | seit 1929: Wirtschaftskrise, gefolgt von Firmenzusammenbrüchen, hoher Arbeitslosigkeit, Verelendung |
| | | Die Massenmedien Radio und Film beginnen das Kulturleben zu prägen | Telefon, Radio, Kühlschrank, Autos und andere Konsumgüter verbessern den Lebensstandard der Bevölkerung |
| | 1917: Eintritt der USA in den 1. Weltkrieg, der dadurch zugunsten der Alliierten entschieden wird | Luxus der Vororte und Elend der Slums symbolisieren soziale Unterschiede | ca. 1920: Industrielle Massenproduktion von Konsumgütern; Einführung der Fließbandarbeit; |
| 1900 | um 1900: Imperialistische Politik der USA in Mittel- und Südamerika und im pazifischen Raum | Neue Einwanderungen aus Süd-/Osteuropa und Asien führen zu ethnischen Konflikten und verschärfen die bestehenden sozialen Konflikte; sie gipfeln in Fremdenhass und offenem Rassismus | ca. 1900: Die USA sind die führende Industrie- und Wirtschaftsmacht der Welt; |
| | 1890: Anti-Trust-Gesetz der amerikanischen Regierung gegen Wirtschaftsmonopole und -kartelle | | ca.1890:die Kolonisation des amerikanischen Kontinents durch weiße Siedler ist weitgehend abgeschlossen |
| | 1861–1865: Bürgerkrieg zwischen den Nord- und den Südstaaten; mit dem Sieg der Nordstaaten 1865 erfolgt die | | Die Eisenbahn wird zum wichtigsten Transportmittel |
| 1850 | Abschaffung der Sklaverei | | 1865: Abschaffung der Sklaverei per Gesetz |
| | | | seit Mitte des 19. Jh.: Industrieller Aufschwung der USA; Mechanisierung der Landwirtschaft |
| | | Geringschätzung und Verachtung der indianischen Kultur und Bevölkerung bei den Weißen | |
| | | USA sind „Melting pot of nations" | seit ca. 1800: Zug nach Westen und Kolonisation des amerikanischen Kontinents; Vertreibung und Ausrottung der indianischen Ureinwohner; |
| 1800 | 1783: Unabhängigkeitserklärung der ehemals englischen Kolonien; Gründung der USA | Die Neuankömmlinge und Siedler vereint ein starker Pioniergeist und der amerikanische Traum von Gleichheit, Freiheit, wirtschaftlichem Erfolg | seit ca. 1800: Mehrere große Einwanderungswellen, anfangs vor allem aus Nord- und Westeuropa, später auch aus anderen Ländern |

# Zusammenfassung – Der Aufstieg der USA zur Weltmacht

Im 19. Jahrhundert wanderten Hunderttausende Menschen in die USA ein: Die USA wurden zum **„Melting pot of nations"**. Bis 1890 hatten die weißen Siedler den gesamten nordamerikanischen Kontinent erschlossen. Die indianischen Ureinwohner wurden vertrieben, getötet oder mit Gewalt in Reservate umgesiedelt.

Von 1861–1865 erlebten die USA die Zerreißprobe eines **Bürgerkriegs**. Zwischen den Südstaaten und den Nordstaaten war es zu einer erbitterten Auseinandersetzung um die Sklaverei gekommen. Der Krieg endete mit dem Sieg der Nordstaaten und der Abschaffung der Sklaverei.

In der zweiten Hälfte des 19. Jahrhunderts entwickelten sich die USA zur **führenden Industrienation** mit mächtigen Großkonzernen. Im Zuge der Industrialisierung kam es auch in den USA zu großen sozialen Konflikten, Arbeitskämpfen und zu einer Verelendung der Industriearbeiter. Diese Konflikte wurden von Spannungen zwischen alten und neuen Einwanderern überlagert.

Gegen Ende des 19. und zu Beginn des 20. Jahrhunderts betrieben die USA eine **imperialistische Politik** in Mittel- und Südamerika sowie im pazifischen Raum. Mithilfe ihrer Flotte und der starken Wirtschaft sicherten sie sich in diesen Gebieten politischen Einfluss und Exportmärkte für ihre Wirtschaft. Auch die Teilnahme der USA am Ersten Weltkrieg hatte neben politischen und humanitären Gründen wirtschaftliche Motive.

Auf den wirtschaftlichen Aufschwung der 20er Jahre folgte 1929 bis Ende der 30er Jahre eine schwere **Wirtschaftskrise**. Die Folge waren Unternehmenszusammenbrüche, hohe Arbeitslosigkeit und die Verelendung weiter Bevölkerungskreise. Durch Wirtschaftsreformen, Staatskredite und Arbeitsbeschaffungsmaßnahmen versuchte Präsident Roosevelt, diese Wirtschaftskrise zu überwinden.

## ARBEITSAUFTRAG

Technische Erfindungen wie das Fließband beschleunigten den Aufstieg der USA zur führenden Industrienation. Sie ermöglichten eine schnellere und preiswertere Produktion von Waren, veränderten aber die Arbeitsweise der Menschen grundlegend. Überlegt, wie die Arbeiter und Arbeiterinnen diese Veränderungen erlebten. Welche technischen Entwicklungen beeinflussen heute unsere Arbeitswelt nachhaltig?

## ZUM WEITERLESEN

K. Recheis: Bevor die Büffel starben. Das abenteuerliche Leben der Crow. Arena, Würzburg [2] 1997.
B.S. Cummings: Feuer über Virginia, dtv-junior, München 1991.
D. Brown: Begrabt mein Herz an der Biegung des Flusses. Hoffmann & Campe, Hamburg [10] 1995.
S. O'Dell: Rollender Donner. Arena, Würzburg 1996.
@/1 http://www.asn-ibk.ac.at/schulen/borg-ibk/praesent.htm
@/2 http://www.a-nation-a-history.de/
@/3 http://www.wissen-erleben.de/themen/roots/
@/4 http://www.indianer.de
@/5 http://www-theol.kfunigraz.ac.at/kat/rb/kkk/ku_klux_klan_seite.htm
@/6 http://www.dap-tours.de/
@/7 http://www.esbnyc.com/
@/8 http://www.boersendschungel.de/htdocs/crash2.htm

Im Vergleich mit den westeuropäischen Ländern war Russland zu Beginn des 20. Jahrhunderts ein rückständiges Land: Die Industrie war noch wenig entwickelt, die einfache Bevölkerung lebte meist in sehr ärmlichen Verhältnissen. Mitten im Krieg, im Oktober 1917, fand in Russland eine sozialistische Revolution statt. Sie veränderte die russische Gesellschaft tiefgreifend und hatte großen Einfluss auf die Weltgeschichte des 20. Jahrhunderts.

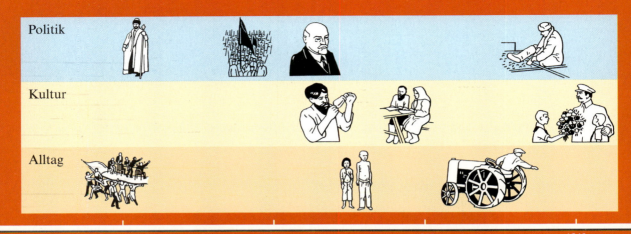

| | 1910 | 1920 | 1930 | 1940 |
|---|---|---|---|---|
| Politik | | | | |
| Kultur | | | | |
| Alltag | | | | |

**Russland und die Sowjetunion bis 1939**

Industrie

| vor 1917 | 1917-1939 | |
|---|---|---|
| | | Eisen- und Stahlindustrie |
| | | Maschinenindustrie |
| | | Chemische Industrie |
| | | Textilindustrie |
| | | Industriegebiet vor 1917 |
| | | Industriegebiet 1917-1939 |

- - - Russlands Grenze 1914
── Grenze der Sowjetunion 1922
── Wichtige Eisenbahnlinien vor 1917
...... Wichtige Eisenbahnlinien nach 1917

Förderung von Bodenschätzen

| vor 1917 | 1917-1939 | |
|---|---|---|
| | | Steinkohle |
| | | Erdöl |
| | | Eisen |
| | | Gold |
| | | Kupfer |
| | | Mangan |
| | | Bauxit |
| | | Blei |
| | | Zink |
| | | Zinn |
| | | Nickel |

0   500   1000 km

## ARBEITSAUFTRAG

Vergleiche die Sowjetunion Ende der 1930er Jahre mit dem Zarenreich um 1913. Beachte dabei sowohl die Grenzveränderungen infolge des Ersten Weltkriegs als auch die wirtschaftliche Entwicklung.

# 1. Die russische Gesellschaft zu Beginn des 20. Jahrhunderts

Tiefe soziale, wirtschaftliche und politische Gegensätze spalteten die russische Gesellschaft zu Beginn des 20. Jahrhunderts. Immer häufiger forderten Arbeiter, Bauern und Intellektuelle bei Streiks und Demonstrationen bessere Arbeits- und Lebensbedingungen sowie politische Mitsprache. Doch Zar NIKOLAUS II. ließ aus Angst vor dem Verlust seiner Alleinherrschaft (=Autokratie) jeden Widerstand gewaltsam niederschlagen. Welche Ursachen hatten diese Konflikte?

**Die Lage der Bauern und der Arbeiter** – Über 80 Prozent der russischen Bevölkerung lebten auf dem Land. Doch zwei Drittel des Bodens befanden sich im Besitz einer kleinen Schicht meist adliger **Gutsbesitzer**. Zwar war die Leibeigenschaft 1861 aufgehoben worden, doch das hatte nicht zu einer gerechten Verteilung des Bodens geführt. Die Gutsbesitzer ließen sich das Land teuer abkaufen; schon für ein kleines Stück Land mussten sich die Bauern hoch verschulden. Viele verarmte Bauern und Landarbeiter wanderten daher in die neuen **Industriezentren** ab, um dort als **Lohnarbeiter** ein Auskommen zu finden. Die Industrie war auf wenige Zentren wie Moskau und St. Petersburg begrenzt. Aufgrund von Kapitalmangel im eigenen Land befand sie sich weitgehend in ausländischer Hand; auch die Gewinne flossen meist ins Ausland. Ohne gesetzlichen Schutz litten die Arbeiter unter unmenschlichen Arbeitsbedingungen.

| T2 Ökonomische Entwicklung Russlands | | | | |
|---|---|---|---|---|
| | 1860 | 1890 | 1900 | 1913 |
| Bevölkerung (in Mio.) | 74 | 118 | 133 | 175 |
| Roheisen (in 1000 t) | 336 | 976 | 2934 | 4636 |
| Kohle (in 1000 t) | 467 | 6015 | 16156 | 36036 |
| Eisenbahn (in 1000 km) | 1,6 | 30,6 | 53,2 | 70,2 |

(Nach: K. Funken, Die ökonomischen Voraussetzungen der Oktoberrevolution, Zürich 1976, S. 203)

ZAR NIKOLAUS II., 1868–1918, russischer Zar von 1894–1917. Er setzte die konservative Politik seiner Vorgänger fort und behinderte Russlands Modernisierung; im Juli 1918 wurden er und seine Familie ermordet. 🔎/1

**Q1** Aus der vom Zaren 1906 erlassenen Verfassung:

1 4: Dem Kaiser von Allrussland gehört die Oberste Selbstherrschende Gewalt. 14: [Er] ist der herrschende Führer der russischen
5 Armee und Flotte. 17: [Er] ernennt und entlässt den Vorsitzenden des Ministerrats, die Minister und die Hauptchefs der Verwaltungen. 86: Kein Gesetz kann ohne Zustim-
10 mung der Staatsduma [Volksvertretung] erfolgen und ohne Bestätigung Seiner Majestät in Kraft treten. 105: Die Staatsduma kann durch eine Verordnung des Kaisers
15 aufgelöst werden...

(In: H. G. Linke: Die russischen Revolutionen 1905/1917, Stuttgart 1991, S. 44 f. Bearbeitet)

B3 So genannte Treidler ziehen ein Lastschiff flussaufwärts, Foto 1900

## ARBEITSAUFTRÄGE

1. Benenne und vergleiche mit Q1 die Rechte, die die Verfassung dem Zaren und der Volksvertretung gab. Hältst du den Titel „Oberster Selbstherrscher" für angemessen?
2. Beurteile mit T2 die wirtschaftliche Entwicklung Russlands 1860–1913. Vergleiche sie mit der anderer Länder (S. 67, T5).
3. Betrachte B3 und formuliere einen Zeitungsbericht über die Arbeitsbedingungen der Treidler.

# 2. Russland im Ersten Weltkrieg / Beginn der Revolution

**„Nieder mit dem Krieg"** – Um den von Österreich 1914 bedrohten Serben zu helfen und um seine eigene Großmachtstellung auf dem Balkan ausbauen zu können, kämpfte Russland seit August 1914 an der Seite Frankreichs und Großbritanniens im Ersten Weltkrieg gegen Deutschland und Österreich-Ungarn. Die anfängliche Kriegsbegeisterung der russischen Bevölkerung schlug jedoch angesichts schwerer militärischer Niederlagen, über 1 Million getöteter Soldaten und einer katastrophalen Versorgungslage bald in wachsenden Widerstand um. Wie würde der Zar auf den Stimmungswandel und die Not der Menschen reagieren?

**Die Februarrevolution** – Am 23. Februar 1917 – nach dem damaligen russischen Kalender Internationaler Frauentag – demonstrierten Tausende verzweifelter Mütter in der Hauptstadt Petrograd für mehr Lebensmittel. Schon bald solidarisierten sich rund 400 000 Arbeiter mit ihnen und forderten das Ende des Krieges sowie den Sturz des Zaren. Aus der Demonstration wurde ein **Generalstreik**. Erneut wollte Zar Nikolaus II. den Widerstand mit Waffengewalt unterdrücken. Doch die Soldaten, meist Arbeiter- und Bauernsöhne, liefen zu den Streikenden über: Aus dem Generalstreik wurde eine **Revolution**. Die Revolutionäre stürmten die Waffenlager, befreiten die Gefangenen und verhafteten die zaristische Regierung. Am 2. März 1917 musste der Zar abdanken. Die Abgeordneten der DUMA (= russ. Parlament) bildeten eine neue **Provisorische Regierung**, in der neben gemäßigten Sozialisten mehrheitlich bürgerliche Politiker vertreten waren.

**Q 1** Fürst G. L. Lwow in einem Brief an den Präsidenten der Reichsduma, 29. Oktober 1916:

1 Die gewaltige patriotische Erhebung des Volkes ist von der Staatsmacht nicht ausgenützt worden. In der Provinz erregen die Maßnahmen
5 [der Regierung] Gefühle des Zweifels, der Gereiztheit, ja sogar der Empörung und der Wut. Alle Maßnahmen scheinen darauf abzuzielen, die Lage des Landes weiter
10 zu erschweren. Dazu gehören etwa die Maßnahmen in Fragen der Lebensmittelversorgung, die die Lage mehr und mehr verschärfen. Die Verabsäumung anderer
15 militärischer Maßnahmen [setzt] sogar Menschen und Material des Landes aufs Spiel.

(In: M. Hellmann [Hg.], Die russische Revolution 1917, München 1969, S. 86 Bearbeitet)

B2 Revolutionäre Bauern stürmen ein Gut, G. Gorolew, Gemälde 1953

B3 Bewaffnete Arbeiter auf dem Schlossplatz von Petrograd, 1917

**Doppelherrschaft** – Im Verlauf der Revolution hatten sich im ganzen Land Arbeiter-, Bauern- und Soldatenräte (russisch: Sowjets) gebildet. Auch sie verstanden sich als Vertreter der russischen Bevölkerung und bildeten in Petrograd das **Exekutivkomitee der Sowjets**. Noch im Februar 1917 einigten sich Regierung und Exekutivkomitee der Sowjets auf ein gemeinsames Reformprogramm, wonach Russland in eine Republik nach westlichem Vorbild umgewandelt werden sollte.

**„Alle Macht den Räten"** – Mit dieser Parole und dem Ziel einer sozialistischen Neuordnung Russlands kehrte der Führer der radikalen Sozialisten, WLADIMIR ILJITSCH LENIN, am 3. April 1917 mit deutscher Hilfe aus seinem Schweizer Exil nach Petrograd zurück. Bereits seit 1903 hatten die russischen Sozialdemokraten über den richtigen Weg zu einer sozialistischen Revolution gestritten: Während der gemäßigte Flügel der Sozialdemokraten, die **Menschewiki**, das rückständige Russland noch nicht reif für eine sozialistische Revolution hielt, wollte der radikale Flügel, die **Bolschewiki**, die Februarrevolution weiterführen. Im Sommer 1917 konnten die Bolschewiki ihren politischen Einfluss beträchtlich steigern, denn die Provisorische Regierung verlor den Rückhalt in der Bevölkerung, weil sie den verhassten Krieg fortgesetzt und auch die erhoffte Landreform verzögert hatte.

**Q5** Am 4. April 1917 verkündet Lenin sein Programm („Aprilthesen"):

1 2. Die Revolution muss die Macht in die Hände des Proletariats und der armen Schichten der Bauernschaft legen. 3. Keine Unterstüt-
5 zung der Provisorischen Regierung. 5. Nicht parlamentarische Republik, sondern eine Republik von Arbeiter-, Landarbeiter- und Bauerndeputiertenräten. Ab-
10 schaffung der Polizei, der Armee, des Beamtentums. 6. Enteignung des gesamten adligen Grundbesitzes. Nationalisierung des gesamten Bodens im Lande.

(In: M. Hellmann [Hg.], Die russische Revolution 1917, München 1969, S.189 f. Bearbeitet)

WLADIMIR I. LENIN, 1870–1924. Führer der radikalen Sozialisten, die im November 1917 die Macht in Russland an sich rissen. Lenin war Vorsitzender des Rats der Volkskommissare (Regierung).

**Q6** Lenin und die kaiserliche deutsche Regierung 1917:

1 Lenin wollte die Weltrevolution, einschließlich der Revolution gegen das deutsche Kaiserreich, seine deutschen Partner wollten den Sieg und die europäische Vorherrschaft dieses deutschen Kaiserreichs ... Beide Seiten
5 wollten eine Revolutionsregierung in Russland und ein Friedensangebot dieser Regierung; und jeder hoffte, sich des anderen für seine Zwecke zu bedienen.

(In: S. Haffner, Der Teufelspakt, Die deutsch-russischen Beziehungen vom Ersten zum Zweiten Weltkrieg, Zürich 1988, S.19 f. Bearbeitet)

**Q4** Erklärung der Provisorischen Regierung vom 3. März 1917:

1 1. Vollständige Amnestie aller politischen Vergehen. 2. Freiheit der Rede, der Presse, Vereins-, Versammlungs- und Streikfreiheit.
5 3. Abschaffung aller benachteiligenden Unterschiede [wegen] Zugehörigkeit zu bestimmten Ständen, Religionsgemeinschaften und Nationalitäten. 4. Einberufung ei-
10 ner Konstituierenden Versammlung auf der Grundlage des allgemeinen, gleichen, geheimen und direkten Wahlrechts. 5. Ersetzung der Polizei durch eine Volksmiliz.

(In: M. Hellmann [Hg.], Die russische Revolution 1917, München 1969, S.152 f. Bearbeitet)

## ARBEITSAUFTRÄGE

1. Welche Einschätzung gibt Fürst Lwow in Q1 von der zaristischen Regierung und der Lage in Russland Ende 1916?
2. Betrachte B2 und B3. Überlege, warum die russischen Arbeiter sich nach der Februarrevolution bewaffneten und eigene Milizen (kämpfende Verbände) aufstellten.
3. Erläutere anhand von Q4 die politischen Veränderungen in Russland nach der Februarrevolution.
4. Vergleiche Q4 mit Q5. Worin unterscheiden sich die Forderungen Lenins von denen der neuen Regierung? Wie sollten Staat und Gesellschaft nach Lenin gestaltet sein?
5. Versuche die Zusammenarbeit Lenins mit der kaiserlichen deutschen Regierung, die in Q6 geschildert wird, zu erklären.

# 3. Oktoberrevolution und Gründung der UdSSR

**Staatsstreich der Bolschewiki** – Als die Bolschewiki im September 1917 einen Großteil der Stimmen in den einflussreichen Räten von Moskau und Petrograd erhielten, drängten Lenin und LEO TROTZKI auf den Sturz der Provisorischen Regierung, um selber die Macht zu übernehmen. Dies gelang ihnen am 25. Oktober 1917 in einem Staatsstreich, der kaum auf Widerstand stieß. Die Bolschewiki setzten eine neue Regierung unter der Führung Lenins ein, den **Rat der Volkskommissare**. Warum traf der Staatsstreich nicht auf Widerstand in der Bevölkerung?

**Maßnahmen zur Sicherung der Herrschaft** – Schon im Oktober 1917 erfüllten die Bolschewiki die wichtigsten Forderungen der Bauern und Arbeiter. Gegen heftigen Widerstand innerhalb der eigenen Partei

schlossen Lenin und Trotzki im März 1918 in Brest-Litowsk einen für Russland sehr harten Frieden mit Deutschland und Österreich-Ungarn. Russland musste auf die baltischen Länder verzichten und die Unabhängigkeit Finnlands sowie der Ukraine anerkennen. Dadurch verlor es ein Viertel seiner Bevölkerung sowie drei Viertel seiner Eisenindustrie und Kohlebergwerke. Doch die Bolschewiki wollten sich die Sympathie der kriegsmüden Arbeiter, Bauern und Soldaten sichern, um ihre Macht gegen die politischen Gegner im eigenen Land stabilisieren zu können.

Sowjetisches Propagandaplakat von 1920: „Genosse Lenin säubert die Welt vom Unrat"

**Q1** Ein Historiker über den Umsturz im Oktober 1917 in Petrograd:

1 Am 25. Oktober um zwei Uhr morgens besetzten Soldaten den Bahnhof der Strecke nach Moskau, wenig später Elektrizitäts-
5 werk, Post- und Telegrafenamt, Staatsbank und die wichtigsten Plätze und Brücken. Als sie um acht Uhr auch im Warschauer Bahnhof patrouillierten, war der
10 Machtwechsel bereits vollzogen – kampflos und ohne Blutvergießen. Gegen Mittag umzingelten bewaffnete Aufständische den Winterpalast und forderten
15 die Kapitulation der Regierung. Die Minister harrten jedoch aus. Erst am nächsten Morgen, als die Verteidiger ihre Posten schon aufgegeben hatten, verschafften
20 sich die Angreifer – entgegen der späteren Legende ohne Sturmangriff – Zutritt und verhafteten das versammelte Kabinett.

(In: M. Hildermeier, Geschichte der Sowjetunion 1917–1991, München 1998, S.112 f. Bearbeitet)

**Q2** Aus dem Dekret über Grund und Boden, 26. Oktober 1917:

1 1. Das Eigentumsrecht der Gutsbesitzer an Grund und Boden wird unverzüglich aufgehoben. Eine Entschädigung wird nicht geleis-
5 tet. 4. Jedes Land wird zum Besitz des ganzen Volkes erklärt und denen, die es bearbeiten, zur Nutznießung überlassen. Alle Bodenschätze: Erze, Erdöl, Kohle, Salz
10 gehen in den ausschließlichen Besitz des Staates über…

(In: M. Hellmann [Hg.], Die russische Revolution 1917, München 1969, S. 315 ff. Bearbeitet)

**Kalenderreform**
Am 1. Februar 1918 wurde in Russland der im übrigen Europa gültige Gregorianische Kalender eingeführt. Der 1. Februar wurde damit zum 14. Februar 1918. Die Zeitangaben im Buch folgen dem jeweils gültigen Kalender.

**B3** Erstürmung des Winterpalais, Szenenfoto aus einem sowjetischen Film von 1927/28

**Alleinherrschaft oder Mehrparteiensystem?** – Im Januar 1918 trat die frei gewählte **verfassunggebende Versammlung** zusammen, um über die künftige politische Ordnung des Landes zu entscheiden. Die Bolschewiki hatten diesen Wahlen widerwillig zustimmen müssen, um in der Bevölkerung nicht ihre Glaubwürdigkeit zu verlieren. Wie befürchtet erlitten sie eine Wahlschlappe und erhielten nur ein Viertel der Stimmen. Als die mehrheitlich von gemäßigteren Sozialrevolutionären besetzte Versammlung sich weigerte, einer von den Bolschewiki geforderten **Räterepublik** zuzustimmen, ließ Lenin die verfassunggebende Versammlung auflösen, Oppositionspolitiker verhaften und nichtbolschewistische Zeitungen verbieten. Die Bolschewiki lehnten die demokratischen Regeln eines frei gewählten Parlaments ab. Eine neue Räteverfassung erlaubte auch nur den Arbeitern, Angestellten, Bauern und Soldaten zu wählen; und nur sie konnten gewählt werden.

**Bürgerkrieg und Kriegskommunismus** – Mit großer Härte bekämpften sich Trotzkis millionenstarke **Rote Armee** und die als „Weiße" bezeichneten Gegner der Bolschewiki. Schließlich siegten die „Roten" mithilfe erfahrener Offiziere der Zarenzeit über die uneinigen „Weißen". Etwa 10 Millionen Menschen verloren in diesen Kämpfen ihr Leben. Die Maßnahmen des Kriegskommunismus (Verstaatlichung aller Betriebe, Verbot des Privathandels, Lebensmittelzuteilungen) sollten alle Kräfte für den Sieg mobilisieren und gleichzeitig den Aufbau einer sozialistischen Gesellschaft vorantreiben.

**Wirtschaftskrise und Massenelend** – Nach vier Jahren Weltkrieg, nach Bürgerkrieg und Kriegskommunismus war Russlands Wirtschaft 1920 vollkommen zerrüttet: Millionen Menschen verhungerten. Landesweite Unruhen der Bauern und Streiks der Arbeiter zwangen die Sowjetregierung zu einer neuen Wirtschaftspolitik. Die **Neue Ökonomische Politik** (russisch abgekürzt NEP) gab der Bevölkerung vorübergehend wieder mehr wirtschaftliche Freiheit: So durften Bauern ihre überschüssigen Produkte frei auf Märkten verkaufen und private Kleinbetriebe konnten Dienstleistungen anbieten.

**Gründung der UdSSR** – 1922 schlossen sich die russische, ukrainische, transkaukasische und die weißrussische Räterepublik zur **Union der sozialistischen Sowjetrepubliken** (**UdSSR**) zusammen. Moskau wurde neue Hauptstadt.

LEO D. TROTZKI, 1879–1940. Trotzki war neben Lenin die treibende Kraft der Revolution und Organisator der Roten Armee. Stalin, dessen politischer Gegenspieler er in den 1920er Jahren war, ließ ihn 1940 im mexikanischen Exil ermorden.

**Der russische Bürgerkrieg 1918–1920**

von Sowjets August 1918 beherrschte Gebiete
weitestes Vordringen der „Weißen" 1918/19
von Sowjets 1919 beherrschtes Gebiet
Vordringen der Roten Armee 1919/20
von Sowjets 1920/21 beherrschtes Gebiet

Petrograd
Moskau
Kiew
Irkutsk
Orenburg
Simferopol
Nowotscherkassk
Tiflis
Baku
Buchara

Grenze des Zarenreichs 1914
Grenze nach dem Friedensvertrag von Brest-Litowsk 1917
Staatsgrenze der UdSSR Ende 1922

■ Revolutionszentren Okt./Nov. 1917
□ Regierungssitz der „Weißen"

0   500   1000
km

**K5**

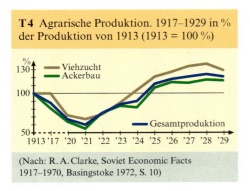

**T4** Agrarische Produktion. 1917–1929 in % der Produktion von 1913 (1913 = 100 %)

%
130
Viehzucht
Ackerbau
100
Gesamtproduktion
50
1913 '17 '20 '21 '22 '23 '24 '25 '26 '27 '28 '29

(Nach: R. A. Clarke, Soviet Economic Facts 1917–1970, Basingstoke 1972, S. 10)

## ARBEITSAUFTRÄGE

1. Prüfe mit Q1, welche Aktionen für den Erfolg der Revolution entscheidend waren und welche mehr Symbolcharakter hatten.
2. Erläutere mit Q2, wie die Bolschewiki den Forderungen der Arbeiter- und Bauernräte nachkamen.
3. Betrachte B3. Welchen Eindruck wollte der Regisseur des Filmes mit dieser Darstellung der Erstürmung des Winterpalastes hervorrufen? Vergleiche das Bild mit der Darstellung in Q1.
4. Beschreibe mit T4 die Entwicklung der landwirtschaftlichen Produktion. Erkläre die Produktionssteigerung nach 1921.
5. Fasse mit K5 den Verlauf des Bürgerkriegs zusammen.

# 4. Industrialisierung und Kollektivierung

Die Bolschewiki (seit 1918 Kommunistische Partei) wollten den Aufbau des Sozialismus und die Unabhängigkeit vom kapitalistischen Ausland durch eine rasche Industrialisierung der Sowjetunion erreichen. Deshalb entschieden sie sich für den Weg einer staatlich gesteuerten **Planwirtschaft**. Die Ziele des ersten Fünfjahresplanes von 1928 waren hoch: Binnen fünf Jahren sollte die Industrieproduktion, insbesondere die Schwerindustrie, mehr als verdoppelt werden. Konnte dieses ehrgeizige Ziel erreicht werden?

**Beschleunigte Industrialisierung** – Trotz erheblicher Wachstumsraten erreichte die Sowjetunion ihr Planziel nicht. Es fehlte an gut ausgebildeten Ingenieuren und Facharbeitern. Der Lebensstandard der Arbeiter sank, da die Preise für Nahrungsmittel und andere Güter des täglichen Bedarfs stiegen und sich die Versorgung insgesamt verschlechterte. Daraufhin übten die Planungsbehörden starken **Leistungsdruck auf die Arbeiter** aus. Dies hatte zwar zur Folge, dass die Produktionszahlen stiegen, die Qualität der Produkte jedoch ließ nach. Trotzdem gelang es der Sowjetunion insgesamt, das Industrialisierungstempo enorm zu steigern. Ende der 1930er Jahre lag der Umfang ihrer Produktion weltweit auf dem zweiten Platz hinter den USA.

**Zwangskollektivierung** – Auch 1928 waren noch etwa drei Viertel der Bevölkerung Bauern. Während der Revolution war die Sympathie dieser größten Bevölkerungsgruppe für die Bolschewiki sehr wichtig gewesen. Daher hatten sie der Aufteilung des Adels- und Kirchenbesitzes unter den Bauern zunächst zugestimmt. Grundsätzlich lehnten sie den Privatbesitz von Bauernhöfen jedoch ab. Die Bauern sollten sich zu **Kolchosen** (genossenschaftliche Großbetriebe) und **Sowchosen** (landwirtschaftliche Spezialbetriebe in staatlicher Regie) zusammenschließen und das Land „**kollektiv**" (gemeinschaftlich) bebauen. Für die private Bewirtschaftung sollte ihnen nur ein kleines Stück Land und etwas Vieh bleiben.

1929/30 beschloss die Kommunistische Partei daher die **Zwangskollektivierung** aller landwirtschaftlichen Betriebe. Der Hauptangriff richtete sich zunächst gegen die Mittel- und Großbauern, die so genannten **Kulaken**. Sie stellten zwar nur etwa fünf Prozent der bäuerlichen Bevölkerung, produzierten aber über 20 % des Getreides und anderer Agrarerzeugnisse. Man beschimpfte sie als „Klassenfeinde", die den Aufbau des Sozialismus verhindern würden. Mit ihren Familien wurden sie von ihren Höfen verjagt, nach Sibirien verschleppt oder getötet. Als die Zwangs-

„Wir werden für den Aufbau des Sozialismus 1931 8 Millionen Tonnen Roheisen erzeugen." Propagandaplakat, 1931

| T1 Industrielle Produktion 1917–1940 in % der Produktion von 1913 | | | |
|---|---|---|---|
| | Insgesamt | Produktions- güter | Konsum- güter |
| 1913 | 100 | 100 | 100 |
| 1917 | 71 | 81 | 67 |
| 1921 | 31 | 29 | 33 |
| 1925 | 73 | 80 | 69 |
| 1927 | 111 | 128 | 102 |
| 1930 | 193 | 276 | 151 |
| 1935 | 411 | 713 | 258 |
| 1940 | 852 | 1554 | 497 |

(Nach: H. Altrichter, Kleine Geschichte der Sowjetunion 1917–1991, München 1993, S. 216)

**B2** Elektrizität und elektrisches Licht halten Einzug im Dorf, Foto 1926

kollektivierung auch die Kleinbauern traf, regte sich erbitterter Widerstand. Die Bauern schlachteten ihr Vieh ab und versteckten die Vorräte. Kommunistische Milizen gingen mit großer Härte gegen die Bauern vor. Die **Zerstörung der traditionellen bäuerlichen Arbeitsformen** führte zu einem starken Rückgang der Erträge. Da die staatlichen Zwangseintreiber keine Rücksicht auf schlechte Ernten nahmen, kam es 1932/33 erneut zu schweren **Hungersnöten** mit Millionen Toten. Dennoch hatte die Kommunistische Partei 1936 schon 90% der Bauern gezwungen, in Kolchosen und Sowchosen zu arbeiten.

**Q5** Stalin über die Liquidierung des Kulakentums als Klasse (1929):

1 Heute haben wir die Möglichkeit, es [das Kulakentum] als Klasse zu liquidieren und seine Produktion durch die Produktion der Kollek-
5 tiv- und Sowjetwirtschaften zu ersetzen. Natürlich darf man [den Kulaken] nicht in die Kollektivwirtschaft lassen, weil er ein geschworener Feind der kollektiv-
10 wirtschaftlichen Bewegung ist.

(In: Geschichte in Quellen, Bd. 5, S. 142. Bearb.)

**Q3** Der deutsche Journalist Egon Erwin Kisch berichtet über einen Besuch in der Sowjetrepublik Usbekistan (1931):

1 Noch immer stößt die Durchführung der allgemeinen Schulpflicht für Mädchen auf steile Hindernisse ... Im Frauenklub werden
5 Tageskurse und Abendkurse zur Liquidierung des Analphabetentums abgehalten. Die Klubmitglieder bilden verschiedene Zirkel: Sport, Theater, Musik und
10 Landesverteidigung ... Eine Filiale der staatlichen Sparkasse amtiert im Klubgebäude, verschleierte Frauen legen erspartes Geld auf ihren Namen ein ...

(In: E. E. Kisch: Asien gründlich verändert, Berlin [Ost]/Weimar 1980, S. 237. Bearbeitet)

**B6** Hungernde Bauernkinder in der Sowjetunion, Foto 1920er Jahre

**T4** Anzahl der Lese- und Schreibkundigen in Russland in %

|  | 1887 | 1926 | 1939 |
|---|---|---|---|
| Insgesamt | 24 | 51,5 | 81,2 |
| Männer | 35,8 | 66,5 | 90,8 |
| Frauen | 12,4 | 37,1 | 72,6 |
| Stadtbewohner insgesamt | 52,3 | 76,3 | 89,5 |
| Dorfbewohner insgesamt | 19,6 | 45,2 | 76,8 |
| Dorfbewohner Frauen | 8,6 | 30 | 66,5 |

## ARBEITSAUFTRÄGE

1. Beschreibe anhand von T1 die Fortschritte der Industrialisierung in der UdSSR. Erläutere dabei, welche Bedeutung die Produktions- bzw. die Konsumgüter für die Menschen hatten.
2. Betrachte B2. Beschreibe, welche Veränderungen die Elektrizität für das Leben der bäuerlichen Bevölkerung brachte.
3. Erläutere mit Q3, wie die Emanzipation der Frauen in der Sowjetrepublik Usbekistan vorangetrieben wurde.
4. Analysiere T4. Welche Fortschritte in der allgemeinen Volksbildung werden deutlich? Welche Unterschiede zwischen den einzelnen Gruppen der Bevölkerung lassen sich erkennen?
5. Vergleiche Q5 mit Q2 auf S. 82. Wie beurteilst du die Enteignung der Kulaken? Beschreibe mit B6 eine der Auswirkungen.

# 5. Die Sowjetunion unter Stalin – Terror und Personenkult

Im Januar 1924 starb Lenin. Mit großer Zielstrebigkeit und Härte gegenüber Andersdenkenden hatte er die Entwicklung Russlands seit 1917 entscheidend geprägt. Die politische Opposition – auch kritische Geister in der eigenen Partei – hatte er ausgeschaltet und der Kommunistischen Partei eine fast allmächtige Stellung verschafft. Welche Entwicklung nahm die Sowjetunion nach Lenins Tod?

**Kampf um die Macht** – Seit 1922 war JOSEF W. STALIN Generalsekretär der Kommunistischen Partei. Geschickt hatte er es verstanden, viele wichtige Positionen mit treuen Anhängern zu besetzen. Zwar hatte sich der schon schwer kranke Lenin kurz vor seinem Tod in einem „Brief an den Parteitag" gegen Stalin als seinen Nachfolger ausgesprochen, aber dieser Brief wurde von Stalin unterdrückt. Mit der Unterstützung seiner Anhänger gelang es ihm, sich gegen Trotzki im innerparteilichen Machtkampf durchzusetzen. Durch politische Intrigen, **Schauprozesse**, deren Urteile schon vorher feststanden, und auch durch Mord schaltete Stalin bis 1928 alle innerparteilichen Gegner aus. So machte er sich in den folgenden Jahren zum Alleinherrscher in der Kommunistischen Partei und im Staat.              /2

**Politischer Kurswechsel** – Lenin hatte die Auffassung vertreten, dass der Agrarstaat Russland nicht im Alleingang den Sozialismus aufbauen könne. Sein Ziel war es daher, die kommunistische Revolution in den fortgeschrittenen Industriestaaten zu fördern. Stalin vertrat dagegen nach dem Scheitern der kommunistischen Revolution in Deutschland die Meinung, dass zunächst der Aufbau des Sozialismus in der Sowjetunion Vorrang habe. Seit 1927 setzte er die Abkehr von der Neuen Ökonomischen Politik (NEP) und allen privatwirtschaftlichen Erleichterungen durch. Stattdessen wurde die Zwangskollektivierung in der Landwirtschaft mit großer Härte durchgeführt und die rasche Industrialisierung des Landes beschlossen.

Die veränderten Verhältnisse in der Sowjetunion wurden 1936 durch eine **neue Verfassung** festgeschrieben: Bodenschätze und Industriebetriebe gehörten demnach dem Staat; das Land der Kolchosen war „genossenschaftliches" Eigentum. Die neue Verfassung versprach aber auch die demokratischen Rechte der arbeitenden Bevölkerung zu stärken. Die Räte als gesetzgebende Organe sollten demokratisch gewählt werden und die Richter unabhängig sein. Doch dieser Anschein einer sozialistischen Demokratie war trügerisch. Denn die Kommunistische Partei war die einzig anerkannte Partei. Jeder Abgeordnete und jeder Amtsinhaber war Parteimitglied.

**Aufgaben und Struktur der Partei** – Die Kommunistische Partei hatte 1933 etwa 3,5 Millionen Mitglieder. Sie wurde straff von oben nach unten geführt. Alle Parteimitglieder hatten die Anweisungen der Führung widerspruchslos auszuführen. Die Parteiführung überwachte alle Mitglieder und zog jeden zur Rechenschaft, der von der „richtigen" Linie abwich. Die einfachen Kommunisten hatten die Aufgabe, der Bevölkerung die Entscheidungen der Parteiführung zu vermitteln und ihre Durchführung zu überwachen.

JOSEF W. DSHUGASH-WILI, genannt STALIN, 1879–1953.
Stalin stammte aus Georgien; seit 1904 gehörte er zum bolschewistischen Flügel der Arbeiterpartei. Nach der Revolution 1917 wurde er einer der Volkskommissare, 1922 Generalsekretär der Kommunistischen Partei. Nach Lenins Tod erlangte er eine allmächtige Stellung in der Partei und im Staat.

**Q 1** Aus einem Brief Lenins an den Parteitag der Kommunistischen Partei, diktiert vom 23.12.1922–4.1.1923 (veröffentlicht 1956):

1  Genosse Stalin hat, nachdem er Generalsekretär geworden ist, eine unermessliche Macht in seinen Händen konzentriert, und ich bin nicht überzeugt, dass er es immer verstehen wird, von dieser Macht vorsichtig genug
5  Gebrauch zu machen ... Persönlich ist Trotzki wohl der fähigste Mann im gegenwärtigen ZK [Zentralkomitee der Partei], aber [er ist] auch ein Mensch, der ein Übermaß von Selbstbewusstsein und eine übermäßige Leidenschaft für rein administrative Maßnahmen hat ...
10  Stalin ist zu grob [und] kann in der Funktion des Generalsekretärs nicht geduldet werden.

(In: H. Hecker, Staat zwischen Revolution und Reform, Die innere Entwicklung der Sowjetunion 1922–1990, Stuttgart 1991, S. 14. Bearbeitet)

# Arbeit mit historischen Fotografien

Seit der Entwicklung der Fotografie im 19. Jahrhundert geben Fotos Informationen über eine konkrete Zeit und Situation an die nachfolgenden Generationen weiter. Das Foto zeigt dabei nur einen Ausschnitt der Wirklichkeit, es stellt eine Momentaufnahme dar. Selbst ein „Schnappschuss" ist keine genaue Abbildung der Realität, er dokumentiert vielmehr das, was aus Sicht des Fotografen oder seines Auftraggebers interessant erscheint.

Eine nachgestellte Aufnahme, wie zum Beispiel die von der Erstürmung des St. Petersburger Winterpalais (vgl. Seite 82), ist zwar auch ein Zeitdokument, aber kein authentisches. Vielmehr muss man in diesem Fall kritisch fragen, warum und für wen die Szene des Fotos nachgestellt wurde und ob sie wahrheitsgemäß nachgestellt wurde.
Trotz dieser Einschränkungen sind historische Fotos wichtige Quellen, die Rückschlüsse auf die Vergangenheit zulassen.

So alt wie die Fotografie selbst sind aber auch die Versuche, Fotografien nachträglich zu verändern (zu fälschen), um sie dann zu missbrauchen. Die beiden Fotos auf dieser Seite sind ein bekanntes Beispiel dafür aus dem Bereich der politischen Geschichte. Sie stammen aus dem Jahr 1920 und zeigen Lenin, der Soldaten der Roten Armee verabschiedet. Der Fotograf machte damals zwei Aufnahmen von dieser Szene; nur die Perspektiven waren etwas verschieden. Auf dem ersten Foto sieht man rechts neben der Tribüne in Uniform Leo Trotzki, den Organisator der Roten Armee. Auf dem zweiten Foto ist Trotzki später „wegretuschiert" worden. In wessen Auftrag, wann und mit welcher Absicht geschah dies?

Trotzki war ein enger Wegbegleiter Lenins. Als Stalin nach Lenins Tod im Jahr 1924 dessen Nachfolger wurde, ließ er viele seiner Gegenspieler entmachten, um seine eigene Position zu sichern. So war es auch bei dem angesehenen Trotzki,

den Stalin 1940 sogar umbringen ließ. Alle Hinweise auf Trotzki mussten auf Anweisung Stalins entfernt werden – auch auf Fotos.

**B 1 und B 2** Lenin verabschiedet Soldaten der Roten Armee, 1920

## WORAUF DU ACHTEN MUSST

1. Stelle fest, aus welcher Zeit das Foto stammt, wo es gemacht wurde und, falls möglich, von wem es gemacht wurde.
2. Betrachte das Foto genau und sammle Informationen, die du dem Foto direkt entnehmen kannst.
3. Ordne das Foto in den geschichtlichen Zusammenhang ein.
4. Formuliere Fragen, auf die du durch das Foto keine ausreichenden Antworten erhältst, die dir aber wichtig sind. Versuche nun, mithilfe anderer Quellen darauf Antworten zu finden.
5. Wenn du weißt, dass ein Bild (nachträglich) gestellt oder gefälscht wurde, suche nach möglichen Motiven dafür.

**Terror durch die Tscheka** – Bereits im Dezember 1917 hatte FELIX DSERSHINSKI, ein Mitstreiter Lenins, die Geheimpolizei der Bolschewisten gegründet: die **Tscheka**. Unter verschiedenen Bezeichnungen (Tscheka, GPU, NKWD, KGB) erlangte sie im Laufe der Jahre große Macht. Schon im Bürgerkrieg erschossen Tscheka-Angehörige mit ausdrücklicher Zustimmung Lenins zahlreiche politische Gegner. Während der Industrialisierung und Zwangskollektivierung verfolgten sie angebliche Verschwörer, spürten geheime Vorräte der Bauern auf, vertrieben oder ermordeten Kulaken. Als die Zahl der Inhaftierten nach 1930 stark anstieg, übernahm die Geheimpolizei auch die Verwaltung der über die gesamte Sowjetunion verteilten **Zwangsarbeitslager**. 1938 gab es ca. 10 Millionen Männer und Frauen, die unter unmenschlichen Bedingungen im Straßen-, Eisenbahn- und Bergbau, in Fabriken oder in der Landwirtschaft arbeiten mussten. Man schätzt, dass mehr als 1 Million Menschen in den Lagern umkamen.

**„Große Säuberungen"** – Auf Befehl des krankhaft misstrauischen Stalin nahm der Terror der Geheimpolizei seit 1935 kaum vorstellbare Ausmaße an. Eine beispiellose Welle von Verhaftungen überrollte das ganze Land. Bereits eine kritische Bemerkung über Stalin konnte die Todesstrafe zur Folge haben. Der Höhepunkt dieses Terrors waren die drei **„Moskauer Schauprozesse"** in der Zeit von 1936 bis 1938. Unter dem Vorwurf, den Sturz der Regierung und seine Ermordung geplant zu haben, ließ Stalin nicht nur fast die gesamte Parteiführung der 1920er Jahre, sondern auch Offiziere der Roten Armee und sogar zahlreiche Mitglieder der Geheimpolizei umbringen. Seinen Erzfeind Trotzki ließ Stalin zuerst nach Zentralasien verbannen, 1929 des Landes verweisen und 1940 im mexikanischen Exil ermorden. An die Stelle der Verschwundenen und Ermordeten traten in der Partei wie im Staat ergebene Nachwuchskräfte. Diese hatten vor allem eines gelernt: den Anweisungen der Parteiführung blind zu folgen.

**Q2** Stalin 1936 über das sowjetische Einparteiensystem:

1 Es gibt bei uns keine einander entgegengesetzten Parteien, ebenso wie es bei uns keine einander entgegengesetzten Klassen der Kapi-
5 talisten gibt oder von Kapitalisten ausgebeutete Arbeiter. Unsere Gesellschaft besteht ausschließlich aus freien Werktätigen ... – aus Arbeitern, Bauern und der Intelli-
10 genz. Jede dieser Schichten kann ihre speziellen Interessen haben und sie durch die vorhandenen zahlreichen gesellschaftlichen Organisationen zum Ausdruck brin-
15 gen. Aber sobald es keine Klassen gibt, sobald sich die Grenzen zwischen den Klassen verwischen, kann es keinen Nährboden für die Bildung einander bekämpfender
20 Parteien geben...

(In: K. Farner [Hg.], Verfassung der UdSSR, Zürich 1945, S.15 f. Bearbeitet)

**B3** „Die harte Hand Jeshows". N.I. Jeshow war seit 1937 Chef der Geheimpolizei NKWD. Er zerdrückt eine Schlange mit den Köpfen der Stalingegner Trotzki, Bucharin, Rykow; der Schwanz der Schlange ist als Hakenkreuz dargestellt. Russisches Plakat von 1937

**Personenkult** – Während Lenin die wachsende Verehrung seiner Person abgelehnt hatte, ließ Stalin sich 1929 an seinem 50. Geburtstag mit riesigen Abbildungen an allen öffentlichen Gebäuden feiern. Diese Verherrlichung Stalins wurde bewusst inszeniert und stellte seine Verdienste zuerst neben, später sogar über die Lenins, den Gründer der Sowjetunion. Sein Bild und sein Name waren allgegenwärtig. Die staatlichen Medien und Künstler der Partei priesen Stalin in geradezu religiöser Verehrung als „gütigen" Vater aller Völker der Sowjetunion, als unfehlbares Genie, das außerhalb jeder Kritik stand. Man gab den Menschen damit ein Vorbild, dem sie einerseits nacheifern sollten, das sie andererseits wegen seiner Allmacht und Allgegenwart aber auch fürchten sollten. Erst nach Stalins Tod im Jahr 1953 wurde nach und nach das Ausmaß seiner Terrorherrschaft bekannt.

**Q4** Eine Augenzeugin berichtet über ihre Erlebnisse im Jahr 1934:

1 In jenen schrecklichen Dezembertagen [begann] eine Verhaftungswelle. Sie ergriffen fast jeden, der vom NKWD [Geheimpolizei] ver-
5 dächtigt worden war. Einer der Ersten war unser Wohnungsnachbar, ein Bursche von siebenundzwanzig Jahren. Wir kannten ihn als ruhigen, bescheidenen jungen
10 Mann, der sich für seine invalide Mutter aufopferte. Dann erklang plötzlich um zwei Uhr morgens ein schrilles, unaufhörliches Klingeln in unserer Wohnung. Alle wachten
15 auf und hatten nur den einen Gedanken: „Zu wem sind sie gekommen?" Zwei NKWD-Männer traten ein, in Begleitung unseres verwirrten und erschrockenen
20 Hausmeisters. Er bezeichnete die Tür unseres Nachbarn Pawlow. Mir wurde leichter ums Herz; zumindest diesmal waren sie dran und nicht wir...

(In: E. Skrjabin, Von Petersburg bis Leningrad, Wiesbaden 1986, S.127 f. Bearbeitet)

**B5** Steine klopfende Zwangsarbeiter in einem Lager, Foto 1930er Jahre

**B6** „Rosen für Stalin", Gemälde von B. E. Wladimirski, 1949

## ARBEITSAUFTRÄGE

1. Gib Lenins Einschätzung über Stalin und Trotzki in Q1 wieder. Erkläre, warum der Brief erst 1956 veröffentlicht wurde.
2. Wie begründet Stalin in Q2, dass in der Sowjetunion nur eine einzige Partei, die KPdSU, existieren sollte?
3. Interpretiere B3: An wen richtet sich das Plakat? Welche Aussage will es vermitteln? Wie beurteilst du selber die Wirkung des Plakates auf den Betrachter?
4. Lies Q4. Entwirf einen Brief, mit dem die Autorin ihrem Bruder Georg die Ereignisse jener Nacht mitteilt. Berücksichtige dabei, dass dieser Brief in andere Hände geraten konnte.
5. Beschreibe B5 und stelle die Bildaussage in einen Zusammenhang mit der in Q4 beschriebenen Verhaftungswelle.
6. Welches Bild von Stalin sollte mit B6 vermittelt werden? Mit welchen Darstellungsmitteln hat der Maler versucht, den beabsichtigten Eindruck zu erreichen?

# 6. Die Außenpolitik der UdSSR 1922–1939

Nach dem Ersten Weltkrieg war Russland politisch isoliert. Aus Angst vor einer Ausbreitung des Kommunismus unterstützten Frankreich, Großbritannien, Japan und die USA im russischen Bürgerkrieg die Gegner der Bolschewiki, die so genannten „Weißen". Daher näherte sich Russland dem ebenfalls isolierten früheren Kriegsgegner Deutschland an: 1922 nahmen beide Länder diplomatische Beziehungen auf (**Rapallo-Vertrag**); 1926 vereinbarten sie gegenseitige Neutralität im Fall eines Angriffs durch ein drittes Land (**Berliner Vertrag**). Welche Ziele hatte die Außenpolitik der UdSSR?

Stalin wollte den raschen Aufbau des Sozialismus ohne Störungen durch außenpolitische Konflikte fortsetzen. Daher schloss die UdSSR Nichtangriffspakte mit ihren Nachbarländern. Auch als in Deutschland 1933 die Nationalsozialisten unter HITLER an die Macht kamen, wollte Stalin die guten politischen und wirtschaftlichen Beziehungen zu Deutschland aufrechterhalten. Als jedoch die Verfolgung der deutschen Kommunisten durch das NS-Regime immer brutalere Formen annahm und der friedensgefährdende Charakter der deutschen Außenpolitik deutlich wurde, änderten die kommunistischen Parteien 1935/36 auf Anweisung Stalins ihre Politik: Die Kommunisten sollten nun mit den bisher bekämpften Sozialdemokraten und anderen gesellschaftlichen Kräften eine „**Volksfront**" gegen den Faschismus bilden.

**Hitler-Stalin-Pakt** – Nach der Annexion Österreichs im März 1938 und dem deutschen Überfall auf die Tschechoslowakei im März 1939 glaubte Stalin nicht mehr an die Hilfe der Westmächte im Fall eines deutschen Angriffs auf die UdSSR. Er schloss daher im August 1939 mit Hitler einen Nichtangriffspakt. In einem geheimen Zusatzprotokoll beschlossen die Diktatoren, Polen unter beiden Ländern aufzuteilen. Die deutsche Wehrmacht begann daraufhin im September 1939 den lang geplanten Überfall auf Polen; sowjetische Soldaten marschierten in Ostpolen ein. 🖉/3

**B 2** Ein sowjetischer Kommissar mit deutschen Offizieren über eine Landkarte Polens gebeugt, Foto 1939

**Q 1** Aus den Beschlüssen des VII. Weltkongresses der Kommunistischen Internationalen vom 20.8.1935:

1 Angesichts der immer größer werdenden Gefahr des Faschismus für die Arbeiterklasse ist die Aktionseinheit aller Gruppen der
5 Arbeiterklasse [erforderlich]. Deshalb muss die Unterstützung der Sowjetunion die Handlungen jeder revolutionären Organisation des Proletariats, jedes parteilosen Ar-
10 beiters, jedes ehrlichen Intellektuellen und Demokraten bestimmen.

(In: H.-W. Ballhausen, Aufstieg und Zerfall der Sowjetunion, Stuttgart 1998, S. 87. Bearbeitet)

### ARBEITSAUFTRÄGE

1. Erarbeite mit Hilfe von Q 1 die Schlussfolgerungen, die die kommunistischen Parteien auf ihrem Weltkongress 1935 aus dem Erstarken des Faschismus zogen.
2. Betrachte B 2. Vor welchen Problemen hätte ein sowjetischer Kommunist gestanden, der einem in die UdSSR geflüchteten deutschen Kommunisten dieses Bild erklären sollte? Berücksichtige bei deinen Überlegungen auch Q 1.

| | Politik | Kultur | Alltag/Wirtschaft |
|---|---|---|---|
| **1940** | August 1939: Hitler-Stalin-Pakt<br><br>1936–1938: Moskauer Schauprozesse gegen hohe Parteifunktionäre und Offiziere der Armee;<br>1936: Neue sozialistische Verfassung | ausgeprägter Personenkult, besonders um die Person Stalins | Ende der 1930er Jahre: Die Sowjetunion belegt hinter den USA den zweiten Platz bei der Industrieproduktion |
| **1930** | 1935/36: Bündnis der Kommunistischen Internationale (Komintern) gegen den Faschismus<br><br>1926: Neutralitätsvertrag mit Deutschland;<br>1924–1928: Machtkampf Stalins und seiner Anhänger gegen Trotzki und andere führende Politiker der KPdSU;<br>1924: Tod Lenins;<br>1922: diplomatische Beziehungen mit Deutschland;<br>1922: Stalin wird Generalsekretär der Kommunistischen Partei (KPdSU);<br>1922: Gründung der Union der Sozialistischen Sowjetrepubliken (UdSSR); | Ende der 1920er Jahre ff.: zunehmende Durchdringung der Gesellschaft durch die Ideologie der Kommunistischen Partei (KPdSU)<br><br>Verbesserung der Volksbildung, Alphabetisierung der Landbevölkerung | Anfang der 1930er Jahre: Schwere Versorgungskrise in der Sowjetunion mit Millionen Hungertoten<br><br>1928/29: Ende der NEP, stattdessen Zwangskollektivierung in der Landwirtschaft sowie staatlich kontrollierte Industrialisierung (Planwirtschaft mit Fünfjahresplänen)<br><br>1922: „Neue Ökonomische Politik" (NEP) mit größerer wirtschaftlicher Freiheit für die Menschen; |
| **1920** | Frühjahr 1918: Errichtung einer Einparteien-/Alleinherrschaft durch die Bolschewiki;<br>Nov. 1917: Waffenstillstand mit den Mittelmächten (Friedensvertrag im März 1918);<br>25. Oktober 1917: Staatsstreich der Bolschewiki („Oktoberrevolution");<br>April 1917: Lenin verkündet sein Programm („Aprilthesen"); | seit den 1920er Jahren: heroisierende Propaganda- und Revolutionsfilme bzw. -bilder<br><br>1920er Jahre ff.: die Geheimpolizei (Tscheka, GPU, NKWD, KGB) durchdringt die Gesellschaft | 1920/21: Schwere Wirtschaftskrise und Massenelend mit Millionen Hungertoten<br><br>Nov. 1917: Ende der Kriegshandlungen, aber Ausbruch eines blutigen Bürgerkrieges;<br>Okt. 1917: Enteignung der Gutsbesitzer, Verstaatlichung der Bodenschätze und der Großindustrie;<br>Sommer 1917: Proteste der Bevölkerung gegen die neue Regierung (Forderungen: Landreform, Beendigung des Krieges); |
| **1910** | Feb./März 1917: Revolution in Russland, der Zar dankt ab;<br>August 1914: Beginn des Ersten Weltkriegs;<br>Russische Expansionspolitik auf dem Balkan;<br>Autokratische Stellung des Zaren; das russische Parlament (Duma) besitzt kaum Macht | verbreitete Kriegsmüdigkeit in der Bevölkerung<br><br>Kriegsbegeisterung in der Bevölkerung<br><br>Die russische Gesellschaft und Kultur sind noch stark durch die Feudalgesellschaft des 19. Jahrhunderts geprägt | 1916/17: Massenstreiks der Arbeiter, Aufstände der Soldaten<br><br>Die russische Industrie ist gegenüber Ländern Westeuropas und den USA rückständig; über 80 % der russischen Bevölkerung leben auf dem Land |

# Zusammenfassung – Die Entstehung der Sowjetunion

Im Vergleich mit west- und mitteleuropäischen Ländern waren Russlands Gesellschaft und Wirtschaft zu Beginn des 20. Jahrhunderts rückständig. Arbeiter und Bauern lebten meist in sehr ärmlichen Verhältnissen. Millionen Kriegstote und die schlechte Versorgungslage der Bevölkerung im Ersten Weltkrieg führten zu Massenstreiks und Aufständen der Soldaten, die im Februar 1917 in einer Revolution mündeten. Der Zar wurde zur Abdankung gezwungen. Die **neue Regierung** aus gemäßigten Sozialisten und bürgerlichen Politikern musste die Macht mit den Arbeiter-, Bauern- und Soldatenräten teilen, die in Petrograd das **Exekutivkomitee der Sowjets** (russ.: Räte) gebildet hatten.

Unter der Parole „Alle Macht den Räten!" forderten die radikalen Sozialisten, die **Bolschewiki**, die Umwandlung Russlands in einen **sozialistischen Staat**. Unter Führung Lenins rissen sie am 26.10.1917 in einem Staatsstreich die Macht an sich. In dem folgenden Bürgerkrieg schalteten die Bolschewiki ihre Gegner aus und errichteten eine Alleinherrschaft. Die russische Räterepublik und andere Räterepubliken auf dem Gebiet des früheren Zarenreiches schlossen sich 1922 zur **Union der sozialistischen Sowjetrepubliken** (UdSSR) zusammen.

Das kriegsbedingte Massenelend der Bevölkerung und die schwere Wirtschaftskrise Anfang der 1920er Jahre wollten die Bolschewiki mit einer „**Neuen Ökonomischen Politik**" (NEP) beenden. Die damit verbundene größere wirtschaftliche Freiheit der Bevölkerung wurde jedoch unter Lenins Nachfolger Stalin Ende der 1920er Jahre wieder aufgehoben. Die sowjetische Wirtschaftspolitik war von nun an durch **Zwangskollektivierung** in der Landwirtschaft und durch eine forcierte **Industrialisierung unter staatlicher Kontrolle** geprägt. Stalins Schreckensherrschaft fielen Millionen Bürgerinnen und Bürger der UdSSR zum Opfer; zugleich war er Mittelpunkt von Propaganda und **Personenkult**. 🖱/4

## ARBEITSAUFTRAG

Stelle in einer Tabelle zusammen, wodurch sich die Sozialistische Sowjetrepublik der 1920er und 1930er Jahre von einer demokratischen Republik nach westlicher Prägung unterschied. Berücksichtige bei deiner Zusammenstellung die Wirtschaftsordnung sowie die Stellung und Macht der Regierung bzw. einzelner Personen.

## ZUM WEITERLESEN

A. Rybakow: Die Kinder vom Arbat. dtv, München 1994.
A. Rybakow: Stadt der Angst. dtv, München 1994.
V. Pelewin: Generation P. Volk und Welt, Berlin 1999.
M. Scholochow: Michail, Der stille Don. dtv, München 1994.
J. ter Haap: Oleg oder die belagerte Stadt. dtv, München 1994.
🖱/1 http://www.hdg.de/lemo/html/biografien/NikolausII/index.html
🖱/2 http://www.hdg.de/lemo/html/biografien/StalinJosef/index.html
🖱/3 http://www.dhm.de/sammlungen/zendok/hitler-stalin-pakt/
🖱/4 http://www.ruhr-uni-bochum.de/lirsk/plakateb.htm

# Die Weimarer Republik

Nach dem verlorenen Weltkrieg wurde in Deutschland das alte, obrigkeitsstaatliche System der Monarchie durch eine parlamentarische Republik ersetzt. Demokratisch gewählte Politiker und Parteien bestimmten jetzt die Richtlinien der Politik. Auch in der Gesellschaft vollzog sich ein Wandel: Kunst und Kultur wurden freier, Frauen emanzipierten sich aus den traditionellen Rollenschranken. Doch die junge Republik war weiterhin von tief gehenden Konflikten geprägt.

Politik

Kultur

Alltag

| 1918 | 1920 | 1925 | 1930 | 1933 |

0   100   200   km

Schleswig **166**

DÄNE-MARK   SCHWEDEN

Ostsee   Memelgebiet (1923-24 an Litauen) **141**   LITAUEN   55°

10°   20°

Freie Stadt Danzig (Schutz des Völkerbundes)   Königsberg   Ost-preußen

N o r d - s e e

**331**

Oldenburg   Hamburg   Bremen   Mecklenburg

NIEDER-LANDE   Lippe   P r e u ß e n (12 Provinzen)   Westpreußen   P O L E N

Braun-schweig   Anhalt   Berlin   **2938**   Posen   Weichsel

Waldeck   Weimar   Oder   Breslau

BELGIEN   Essen   Sachsen   Ober-schlesien   **893**

Eupen-Malmedy **60**   Köln   Thüringen   Hultschiner Ländchen **48**

Koblenz   Hessen

LUXEM-BURG   Mainz

FRANKREICH   Elsass-Lothringen **1874**   Baden   Bayern   Donau

Württem-berg   München

Hohen-zollern

SCHWEIZ   ÖSTERREICH

TSCHECHOSLOWAKEI

**Legend:**
- Staatsgrenze nach dem Vertrag von Versailles 1920
- Ländergrenze des Dt. Reiches
- Nach Abstimmung bei Deutschland verbliebenes Gebiet
- Besetztes Gebiet
- 10 km neutrale Zone
- Entmilitarisierte Zone
- Saargebiet, 1920–1935 unter Völkerbundverwaltung
- Grenzzone ohne militärische Neubefestigung
- Internationalisierter Fluss
- Abgetretenes Gebiet
- **331** Bevölkerungsverlust in 1000

Gebiets- und Bevölkerungsverlust (in %)

| Gesamt | | Westen | Osten |
|---|---|---|---|
| 13 | | 3,6 | 9,4 |
| 10 | | 3,2 | 6,8 |

**Deutschland nach dem Vertrag von Versailles**

A R B E I T S A U F T R A G

Beschreibe mit der Karte die Veränderungen für das Gebiet Deutschlands nach dem Ersten Weltkrieg. Überlege, welche Probleme daraus entstehen konnten.

# 1. Revolution in Deutschland

Seit Juli 1917 war Deutschland in einer Art Militärdiktatur von der Obersten Heeresleitung (OHL) unter den Generälen Hindenburg und Ludendorff regiert worden. Als die OHL im Herbst 1918 erkannte, dass der Krieg nicht mehr zu gewinnen war, trat sie die Flucht nach vorn an: Um einer Revolution nach russischem Vorbild zuvorzukommen und um die Verantwortung für die nun einzuleitenden Waffenstillstandsverhandlungen nicht selber tragen zu müssen, forderten Hindenburg und Ludendorff im September 1918 die Bildung einer neuen Regierung. Diese sollte unverzüglich einen Waffenstillstand anbieten. Konnten diese Maßnahmen das Überleben der Monarchie sichern?

**Reformen „von oben"** – Am 3. Oktober 1918 ernannte Kaiser Wilhelm II. den liberalen PRINZ MAX VON BADEN zum neuen Reichskanzler. Dieser bildete noch am gleichen Tag die erste parlamentarische Regierung Deutschlands, in der auch Vertreter der SPD, der Zentrumspartei und der Fortschrittlichen Volkspartei Regierungsämter innehatten.

Das am 3. Oktober 1918 an den US-Präsidenten Wilson gerichtete „Ersuchen um Waffenstillstand und Frieden" der neuen Regierung beantwortete Wilson mit der Forderung, dass in Deutschland zuerst weitere Schritte zur Parlamentarisierung eingeleitet werden müssten. Daraufhin wurde am 24. Oktober 1918 in Preußen das überkommene Dreiklassenwahlrecht von 1849 abgeschafft und durch ein gleiches Wahlrecht ersetzt. Am 26. Oktober wurde Ludendorff entlassen. Am 28. Oktober 1918 änderte die neue Regierung die bisherige konstitutionell-monarchische Reichsverfassung per Gesetz in ein **parlamentarisches Regierungssystem**, in dem der Kaiser nurmehr repräsentative Funktionen haben sollte.

**Q1** Aufruf des SPD-Vorstands, 17.10.1918:

1 Deutschland ist auf dem Weg vom Obrigkeitsstaat zum Volksstaat … Die Parlamentarisierung und Demokratisierung unseres Landes ist
5 tatkräftig in Angriff genommen. Die sozialdemokratische Partei setzt sich mit ganzer Kraft dafür ein, dass die … innerpolitische Umwälzung sich schnell und restlos voll-
10 zieht … Nicht durch Herbeiführung eines bolschewistischen Chaos, durch Entfesselung des Bürgerkriege kann die innere Erneuerung erfolgen, ... [sondern] im Wege
15 friedlicher Umwälzung...

(In: Geschichte in Quellen, Bd. 5, München 1989, S. 165. Bearbeitet)

**Q2** Gesetz zur Änderung der Reichsverfassung vom 28.10.1918:

1 Zur Erklärung des Krieges im Namen des Reiches ist die Zustimmung des Bundesrats und des Reichtags erforderlich. Friedensverträge sowie ... Verträge mit fremden Staaten ... bedürfen der Zustimmung des Bundesrats
5 und des Reichtags ... Der Reichskanzler bedarf zu seiner Amtsführung des Vertrauens des Reichstags. Der Reichskanzler trägt die Verantwortung für alle Handlungen von politischer Bedeutung, die der Kaiser ... vornimmt. Der Reichskanzler und seine Stellvertreter sind für
10 ihre Amtsführung dem Bundesrat und dem Reichstag verantwortlich.

(In: Geschichte in Quellen, Bd. 5, München 1989, S. 98. Bearbeitet)

**B3** Deutschland 1918: Anstehen nach Brot

**November 1918: Revolution „von unten" –**
Die Mehrheitsparteien des Reichstages
hofften nun auf eine ruhige demokratische Entwicklung. Dennoch kam es im
November 1918 zu revolutionären Erhe-
bungen. In ganz Deutschland bildeten
sich revolutionäre Arbeiter- und Soldatenräte. Was waren die Ursachen und
welche Ziele hatten die Revolutionäre?

Bereits 1917 und 1918 war es in vielen Gebieten Deutschlands, darunter in Berliner
und Leipziger Rüstungsbetrieben, zu
Hungerstreiks gekommen. Als im Oktober 1918 Waffenstillstandsverhandlungen
eingeleitet wurden, sehnte die kriegsmüde, Not leidende Bevölkerung das baldige
Ende des Krieges herbei.
Kaiser und OHL waren jedoch nicht bereit, das neue parlamentarische System zu
respektieren und sich Regierung und
Reichstag unterzuordnen. Am 29. Oktober befahl die Admiralität ohne Wissen
der Reichsregierung einen Angriff der
deutschen Hochseeflotte auf die britische
Flotte im Ärmelkanal. Doch die Besat-
zungen der in Wilhelmshaven und Kiel
liegenden Schlachtschiffe waren nicht
mehr bereit, sich auf dieser sinnlosen
Todesfahrt opfern zu lassen, und verweigerten den Befehl zum Auslaufen.

**Arbeiter- und Soldatenräte entstehen –**
Am 4. November wählten die aufständischen Matrosen in Kiel nach russischem
Vorbild einen Soldatenrat und verbündeten sich mit den in Streik getretenen
Werftarbeitern. Aus Angst vor Verhaftungen und Erschießungen durch die
heranrückenden Militär- und Polizeitrup-
pen reisten Matrosendelegationen durch
Deutschland und lösten innerhalb weniger Tage breite Solidaritätsbekundungen
und eine Welle revolutionärer Erhebun-
gen aus. Überall übernahmen **Arbeiter-
und Soldatenräte** ohne nennenswerten
Widerstand die Macht. Als die Bewegung
am 7. November München erreichte, wurde in Bayern die Republik ausgerufen und
die bayerische Monarchie gestürzt.
Auf Massenkundgebungen forderten die
Menschen den sofortigen Frieden und die
Abdankung des Kaisers.

**Charakter der Rätebewegung –** Die revolutionäre Bewegung folgte keinem Plan,
es gab weder eine Zentrale noch ein Programm. Die Räte traten als spontan gebildete Organe der Volkserhebung an die
Stelle der auseinander brechenden Staatsmacht. Ihre Ziele waren die schnelle Been-

Die Ausbreitung der Rätebewegung   K 4

**Q 5** Forderungen des Kieler Soldatenrats, 5.11.1918:

1 1. Freilassung sämtlicher Inhaftierten und politischen
Gefangenen. 2. Vollständige Rede- und Pressefreiheit.
3. Aufhebung der Briefzensur. 4. Sachgemäße Behandlung der Mannschaften durch Vorgesetzte. 5. Straffreie
5 Rückkehr sämtlicher Kameraden an Bord und in die Ka-
sernen. 6. Die Ausfahrt der Flotte hat unter allen Umständen zu unterbleiben. ... 8. Zurückziehung sämtlicher nicht zur Garnison gehörigen Truppen. 9. Alle
Maßnahmen zum Schutze des Privateigentums werden
10 sofort vom Soldatenrat festgesetzt. 10. Es gibt außer
Dienst keine Vorgesetzten mehr. 11. Unbeschränkte
persönliche Freiheit jedes Mannes von Beendigung des
Dienstes bis zu Beginn des nächsten Dienstes. 12. Offiziere, die sich mit den Maßnahmen des jetzt beste-
15 henden Soldatenrats einverstanden erklären, begrüßen
wir in unserer Mitte. Alles Übrige hat ohne Anspruch auf
Versorgung den Dienst zu quittieren. 13. Jeder Angehörige des Soldatenrats ist von jeglichem Dienste zu
befreien. 14. Sämtliche in Zukunft zu treffenden Maß-
20 nahmen sind nur mit Zustimmung des Soldatenrats zu
treffen. Diese Forderungen sind für jede Militärperson
Befehle des Soldatenrates.

(In: Geschichte in Quellen, Bd. 5, München 1989, S. 111 f. Bearbeitet)

digung des Krieges, die Sicherung der Versorgung sowie die Beseitigung des alten Obrigkeitsstaates. Zwar nannten sich die Räte nach den Revolutionsorganen der russischen Bolschewisten, doch in der Mehrzahl verfolgten sie nicht die Ziele der russischen Oktoberrevolution. Meist wurden die Räte von der SPD dominiert; in vielen kleineren Orten waren auch bürgerliche Vertreter zugelassen. Nur der radikale Flügel der Sozialdemokraten (**USPD**) und der **Spartakusbund** wollten die Räte benutzen, um den Sozialismus nach sowjetischem Vorbild durchzusetzen.

**Revolution in Berlin** – Anfang November erreichte die revolutionäre Bewegung der Arbeiter- und Soldatenräte Berlin. Am 9. November überschlugen sich innerhalb weniger Stunden die Ereignisse: Demonstrierende Menschenmengen forderten die Abdankung des Kaisers und die Übergabe der Regierung an die Räte. Reichskanzler Max von Baden gab gegen Mittag ohne Zustimmung Wilhelms II. die **Abdankung des Kaisers** bekannt. Danach übertrug er, ohne Zustimmung des Reichstags, das Kanzleramt auf den Vorsitzenden der SPD, FRIEDRICH EBERT. Die SPD versuchte sogleich, sich an die Spitze der revolutionären Bewegung zu stellen, um sie in ruhigere Bahnen zu lenken. Zur gleichen Zeit waren linkssozialistische Kräfte der USPD und des Spartakusbundes bemüht, die politische Initiative zu ergreifen und die demonstrierenden und streikenden Menschenmassen Berlins für die Revolution nach bolschewistischem Vorbild zu mobilisieren.

**B 7** Marsch von Aufständischen zum Berliner Schloss, 9.11.1918

**Q 6** Kundgebung des Reichskanzlers Friedrich Ebert, 9.11.1918:

1 Mitbürger! Der bisherige Reichskanzler hat mir die Wahrnehmung der Geschäfte des Reichskanzlers übertragen. Ich bin im Begriff, die
5 neue Regierung im Einvernehmen mit den Parteien zu bilden. Die neue Regierung wird eine Volksregierung sein. Ihr Bestreben wird sein, dem deutschen Volke den Frieden
10 schnellstens zu bringen und die Freiheit, die es errungen hat, zu befestigen. Mitbürger! Ich bitte Euch alle um Eure Unterstützung bei der schweren Arbeit, die unser harrt.
15 Ihr wisst, wie schwer der Krieg die Ernährung des Volkes bedroht. Die politische Umwälzung darf die Ernährung der Bevölkerung nicht stören. Mitbürger! Ich bitte Euch al-
20 le dringend: Verlasst die Straßen! Sorgt für Ruhe und Ordnung.

(In: Geschichte in Quellen, Bd. 5, München 1989, S. 115. Bearbeitet)

### ARBEITSAUFTRÄGE

1. Beschreibe mit Q 1 die politischen Ziele der SPD Ende 1918.
2. Stelle mit Q 2 die Veränderungen dar, die aus der neuen Reichsverfassung resultierten. Beachte dabei die Stellung und die Befugnisse des Reichstags, des Reichskanzlers und des Kaisers.
3. Beschreibe mit K 4 die Ausbreitung der Rätebewegung. Stelle Vermutungen darüber an, warum sich überall Arbeiter und Soldaten anschlossen; berücksichtige auch B 3.
4. Stelle mit Hilfe von Q 5 die Forderungen des Kieler Soldatenrats in einer dreiteiligen Tabelle zusammen: Welche Forderungen waren auf politische Veränderungen gerichtet, welche waren revolutionär und richteten sich gegen die Regierung oder das alte Staatssystem, welche Forderungen betrafen nur die Verhältnisse in der Marine? Wie beurteilst du die Forderungen?
5. Spielt eine Sitzung des Arbeiter- und Soldatenrats. Beratet über die Fortführung der Demonstrationen und Streiks. Berücksichtigt Q 6, B 7 und die Forderungen der Spartakusgruppe.

# 2. Sozialistische Räterepublik oder parlamentarische Demokratie?

Die Übergabe des Reichskanzleramtes an Friedrich Ebert stellte eine gewisse Kontinuität zwischen alter und neuer Ordnung her. Die revolutionäre Stimmung in Berlin am 9. November 1918 verlangte jedoch einen klaren Neuanfang. Wohin steuerte die Revolution?

**Zwischen Kontinuität und Revolution** – Unmittelbar nach Eberts Ernennung zum Reichskanzler rief der SPD-Politiker Philipp Scheidemann um etwa 14 Uhr von einem Fenster des Reichstagsgebäudes die **parlamentarische Republik** aus. Nur zwei Stunden später proklamierte der Führer des Spartakusbundes, Karl Liebknecht, vor den versammelten Menschenmassen auf dem Berliner Schlossplatz die **sozialistische Republik Deutschland** und versprach: „Alle Macht den Arbeiter- und Soldatenräten!"  🖉/1

In dieser angespannten Situation, in der die Machtübergabe „von oben" und die revolutionäre Machtbildung „von unten" aufeinander prallten, kam Friedrich Ebert eine zentrale Doppelstellung zu. Als quasi legal ernannter neuer Reichskanzler war er die vom alten System autorisierte Bezugsperson für Beamte und Offiziere. Zugleich konnte sich Ebert als Vorsitzender der größten Arbeiterpartei an die Spitze der revolutionären Bewegung setzen und ihr eine parlamentarisch-demokratische Richtung geben.

Um eine Radikalisierung der Revolution zu verhindern, bemühte sich Ebert nun um ein Bündnis zwischen SPD und gemäßigten Kräften der USPD. Beide Parteien wollten verhindern, dass auf der für den 10. November anberaumten Versammlung der Berliner Arbeiter- und Soldatenräte eine revolutionäre Regierung gebildet würde. Sie einigten sich daher auf einen von SPD und USPD gemeinsam getragenen sechsköpfigen **Rat der Volksbeauftragten**. Die USPD setzte durch, dass politische Grundsatzentscheidungen einer Vollversamm-

lung aller Arbeiter- und Soldatenräte vorbehalten bleiben sollten. Die sechs Volksbeauftragten wurden von den Berliner Arbeiter- und Soldatenräten am 10. November durch Mehrheitsentscheidung als provisorische Revolutionsregierung bestätigt.

**Q1** Aus den Memoiren Philipp Scheidemanns:

1 Am 9. November 1918 stürmte[n] Arbeiter und Soldaten in den Saal [des Reichstags]: „Liebknecht will die Sowjetrepublik ausrufen!" Kein Zweifel: Wer jetzt die Massen vom Schloss her „bolschewistisch" oder vom Reichstag zum
5 Schloss hin „sozialdemokratisch" in Bewegung bringt, der hat gesiegt! Ich sah den russischen Wahnsinn vor mir, die Ablösung der zaristischen Schreckensherrschaft durch die bolschewistische. „Nein, nein! Nur nicht auch das noch in Deutschland nach all dem anderen Elend!"
10 Schon stand ich im Fenster. Ich sprach nur wenige Sätze: „Arbeiter und Soldaten! Der unglückselige Krieg ist zu Ende. Das Morden ist vorbei. Die Folgen des Kriegs, Not und Elend, werden noch viele Jahre lang auf uns lasten. Die Feinde des werktätigen Volkes, die Deutschlands Zusam-
15 menbruch verschuldet haben, sind still und unsichtbar geworden. Der Kaiser hat abgedankt. Er und seine Freunde sind verschwunden. Über sie alle hat das Volk auf der ganzen Linie gesiegt! Die neue Regierung darf nicht gestört werden in ihrer Arbeit für den Frieden und der Sorge
20 um Brot und Arbeit. Seid einig, treu und pflichtbewusst! Das Alte und Morsche ist zusammengebrochen. Es lebe das Neue! Es lebe die Deutsche Republik!"

(In: H. Krieger, Handbuch des Geschichtsunterrichts Bd. 5, Frankfurt/M. 1980, S. 174 f. Bearbeitet)

**Q2** Karl Liebkechts Proklamation, 9.11.1918, ca. 16 Uhr:

1 Der Tag der Revolution ist gekommen … Das Alte ist nicht mehr… Ich proklamiere die freie sozialistische Republik Deutschland … Die Herrschaft des Kapitalismus, der Europa in ein Leichenfeld verwandelt hat, ist gebro-
5 chen … Wir müssen alle Kräfte anspannen, um die Regierung der Arbeiter und Soldaten ... und eine neue staatliche Ordnung des Proletariats zu schaffen, eine Ordnung des Friedens, des Glücks, der Freiheit … unserer Brüder in der ganzen Welt. Wir reichen ihnen die Hän-
10 de und rufen sie zur Vollendung der Weltrevolution auf.

(In: Geschichte in Quellen, Bd. 5, München 1989, S. 115. Bearbeitet)

**Rätesystem oder Parlamentarismus** – Noch war die Entscheidung über die zukünftige Regierungsform Deutschlands nicht endgültig gefallen.

Da der „Rat der Volksbeauftragten" nicht über genügend qualifizierte Fachleute verfügte, ließ er den alten Eliten weiterhin ihre Führungspositionen. Eine wirkliche Demokratisierung der Verwaltung, des Militärs und der Wirtschaft fand daher nicht statt. Als Folge verlagerte sich das Zentrum der Macht in den kommenden Wochen wieder von den revolutionären Massen zurück zu den gemäßigten und konservativen Kräften. Vorrangiges Ziel der SPD war es, möglichst schnell eine verfassunggebende Nationalversammlung einzuberufen. Demgegenüber wollte die USPD zunächst das Rätesystem beibehalten, um die errungene Machtposition zu sichern. Die radikale Linke um den Spartakusbund forderte weiterhin, alle Macht den Räten zu übergeben. Auf dem **1. Reichskongress der Arbeiter- und Soldatenräte**, der vom 16. bis 20. Dezember in Berlin tagte, wurde schließlich nach erbitterten Diskussionen beschlossen, eine **Nationalversammlung** wählen zu lassen. Damit war die Entscheidung gegen die Räte und zugunsten des parlamentarischen Systems gefallen.

Von links nach rechts: Dittmann, Landsberg, Haase (USPD), Ebert, Barth, Scheidemann (MSPD)

**B4** Die Mitglieder des Rats der Volksbeauftragten, Postkarte 1918

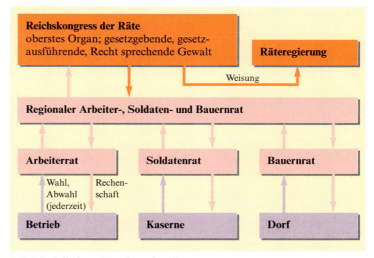

**B5** Modell einer Rätedemokratie

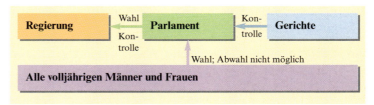

**B6** Modell einer parlamentarischen Demokratie

**Q3** Angebot der OHL an Reichskanzler Ebert am 10. 11. 1918:

1 Am Abend rief ich [Generalquartiermeister Groener] die Reichskanzlei an und teilte Ebert mit, dass das Heer sich seiner Regie-
5 rung zur Verfügung stelle, dass dafür der Feldmarschall [Hindenburg] und das Offizierskorps ... Unterstützung erwarten bei der Aufrechterhaltung der Ordnung ...
10 [und] der Bekämpfung des Bolschewismus ... Ebert ging auf meinen Bündnisvorschlag ein. Von da an besprachen wir uns täglich auf einer geheimen Leitung.

(In: W. Groener, Lebenserinnerungen, Göttingen 1957, S. 167 f. Bearbeitet)

## ARBEITSAUFTRÄGE

1. Analysiere Q1 und Q2. Arbeite die Kernaussagen beider Proklamationen heraus. Wo gibt es Gemeinsamkeiten, worin unterscheiden sie sich?
2. Beschreibe die Rolle, die Reichskanzler Ebert in der Phase des Übergangs von der alten Monarchie zur parlamentarischen Demokratie ausübte; lies dazu auch Q3. Wie beurteilst du die Rolle von Ebert?
3. Beschreibt den Aufbau einer Rätedemokratie (B5) und einer parlamentarischen Demokratie (B6). Vergleicht und diskutiert Vor- und Nachteile beider Regierungssysteme.

# 3. Nationalversammlung und Weimarer Verfassung

Die am 19. Januar gewählte Nationalversammlung tagte vom 6. Februar bis zum 31. Juli 1919 in Weimar. Sie sollte der jungen Republik eine solide demokratische Verfassung geben. Doch die verfassungsrechtlichen Auffassungen der versammelten Parteien gingen weit auseinander. War ein Kompromiss möglich?

**Wahlen zur Nationalversammlung** – Um die Mitarbeit an der Verfassung bewarben sich sehr unterschiedliche Parteien. Die SPD und die USPD sowie das katholische Zentrum traten für die Republik ein. Die alten liberalen Parteien der Kaiserzeit formierten sich neu zur Deutschen Demokratischen Partei (DDP) und zur Deutschen Volkspartei (DVP). Während sich die DDP zur Republik bekannte, wollte die DVP die Monarchie wieder aufrichten. Die konservativen Parteien der Kaiserzeit vereinigten sich zur Deutschnationalen Volkspartei (DNVP). Sie lehnte Republik und Demokratie ab. Die radikale Linke hatte Anfang 1919 die Kommunistische Partei Deutschlands (KPD) gegründet. Sie strebte weiterhin die Revolution und die Räterepublik an und boykottierte daher die Wahl.

Die Wahlen wurden erstmals nach dem **Verhältniswahlrecht** durchgeführt. Jede Partei erhielt so viele Abgeordnete wie es ihrem Stimmanteil entsprach. Dieses Wahlrecht galt zwar als sehr demokratisch, förderte aber später, während der Weimarer Republik, die Zersplitterung des Reichstags, da es **keine Sperrklausel** für Parteien mit nur wenig Wählerstimmen vorsah. Eine weitere bedeutende Neuerung war die Einführung des **Frauenwahlrechts**. Die Wahl zur Nationalversammlung brachte den Anhängern der parlamentarischen Demokratie eine klare Mehrheit.

Am 11. Februar 1919 wählte die Nationalversammlung Friedrich Ebert mit etwa 73 % der Stimmen zum ersten Reichspräsidenten; zwei Tage später wurde Philipp Scheidemann zum Reichskanzler gewählt. Die von ihm gebildete „Weimarer Koalitionsregierung" setzte sich aus einer breiten Mehrheit von SPD, Zentrum und DDP zusammen.

**Weimarer Verfassung** – Am 31. Juli 1919 verabschiedete die Nationalversammlung die neue Verfassung, die nach dem Versammlungsort „Weimarer Verfassung" genannt wird. Welche Grundlagen wurden darin für die junge Republik gelegt?

FRIEDRICH EBERT, 1871–1925. Sozialdemokratischer Politiker, Reichskanzler (1918–1919) und erster Reichspräsident (1919–1925) der Weimarer Republik

**B 3** Wahlplakat der SPD, 1919

**B 1** Plakat der DVP, 1919

**B 2** Plakat der KPD, 1919

Ein zentrales Prinzip der Weimarer Verfassung war die Volkssouveränität. Staatsoberhaupt und Parlament wurden vom Volk gewählt. Durch ein kompliziertes System gegenseitiger Kontrollen sollte das Machtgleichgewicht gehalten werden. Dennoch wurden dem Reichspräsidenten weitreichende Kompetenzen eingeräumt, insbesondere mit dem Art. 48

der Verfassung. Er sollte in Notfällen die Sicherheit und Ordnung des Staates garantieren können. Der spätere Reichspräsident Hindenburg nutzte dies intensiv. Er erließ Gesetze über Notverordnungen, löste den Reichstag auf und ernannte und entließ eigenmächtig Regierungen.

Für die Bürger enthielt die Weimarer Verfassung erstmals sehr wichtige Grundrechte, darunter die Gleichberechtigung der Frauen, den Schutz der Jugend, das Recht auf Unterstützung bei unverschuldeter Arbeitslosigkeit.

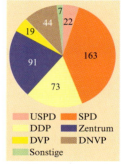

T6 Sitze in der Nationalversammlung 1919

**Q 4** Aus der Weimarer Reichsverfassung von 1919:

1  Art. 1: Das Deutsche Reich ist eine Republik. Die Staatsgewalt geht vom Volke aus.

Art. 22: Die Abgeordneten werden
5  in allgemeiner, gleicher, unmittelbarer und geheimer Wahl von den über zwanzig Jahre alten Männern und Frauen ... gewählt.

Art. 25: Der Reichspräsident kann
10  den Reichstag auflösen, jedoch nur einmal aus dem gleichen Anlass.

Art. 48: Der Reichspräsident kann, wenn im Deutschen Reich die öffentliche Sicherheit und Ordnung
15  erheblich ... gefährdet wird, die zur Wiederherstellung der öffentlichen Sicherheit und Ordnung nötigen Maßnahmen treffen, erforderlichenfalls mit Hilfe der bewaffneten
20  Macht einschreiten. Diese Maßnahmen sind auf Verlangen des Reichstags außer Kraft zu setzen.

Art. 50: Alle Anordnungen und Verfügungen des Reichspräsidenten...
25  bedürfen zu ihrer Gültigkeit der Gegenzeichnung durch den Reichskanzler.

Art. 53: Der Reichskanzler und auf seinen Vorschlag die Reichsminis-
30  ter werden vom Reichspräsidenten ernannt und entlassen.

Art. 54: Der Reichskanzler und die Reichsminister bedürfen zu ihrer Amtsführung das Vertrauen des
35  Reichstags. Jeder von ihnen muss zurücktreten, wenn ihm der Reichstag ... das Vertrauen entzieht.

(In: Reichsgesetzblatt 152, Berlin 1919, S. 1383–1418. Bearbeitet)

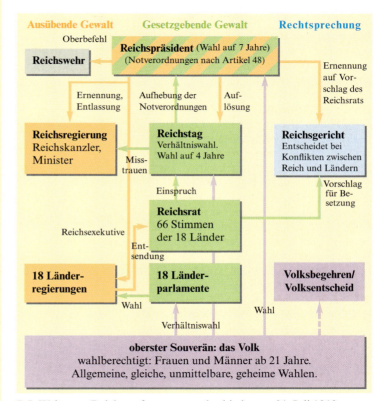

**B 5** Weimarer Reichsverfassung, verabschiedet am 31. Juli 1919

## ARBEITSAUFTRÄGE

1. Vergleiche die Plakate B 1, B 2 und B 3. Formuliere die Kernaussagen, nenne die Adressaten und beurteile die Wirkungen.
2. Analysiere mit Hilfe von Q 4 und B 5 den Aufbau der Weimarer Verfassung. Wie beurteilst du die Position der Reichsregierung gegenüber dem Reichspräsidenten sowie gegenüber dem Reichstag? War der Reichspräsident ein „Ersatzkaiser"?
3. Das Schema der Weimarer Verfassung (B 5) weist 18 Länderparlamente und -regierungen sowie einen Reichsrat aus. Nenne vergleichbare Einrichtungen in der Bundesrepublik.

# 4. Demokratie ohne Demokraten?

Deutschland war mit der Weimarer Verfassung zu einer parlamentarischen Demokratie geworden. Aber wie stark waren Parlamentarismus und demokratisches Gedankengut in der deutschen Gesellschaft verwurzelt?

**Selbstblockade der Parteien** – Das liberale Verhältniswahlrecht führte dazu, dass alle Parteien im Parlament vertreten waren. Doch in dem stark zersplitterten Reichstag gelang es nicht, dauerhafte und stabile Mehrheiten zu bilden. Die Parteien gingen bei der Regierungsbildung nur kurzfristige Zweckbündnisse ein. Sie waren gewohnt, ihre Positionen möglichst kompromisslos gegenüber anderen Parteien oder der Regierung zu vertreten. Aus der Kaiserzeit hatten sie keine Erfahrung, parlamentarische Kompromisse zu erarbeiten und ihre Positionen in Regierungsbündnissen umzusetzen. Darüber hinaus standen nicht alle Parteien loyal zur Weimarer Republik. Vielmehr waren radikale linke und rechte Parteien im Reichstag vertreten, die das demokratische System bekämpften und das Parlament, in das sie sich hatten wählen lassen, als Forum für ihre Agitation benutzten. Die Selbstblockade der demokratischen Parteien und des Reichstags brachte gerade diesen radikalen, republikfeindlichen Parteien wachsende Zustimmung bei den Wählern. 🔵/2

**Q1** Walther Rathenau, deutscher Außenminister, 1922:

1 Wenn ich mich jetzt Unter den Linden aufstelle und rufe: Hoch die große alte Zeit! Hoch Bismarck, hoch Kaiser und Reich …!, dann
5 werde ich vielleicht verhaftet, die Männer aber blicken mit Rührung auf mich, und die Frauen werfen mir Kusshändchen zu. Schreie ich jedoch: Hoch die Republik!, so
10 lacht alles.

(In: W. Hug, Unsere Geschichte, Bd. 3, Frankfurt/M. 1991, S. 109)

**T 2** Politische und wirtschaftliche Positionen der Weimarer Parteien

| | Staatsform | Innenpolitik | Wirtschaft | Außenpolitik |
|---|---|---|---|---|
| KPD | Räterepublik nach sowjetischem Vorbild | Diktatur der Räte. Notfalls bewaffneter Kampf um die Macht | Enteignung der Großbetriebe, Zerschlagung des Kapitalismus | Ende der Reparationsleistungen, Bündnis mit der Sowjetunion |
| SPD | Republik, parlamentarische Demokratie | Demokratisierung der Verwaltung und der Justiz | starke Kontrolle der Großbetriebe, Enteignung von Großgrundbesitz | friedliche Lösung internationaler Konflikte, Abrüstung, Senkung der Reparationslasten |
| Zentrum | Republik, parlamentarische Demokratie | Unparteilichkeit der Justiz, Bekenntnisschule | Privatwirtschaft, teilweise Enteignung gegen Entschädigung | internationale Prüfung der Kriegsschuldfrage, Befreiung der besetzten Gebiete mit rechtmäßigen Mitteln |
| DDP | Republik, parlamentarische Demokratie | politische Gleichberechtigung aller, staatsbürgerliche Gesinnung aller | Privatwirtschaft, Schutz des Mittelstandes | Revision des Versailler Vertrages, Gleichberechtigung Deutschlands |
| DVP | parlamentarische Monarchie, starke Autorität des Staates | Verwaltungsreformen, Stärkung der Familie, Einheitsschule | Privatwirtschaft, leitende Stellung des Unternehmers | Revision des aufgezwungenen Friedensvertrages, Wiederherstellung der deutschen Ehre |
| DNVP | starke Monarchie und Autorität des Staates | Recht und Ordnung, Antisemitismus | Freiheit des Privateigentums | Befreiung von fremder Zwangsherrschaft, starke Außenpolitik |
| NSDAP | autoritärer Führerstaat | Volksgemeinschaft, Antisemitismus | propagandistischer „Volkssozialismus"; faktisch Zusammenarbeit mit der/Unterstützung durch die Industrie | Aufhebung des Versailler Vertrags, aggressive Außenpolitik, Kolonien zur Ansiedlung Deutscher |

**Reichswehr und Freikorps** – Während der Revolution war es der Reichswehr gelungen, ihre Unabhängigkeit zu wahren. Das Oberkommando führte zwar nun der Reichspräsident. Dennoch verstand es die Heeresleitung, die Reichswehr zu einem „**Staat im Staate**" zu machen und sie gegen jede Form der Demokratisierung abzuschotten. Besonders die Offiziere verharrten in alten kaiserlichen Traditionen und lehnten die Republik ab. Unberechenbar waren vor allem die etwa 120 **Freikorps**. Im Zuge der Demobilisierung der Fronttruppen bildeten unzufriedene Offiziere Freiwilligenverbände, die zum Sammelbecken vieler Abenteurer oder durch den Krieg Entwurzelter wurden. Diese waren nationalistisch und antidemokratisch gesinnt. Sie schlugen zwar im Auftrag der Regierung linksradikale Aufstände nieder, aber dabei kämpften sie nicht für die verachtete Republik, sondern gegen die Revolution. Bei zahlreichen **politischen Morden** gegen linke und bürgerliche Politiker der Weimarer Zeit – Rosa Luxemburg, Karl Liebknecht, Matthias Erzberger, Walther Rathenau – waren die Täter Angehörige der Freikorps.

**Verwaltung und Justiz** – Auch in der Verwaltung und der Justiz hatten die alten Eliten des Kaiserreichs die Revolution weitgehend unbeschadet überdauert.

Die konservativen Beamten und Richter betonten zwar ihre Loyalität gegenüber dem Staat. Aber sie unterschieden dabei zwischen dem Staat an sich, dem ihre Treue galt, und der meist ungeliebten demokratischen Verfassung von Weimar.

**T4** Zahl der politischen Morde 1918–1922 und Form der gerichtlichen Verfolgung:

| begangen von | links | rechts |
|---|---|---|
| Gesamtzahl | 22 | 354 |
| ungesühnt | 4 | 326 |
| Verurteilte | 38 | 24 |
| Freispruch für Geständige | – | 23 |
| Haft je Mord | 15 Jahre | 4 Monate |
| Hinrichtungen | 10 | – |

(In: H. Pross, Die Zerstörung der deutschen Politik, Frankfurt/M. 1959, S. 139)

**B5** Karikatur von Th. Heine, 1927: „Sie tragen die Buchstaben der Firma – aber wer trägt den Geist?"

WALTHER RATHENAU, 1867–1922.
Von 1915 bis 1920 Präsident der AEG, 1921 Wiederaufbauminister, 1922 Außenminister; von den Nationalisten als „Erfüllungspolitiker" und „Judensau" beschimpft; 1922 von Nationalisten ermordet

MATTHIAS ERZBERGER, 1875–1921.
Finanzminister 1919–1920; unterzeichnete 1918 das Waffenstillstandsabkommen und trat für die Annahme des Versailler Vertrags ein; 1921 von Nationalisten ermordet

**Q3** Der General der Obersten Heeresleitung, von Seeckt, am 2.11.1923

1 [Ich habe] es von Anfang an für meine Aufgabe gehalten, die Reichswehr zu einer Stütze der Autorität des Reiches zu machen,
5 nicht zu der einer bestimmten Regierung. Sie [die Weimarer Verfassung] widerspricht in den grundlegenden Prinzipien meinem politischen Denken. Ich glaubte,
10 die Änderung der Verfassung auf einem Weg, der nicht unnötig durch einen Bürgerkrieg führen musste, mit herbeiführen zu helfen.

(In: Geschichte in Quellen, Bd. 5, München 1989, S. 195. Bearbeitet)

### ARBEITSAUFTRÄGE

1. Welche Stimmung der Bevölkerung bringt Rathenau in Q1 zum Ausdruck? Überlege die Ursachen dafür.
2. Charakterisiere mit Hilfe von T2 die Haltung der Parteien zur Weimarer Republik.
3. Beschreibe die Einstellung des Reichswehrgenerals in Q3 zur Verfassung. Benenne und beurteile seine Ziele.
4. Analysiere die politische Einstellung der Justiz mit Hilfe von T4. Überlege, welche Folgen ihre Parteilichkeit haben konnte.
5. Beschreibe B5. Erkläre, was der Zeichner ausdrücken wollte.

# 5. Belastungen und Krisen der Republik

Am 11. November 1918 hatte die Regierung Ebert die Waffenstillstandsurkunde unterschrieben. Der Friedensvertrag, den die Siegermächte ohne Beteiligung Deutschlands aufgesetzt hatten, wurde der deutschen Regierung am 7. Mai 1919 übermittelt. Für die gesamte Dauer der Weimarer Republik wurde dieser Vertrag zu einer schweren Belastung – vor allem in der innenpolitischen Auseinandersetzung. Was waren die Ursachen?

**Der Versailler Vertrag** – Die Siegermächte verlangten in den Friedensbedingungen unter anderem Gebietsabtretungen, die Abgabe der deutschen Kolonien und eine zeitweise militärische Besetzung des Rheinlandes. Der „Kriegsschuld-Artikel" (Art. 231) bezeichnete Deutschland als alleinigen Kriegsverursacher. Das Reich sollte daher zur Wiedergutmachung der Kriegsschäden der Alliierten **Reparationen** in noch nicht festgelegter Höhe leisten. Die als sehr hart empfundenen Friedensbedingungen lösten in Deutschland quer über alle Parteien hinweg einen Sturm der Empörung aus. Doch da die Siegermächte Verhandlungen über den Vertragsinhalt ablehnten, musste ihn die Deutsche Regierung akzeptieren und am 28. Juni 1919 in Versailles unterzeichnen.

Aus heutiger Sicht wird der Vertrag weniger kritisch beurteilt. Immerhin wurde Deutschland nicht besetzt. Die Reichseinheit und die Chance einer erneuten Großmachtstellung blieben erhalten. Die deutschen Reparationszahlungen waren angesichts der enormen Kriegsschäden der Alliierten vergleichsweise gering. Dennoch benutzten nationalistische und konservative Politiker, Journalisten und Schriftsteller die öffentliche Stimmung gegen das so genannte „Schanddiktat" auch Jahre später noch für eine böse Hetzkampagne und beschimpften demokratische Parteien und Politiker als „Novemberverbrecher" und „Erfüllungspolitiker".

**B 2**  Demonstration in Berlin gegen den Versailler Vertrag, 1919

| T 4 Deutsche Reparationszahlungen (in Milliarden Mark) | |
| --- | --- |
| 1923–24 | 1,750 |
| 1924–25 | 0,893 |
| 1925–26 | 1,176 |
| 1926–27 | 1,382 |
| 1927–28 | 1,739 |
| 1928–29 | 2,453 |
| 1929–30 | 1,275 |
| 1930–31 | 1,385 |
| 1931–32 | 0,961 |
| **1923–32** | **13,014** |

Zwischen 1923 und 1932 zahlte Deutschland im Jahresdurchschnitt etwa 2,6 % seines Volkseinkommens für Reparationen.
Auf der internationalen Konferenz von Lausanne wurde 1932 das Ende der Reparationszahlungen vereinbart.

(Nach: D. Petzina u. a., Sozialgeschichtliches Arbeitsbuch III, München 1978, S. 150)

**B 1**  „Dolchstoß gegen das deutsche Heer". Wahlplakat der Deutsch-Nationalen, 1924

**Q 3**  Der Historiker H. Heiber schrieb 1971 über den Versailler Vertrag und seine Auswirkungen in Deutschland:

1 Deutschland hat aller ... Schwarzmalerei zum Trotz die Folgen des verlorenen Krieges einschließlich der Amputation ... wertvoller Agrarüberschussgebiete wie auch Industriereviere nach den ersten Wirren *wirtschaftlich* überra-
5 schend gut überstanden. *Psychologisch* freilich war dies weniger der Fall. Vergessen war die Selbstverständlichkeit der Kriegsjahre, dass dereinst die besiegten Feinde Deutschlands Kriegskosten würden zahlen müssen. Nun aber sollte Deutschland die Kriegskosten der Welt zahlen.
10 So jedenfalls schien es dem Manne auf der Straße ... Die „Versklavung von Generationen" [bot] der Rechten einen wirksamen Hebel gegen den Staat, obgleich Deutschland im Endeffekt ... nicht allzu viel Reparationen gezahlt hat.

(In: H. Heiber, Die Republik von Weimar, München 1971, S. 59 f. Bearbeitet)

**Angriffe von links und rechts** – Die ersten Nachkriegsjahre waren für die Weimarer Republik auch durch eine Reihe von Umsturzversuchen geprägt. Wie reagierte die Republik auf solche Angriffe?

Bereits vor der Wahl zur Nationalversammlung eskalierte am 5. Januar 1919 in Berlin eine Demonstration zu einem kommunistischen Aufstand. Die Regierung Ebert forderte Hilfe von der OHL an und ließ die Unruhen niederschlagen. Dabei wurden die KPD-Führer Rosa Luxemburg und Karl Liebknecht von Freikorpsangehörigen brutal ermordet. Im Frühjahr 1919 kam es zu einer Welle links gerichteter Aufstände. So wurden in Bayern, Braunschweig, Bremen und dem sächsischen Vogtland Räterepubliken ausgerufen. Auch im Ruhrgebiet und im mitteldeutschen Bergbau gab es Unruhen. Überall ging das Militär mit großer Härte gegen die Aufständischen vor.

Ihre erste große Existenzkrise erlebte die Republik im März 1920. Als zahlreiche Freikorps gemäß den Bestimmungen des Versailler Vertrages aufgelöst werden sollten, marschierte die „**Brigade Ehrhardt**" unter Führung des rechtsextremen Generals LÜTTWITZ und des DNVP-Politikers WOLFGANG KAPP nach Berlin, besetzte das Regierungsviertel und rief zum Sturz der Regierung auf. Da die Reichswehr nicht

eingriff, musste die Regierung aus Berlin fliehen. Der Putsch brach nach wenigen Tagen zusammen, da der von Regierung und Gewerkschaften ausgerufene Generalstreik überall befolgt wurde. 🔗/3

**B 6** Brigade Ehrhardt auf dem Wilhelmplatz in Berlin, März 1920

**Q 5** General v. Seeckt gegenüber SPD-Minister Noske, 13.3.1920:

1 Es kann doch keine Rede davon sein, dass man Reichswehr gegen Reichswehr kämpfen lässt. Truppe schießt nicht auf Truppe. Haben
5 Sie, Herr Minister, etwa die Absicht, eine Schlacht vor dem Brandenburger Tor zu dulden zwischen Truppen, die eben erst Schulter an Schulter gegen den Feind gefochten
10 haben? Wenn Reichswehr Reichswehr niederschlägt, dann ist alle Kameradschaft ... dahin.

(In: R. Wohlfeil, Die deutsche Reichswehr. Frankfurt/M. 1972, S. 193. Bearbeitet)

**Q 7** SPD-Aufruf gegen den Kapp-Putsch, 13.3.1920:

1 Arbeiter, Parteigenossen! Der Militärputsch ist da ... Wir haben die Revolution nicht gemacht, um uns einem blutigen Landsknechtsregiment zu unterwerfen ... Die Arbeit eines ganzen Jahres soll in Trümmer geschlagen werden,
5 Eure schwer erkaufte Freiheit vernichtet. Es geht um alles. Darum sind die schwersten Abwehrmittel geboten. Kein Betrieb darf laufen, solange die Militärdiktatur der Ludendorffe herrscht. Deshalb legt die Arbeit nieder. Streikt. Schneidet dieser reaktionären Clique die Luft ab,
10 kämpft mit jedem Mittel gegen die Rückkehr Wilhelms II.: Lahmlegung des Wirtschaftslebens. Keine Hand darf sich rühren. Kein Proletarier darf der Militärdiktatur helfen ... Nieder mit der Gegenrevolution!

(In: Geschichte in Quellen, Bd. 5, München 1989, S. 170. Bearbeitet)

## ARBEITSAUFTRÄGE

1. Erkläre, warum die Menschen von B 2 gegen die Bestimmungen des Versailler Vertrages demonstrierten. Wie beurteilst du selber den Vertrag? Ziehe für deine Beurteilung auch Q 3 und T 4 heran sowie B 1 und die Materialien auf den Seiten 56–58.
2. Beurteile die Haltung der Reichswehr in Q 5 zum Kapp-Putsch. Vergleiche mit Q 3, Seite 103, und mit Q 3 auf Seite 99.
3. Nenne die Argumente, mit denen die SPD in Q 7 zum Generalstreik aufruft. Rechtfertigen die genannten Gründe deiner Meinung nach einen Generalstreik? Berücksichtige auch B 6.

# 6. Das Krisenjahr 1923

Das Jahr 1923 brachte der Weimarer Republik eine ganze Serie schwerer politischer und wirtschaftlicher Krisen, die sie in ihrer Existenz mehr denn je bedrohten. Welche Ursachen hatten diese Krisen und wie wirkten sie zusammen?

**Der Ruhrkampf** – Zu Beginn des Jahres eskalierte der Streit mit den Siegermächten. Die Alliierten hatten die Reparationen 1921 auf 132 Mrd. Goldmark zuzüglich 26% der deutschen Ausfuhrwerte festgelegt. Frankreich sah in diesen Forderungen ein Instrument, das Wiedererstarken Deutschlands zu verhindern. Als das Reich Ende 1922 mit Holz- und Kohlelieferungen in Verzug geriet, marschierten am 11. Januar 1923 französische und belgische Truppen in das Ruhrgebiet ein. Dieses „produktive Pfand" sollte die Lieferung der Reparationen sicherstellen. Die deutsche Bevölkerung war empört; die Reichsregierung stellte die Zahlungen ganz ein und rief zum „passiven Widerstand" auf. Niemand sollte in diesem „Ruhrkampf" mit den Besatzern zusammenarbeiten. Darauf reagierten die Franzosen hart: Sie übernahmen selbst die Eisenbahn und wichtige Betriebe, Tausende Menschen wurden ausgewiesen oder inhaftiert. Vielerorts kam es zu schweren Zusammenstößen mit der Bevölkerung.

**B 1** Antifranzösische Schießscheibe, 1923

Im Sommer konnte die Reichsregierung die Kosten des Ruhrkampfes, insbesondere die Verluste aus dem Produktionsausfall, nicht mehr verkraften.

Hinzu kamen eine **Inflation** (dt.: Geldentwertung) sowie steigende Arbeitslosigkeit, die weite Teile der Bevölkerung in eine schwere Notlage brachte: Im Herbst 1923 kostete ein einziges Brötchen 20 Milliarden Mark. Eine große Koalition aus DVP, DDP, Zentrum und SPD beschloss daher im September 1923, den Ruhrkampf aufzugeben.

**Innenpolitische Konflikte** – Der Ruhrkampf zog gezielt herbeigeführte Begleitkrisen nach sich, die von außen wie auch von innen geschürt worden waren. Frankreich unterstützte im Rheinland und in der Pfalz separatistische Bewegungen mit dem Ziel der Abspaltung. Im Oktober 1923 wurden die „Rheinische Republik" und die „Autonome Pfalz" ausgerufen. Während die Separatisten im Rheinland bereits im November am Widerstand der Bevölkerung scheiterten, konnte sich die pfälzische Republik bis 1924 halten.

Französischer Soldat bewacht einen Kohlewaggon im Ruhrgebiet, 1923

**Q 2** Aufruf der Regierung Stresemann, 26.9.1923

1 Am 11. Januar haben französische Truppen wider Recht und Vertrag das deutsche Ruhrgebiet besetzt ... Die Bevölkerung weigerte sich, unter fremden Bajonetten zu arbeiten. Für diese, dem Deutschen Reich in schwerster
5 Zeit bewiesene Treue und Standhaftigkeit dankt das ganze deutsche Volk. Die Reichsregierung hat es übernommen, nach ihren Kräften für die leidenden Volksgenossen zu sorgen. In immer steigendem Maße sind die Mittel des Reiches dadurch in Anspruch genommen worden.
10 den. Die einstige Produktion des Rheinlandes und des Ruhrgebiets hat aufgehört. Das Wirtschaftsleben ist zerrüttet. Mit furchtbarem Ernst droht die Gefahr, dass bei Festhalten an dem bisherigen Verfahren die Sicherung der nackten Existenz für unser Volk unmöglich wird. Um das
15 Leben von Volk und Staat zu erhalten, stehen wir heute vor der bitteren Notwendigkeit, den Kampf abzubrechen.

(In: H. Krieger, Handbuch des Geschichtsunterrichts, Bd. 5, Frankfurt /M. 1980, S. 201. Bearbeitet)

Große Teile der Bevölkerung konnten diese neue „Kapitulation gegenüber Frankreich" und die Hintergründe von Inflation und Wirtschaftskrise nicht nachvollziehen. Ihre Unzufriedenheit und wirtschaftliche Notlage versuchten rechte und linke Gegner der Republik für Umsturzversuche zu nutzen.

**Der Hitler-Putsch** – Bayern war nach der Niederschlagung der Räterepublik im Jahr 1919 zu einer Hochburg der Nationalisten und des Rechtsradikalismus geworden. Selbst die konservative Landesregierung unter Ministerpräsident VON KAHR steuerte einen offenen Konfrontationskurs gegen die Berliner Reichsregierung. Mit Billigung von Kahrs verweigerten die in Bayern stationierten Reichswehrtruppen alle Befehle aus Berlin.
Der Weltkriegsgeneral Ludendorff und ADOLF HITLER, Führer der 1920 in München gegründeten „Nationalsozialistischen Deutschen Arbeiterpartei" (NSDAP), versuchten im November 1923, von Kahr zu einem Sturz der Reichsregierung zu bewegen. Als von Kahr zögerte, entschied Hitler am 9. November, dem „Tag der nationalen Schmach", selbst den Putsch zu wagen und beschloss nach dem Vorbild der italienischen Faschisten einen „**Marsch auf Berlin**". Aber schon am gleichen Tag brach die „**nationale Revolution**" unter den Schüssen der Landespolizei vor der Münchner Feldherrenhalle zusammen. Die NSDAP wurde vorerst verboten, Hitler zu fünf Jahren Haft verurteilt, von denen er ein Jahr verbüßte.

**Roter Oktober in Sachsen und Thüringen?** – In Sachsen und Thüringen bildeten SPD und KPD gemeinsam die Regierung. Die KPD wollte die Krise des Jahres 1923 nutzen und bereitete einen „deutschen Oktober" nach dem Vorbild der russischen Oktoberrevolution vor. Mit Hilfe der UdSSR waren heimlich „**proletarische Hundertschaften**" bewaffnet worden. Als die Regierungen Sachsens und Thüringens deren Auflösung verweigerten, wurden sie auf Anordnung des Reichskanzlers von der Reichswehr ihres Amtes enthoben. Der „deutsche Oktober" war gescheitert, bevor er begonnen hatte.

Plakat der sächsischen KPD, 1923

**Q4** Reichskanzler Stresemann an den sächsischen SPD-Ministerpräsidenten Zeigner, 27.10.1923

1 Die Propaganda der Kommunistischen Partei hat unter Führung der Ihrem Kabinett angehörenden kommunistischen Mitglieder Formen angenommen, die den gewaltsamen Sturz der Reichsverfassung und ihre Zertrümme-
5 rung zum Ziele haben. Der Geist der Widersetzlichkeit und Gewalttätigkeit der Kommunistischen Partei zeigt sich in den Ausführungen des Leiters Ihrer Staatskanzlei, der in Chemnitz öffentlich zum Kampf gegen die Reichswehr aufgefordert hat. Die Beseitigung dieses Zustands ist un-
10 erlässlich. Im Auftrag der Reichsregierung fordere ich Sie auf, den Rücktritt der sächsischen Landesregierung zu vollziehen, weil die Teilnahme kommunistischer Mitglieder an dieser Landesregierung angesichts dieser Vorgänge mit verfassungsmäßigen Zuständen unvereinbar ist.

(In: Geschichte in Quellen, Bd. 5, München 1989, S. 192 f. Bearbeitet)

# Proklamation
## an das deutsche Volk!
Die Regierung der Novemberverbrecher in Berlin ist heute
für abgesetzt erklärt worden.

Eine provisorische deutsche
National-Regierung
ist gebildet worden.

Diese besteht aus
General Ludendorff, Adolf Hitler
General von Loßow, Oberst von Seißer

**B 3** Plakat der Hitler-Putschisten, 9.11.1923

## ARBEITSAUFTRÄGE

1. Beschreibe B 1 und erläutere die Stimmung der Bevölkerung gegenüber Frankreich und der Ruhrbesetzung. Nenne die Folgen des Widerstands, die die Regierung in Q2 beschribt. Diskutiert den Sinn wie auch den Abbruch des Ruhrkampfes.
2. Erkläre, was die Putschisten in B 3 mit dem Begriff „Novemberverbrecher" meinen. Gib ihre Absicht wieder, berücksichtige dabei auch das Datum.
3. Erklärt die Vorwürfe, die Stresemann in Q4 gegen die sächsische Landesregierung erhebt, und diskutiert seine Position.

# 7. Inflation – ihre Ursachen und Folgen für die Menschen

Die Entwertung des Geldes, die 1923 einen traurigen Höhepunkt erreichte, hatte bereits mit dem Beginn des Ersten Weltkrieges eingesetzt. Was waren die Ursachen der Geldentwertung und warum verschärfte sich die Krise 1923?

**Ursachen der Inflation** – Durch die hohen Rüstungskosten waren die Ausgaben des Reichs während des Krieges von etwa 4 Mrd. Mark auf 5 Mrd. Mark monatlich gestiegen. Diese Kosten konnten nicht durch höhere Steuereinnahmen gedeckt werden. Ein Teil des benötigten Geldes wurde daher einfach zusätzlich zur bereits vorhandenen Geldmenge gedruckt. Der größere Teil wurde durch **Anleihen** des Staates bei der Bevölkerung aufgebracht. Die Rückzahlung sollte nach dem Krieg, durch Reparationszahlungen der besiegten Feinde, erfolgen. So erbte die junge Republik bei Kriegsende mehr als 150 Mrd. Mark Schulden und eine Mark, die nur noch halb so viel wert war wie 1914.

Auch nach 1918 verursachten die Folgen des Krieges weitere hohe Kosten. Zu den Zinsen für die Anleihen kamen die Versorgung der Kriegsopfer und Hinterbliebenen, die Unterstützung der Arbeitslosen, Entschädigungen für die verlorenen Industriebetriebe in den abgetrennten Gebieten sowie Reparationszahlungen an die Siegermächte. In der angespannten innenpolitischen Situation der Nachkriegsjahre wollte die Regierung Steuererhöhungen vermeiden. Auch sie griff daher für die Rückzahlung der hohen Schulden und zur Finanzierung der laufenden Ausgaben zu dem Mittel, immer mehr Geld zu drucken und in Umlauf zu geben. Da es aber kaum Waren zu kaufen gab, stiegen die Preise stark an und das Geld verlor an Wert.

Durch die Belastungen des Ruhrkampfs entwickelte sich die **Inflation** 1923 zur Hyperinflation: Die Kaufkraft der Mark sank ins Bodenlose. Banken, Betriebe und Gemeinden gaben Notgeld oder Warengutscheine aus.

**Gewinner und Verlierer der Inflation** – In den ersten Nachkriegsjahren wurde wenig gegen die Inflation unternommen, da sich der Staat Vorteile davon versprach. Welche Auswirkungen hatte die Inflation auf Staat, Wirtschaft und Bevölkerung?

Besitzer großer Sachwerte sowie Industrieunternehmen profitierten von der Inflation. Die Löhne in den Betrieben wurden in Papiergeld ausgezahlt. Viele der produzierten Güter wurden aber nur noch gegen **Sachwerte** getauscht oder im Ausland gegen wertbeständige Dollarwährung verkauft. Banken und Versicherungen hatten die Einlagen ihrer Sparer oft in Grundstücke, Häuser und Produktionsbetriebe investiert. Solche Sachanlagen behielten ihren Wert.

Zu den Verlierern der Inflation zählten dagegen die einfachen Leute und der Mittelstand. Deren **Ersparnisse oder Rücklagen**, oft ein Leben lang hart erarbeitet, waren binnen weniger Monate nahezu wertlos. Betroffen waren vor allem Arbeiter und Angestellte, kleine Handwerksbetriebe, Ärzte, Rechtsanwälte und Beamte.

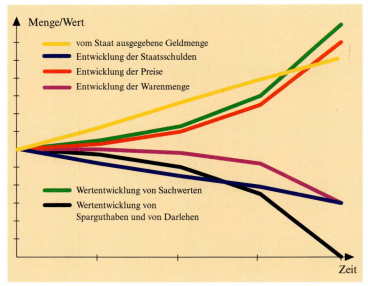

**Menge/Wert**

- vom Staat ausgegebene Geldmenge
- Entwicklung der Staatsschulden
- Entwicklung der Preise
- Entwicklung der Warenmenge
- Wertentwicklung von Sachwerten
- Wertentwicklung von Sparguthaben und von Darlehen

**Zeit**

**B1** Schema-Zeichnung zum Verlauf einer Inflation, erstellt durch den Autor

Zu den Gewinnern der Inflation gehörte scheinbar auch der Staat. Die Kriegsanleihen, für die viele einfache Leute aus patriotischer Überzeugung ihre Spargroschen hergegeben hatten, waren jetzt nahezu wertlos. Auch andere Schulden konnte der Staat nun leicht zurückzahlen. Doch diese Inflationsgewinne musste der Staat politisch teuer erkaufen. Denn die Inflation war für die Bevölkerung ein traumatisches Erlebnis, das lange nachwirkte und das Vertrauen in die demokratischen Parteien sowie in die Weimarer Republik insgesamt untergrub.

**Q2** Wilhelm Bieg erlebte als Kind die Inflation:

1 Inflation? Wer vermag zu erklären, warum ein Brot heute 3000, morgen 5000 und wenige Tage später schon 100.000 Mark kostet ...?
5 Wilhelm weiß nur, dass er pünktlich bei Schichtschluss vor dem Fabrikgebäude stehen muss. Mutter lässt ihre Tasche mit dem Lohn an einem Strick aus dem
10 Fenster; und er läuft mit den vielen Scheinen so schnell er kann zum Kaufmann, um Brot und Margarine einzukaufen. Bis die Mutter dort wäre, könnten die Preise
15 schon wieder gestiegen sein ...

(In: Potsdamer Forschungen, Reihe C, Heft 38, Potsdam 1979, S. 141. Bearbeitet)

**Q3** Spekulation mit der Inflation:

1 Mit Hilfe der nahezu kostenlosen Kredite der Reichsbank kaufte der Großindustrielle Hugo Stinnes wahllos alle Firmen auf, die er be-
5 kommen konnte ... Auf dem Höhepunkt seiner Macht ... im Jahr 1924 umfasste sein Imperium 1664 rechtlich selbstständige Unternehmungen mit 4554 Betrie-
10 ben, die sich auf fast alle Wirtschaftszweige erstreckten.

(In: F. Blaich, Der schwarze Freitag, München 1985, S. 54 f. Bearbeitet)

| T4 Entwicklung des Preises für 1 kg Brot | |
| --- | --- |
| Dez. 1919 | 0,80 Mark |
| Dez. 1920 | 2,37 Mark |
| Dez. 1921 | 3,90 Mark |
| Dez. 1922 | 163,15 Mark |
| Jan. 1923 | 250,– Mark |
| Apr. 1923 | 474,– Mark |
| Aug. 1923 | 69.000,– Mark |
| Sept. 1923 | 1.512.000,– Mark |
| Okt. 1923 | 1.743.000.000,– Mark |
| Dez. 1923 | 399.000.000.000,– Mark |
| Jan. 1924 | 0,30 Mark |

(In: G. Stolper u. a., Deutsche Wirtschaft seit 1870, Tübingen 1966, S. 98)

**Q5** Bericht von Bertha S.:

1 Schlimm war es mit meinem Vater. Er hatte als Handwerksmeister sein Leben lang gespart. Bei Kriegsausbruch hatte er über 40 000 Goldmark auf der Bank. Im Alter wollte er von den Zinsen leben. Im Sommer 1923
5 konnte er sich von dem Geld gerade noch ein Brot kaufen.

(Berta S. im Interview mit K.-H. Müller, in: Entdecken und Verstehen, Bd.3, Frankfurt/M.1989, S. 64. Bearbeitet)

**B6** Eier und Butter als Eintrittspreise ins Theater, Berlin 1923

## ARBEITSAUFTRÄGE

1. Erläutere mit der Schemazeichnung B1 die Entwicklung der dargestellten volkswirtschaftlichen Größen in einer Inflation.
2. Beschreibe anhand von Q2, Q3, T4, Q5 und B6 die Folgen der Inflation für einzelne Personengruppen. Spielt das Zusammentreffen folgender Personen: Geschäftsinhaber–Hausfrau, Fabrikbesitzer–Arbeiter, Bankinhaber–Kleinsparer.
3. Erkläre den in Q3 beschriebenen Erfolg von Hugo Stinnes. Wie haben wohl die Inflationsgeschädigten darüber gedacht?

# 8. Ära Stresemann – Wirtschaftsaufschwung oder Scheinblüte?

Gustav Stresemann (DVP) war nach seiner kurzen Kanzlerschaft 1923 bis zu seinem Tod 1929 Außenminister. Diese „Ära" Stresemann empfanden die Zeitgenossen als eine Zeit wirtschaftlicher Stabilisierung und politischer Beruhigung. Wie wurde der wirtschaftliche Aufschwung erreicht?

**Rentenmark und Dawesplan** – Um das Vertrauen der Menschen in den Staat und in die Wirtschaft wiederherzustellen, musste zuerst die Inflation gestoppt werden. Am 15.11.1923 leitete die Regierung Stresemann daher mit der Gründung der „Deutschen Rentenbank" eine Währungsreform ein. Als Sicherheit zur Deckung der neuen „**Rentenmark**" diente landwirtschaftlicher und industrieller Grundbesitz. Um die Stabilität der neuen Währung zu sichern, wurde die Finanzierung der Reichsausgaben über die inflationsanheizende Notenpresse beendet. Obwohl die Rentenmark nur eine Übergangslösung war, wurde sie schnell akzeptiert. Am 30. August 1924 wurde sie durch die **Reichsmark** ersetzt, die nun wieder durch Goldreserven gedeckt war.

Da das Reich seit Oktober 1923 wegen Zahlungsunfähigkeit keine Reparationen hatte zahlen können, legte die Währungsstabilisierung auch die Grundlage für neue Verhandlungen in dieser Frage. Eine Expertenkommission unter Leitung des US-Bankiers CHARLES DAWES erarbeitete ein Konzept, das im August 1924 akzeptiert wurde. Dieser „**Dawes-Plan**" legte vorerst keine Gesamtforderung für die Reparationszahlungen fest, sondern nur steigende Jahresraten zwischen 1,0 und 2,5 Mrd. RM. Vor allem sollte die Höhe der Reparationszahlungen nun an der tatsächlichen Leistungsfähigkeit der deutschen Wirtschaft orientiert werden.

**Entwicklung der Wirtschaft** – Als Folge der Währungsstabilisierung und der Reparationsregelung konnte Deutschland wieder Kredite aufnehmen. In kurzer Zeit floss eine große Menge ausländischen, vor allem amerikanischen Kapitals ins Reich. Bedeutete dies neuen Wohlstand?

Nach 1924 erholte sich die deutsche Wirtschaft. Besonders Elektro- und chemische Industrie, aber auch neue Industriezweige wie der Automobilbau erzielten hohe Wachstumsraten. Die Schwerindustrie (Bergbau, Stahl) konnte mit diesen Wachstumsraten jedoch nicht Schritt halten. Insgesamt erreichte die Produktion daher erst 1928 wieder den Vorkriegsstand. Deutschland lag damit, trotz einer spürbaren Verbesserung der Lage, hinter den meisten Industriestaaten zurück.
Die Gemeinden profitierten von dem wirtschaftlichen Aufschwung dieser Jahre. In vielen Städten entstanden Prestigebauten. Ausstellungen wie die Leipziger

**PERSONENLEXIKON**

GUSTAV STRESEMANN, 1878–1929. Ursprünglich Monarchist, später überzeugter Republikaner, Vorsitzender der DVP, von Aug. 1923–Nov. 1923 Reichskanzler und Außenminister, danach bis zu seinem Tod Außenminister; erhielt 1926 zusammen mit Aristide Briand den Friedensnobelpreis für seine europäische Aussöhnungspolitik

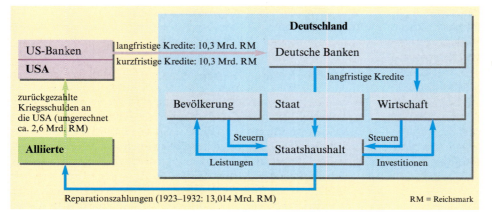

US-Banken
USA
langfristige Kredite: 10,3 Mrd. RM
kurzfristige Kredite: 10,3 Mrd. RM
zurückgezahlte Kriegsschulden an die USA (umgerechnet ca. 2,6 Mrd. RM)
Alliierte

**Deutschland**
Deutsche Banken
langfristige Kredite
Bevölkerung · Staat · Wirtschaft
Steuern · Steuern
Staatshaushalt
Leistungen · Investitionen

Reparationszahlungen (1923–1932: 13,014 Mrd. RM)
RM = Reichsmark

**B 1** Internationaler Finanzkreislauf, 1923–1932. Aufgrund des Dawes-Plans konnte Deutschland wieder internationale Kredite aufnehmen, vor allem aus den USA, und seinen Verpflichtungen zur Zahlung der Reparationen nachkommen.

Messe und „Jahresschauen der Arbeit" in Dresden präsentierten den Aufschwung. Um der Wohnungsnot in den Städten zu begegnen, wurden öffentlich geförderte Wohnungsbaugenossenschaften gegründet. Statt finsterer Mietskasernen wurden nun offene Siedlungen mit kleineren Häusern und Gärten errichtet; dazu kamen Krankenhäuser, Schulen, Sportanlagen.

Die **Landwirtschaft** konnte von dem wirtschaftlichen Aufschwung dagegen nicht profitieren. Preiswerte Nahrungsimporte aus dem Ausland sowie die oft unrentablen Anbau- und Produktionsmethoden der deutschen Landwirtschaft führten dazu, dass viele Landwirte aufgeben und ihre Höfe versteigert werden mussten.

Auch für die **Arbeiter** in den Industriebetrieben brachte die Belebung der Wirtschaft nur zum Teil Fortschritte. Zwar wurde 1927 erstmals die gesetzliche **Arbeitslosenversicherung** sowie ein Mindestjahresurlaub von bis zu einer Woche eingeführt. Doch die Löhne stiegen nur langsam und erreichten erst wieder 1928 Vorkriegsniveau. Durch neue Produktionsmethoden und Rationalisierungsmaßnahmen in den Betrieben stieg zudem die Zahl der Arbeitslosen auf eine bis dahin unbekannte Höhe. Die Unternehmer konnten sogar eine Erhöhung der Wochenarbeitszeit von 48 auf 56 Stunden und mehr durchsetzen.

**B3** Specks Hof. Messepalast Leipzig

**B4** Hufeisensiedlung Berlin-Britz

**T5** Arbeitslosigkeit, Arbeitskämpfe

| | 1922 | 1924 | 1926 | 1928 |
|---|---|---|---|---|
| Arbeitslose (%) | 1,1 | 4,9 | 10,0 | 6,3 |
| Anzahl Streiks | 4348 | 1581 | 316 | 687 |
| Streikende (1000) | 1638 | 666 | 57 | 327 |

(Nach: Petzina, W., u.a, Sozialgeschichtliches Arbeitsbuch III, München 1978, S.114 ff.)

## ARBEITSAUFTRÄGE

1. Erkläre mit B1, welche Interessen Deutschland und die USA an der Umsetzung des Dawes-Plans hatten. Analysiere die Finanzquellen des deutschen Staatshaushalts. Was passiert, wenn die US-Banken ihre kurzfristigen Kredite abziehen?
2. Beschreibe anhand von Q2 die schnelle Wirkung der Währungsreform. Versuche, eine Erklärung dafür zu geben.
3. Beschreibe die in B3 und B4 abgebildeten Bauprojekte. Welche Auswirkungen hatten solche Projekte für die Bauindustrie?
4. Analysiere mit T5 die Entwicklung der Arbeitslosen- und der Streikzahlen 1922–1928. Sind Zusammenhänge erkennbar?

# 9. Ära Stresemann – außenpolitische Erfolge

Das vordringliche Ziel der deutschen Außenpolitik musste nach Ansicht aller deutschen Parteien die Revision des Versailler Vertrages und die internationale Gleichberechtigung sein. Doch Deutschland war als Verlierer des Krieges außenpolitisch isoliert. Wie gelang es, diese Ausgrenzung zu überwinden?

**Schritte aus der Isolation** – Zunächst schloss Deutschland am 6.4.1922 im italienischen Rapallo einen Vertrag mit der international ebenfalls isolierten Sowjetunion. Beide Staaten verzichteten auf gegenseitige Reparationsforderungen. Die Reichswehr sollte zudem in Russland heimlich an schweren Waffen ausgebildet werden, die ihr nach dem Versailler Vertrag verboten waren. Die Westmächte reagierten verärgert. Sie fürchteten, der **Vertrag von Rapallo** richte sich gegen Westeuropa sowie gegen Polen.

Außenminister Stresemann bemühte sich nun um einen Ausgleich mit dem Westen. Vor allem wollte er die Besetzung des Rheinlands beenden und künftige französische Übergriffe wie im Ruhrgebiet verhindern. Schon 1924 erreichte er, dass das Reich an den Beratungen des Dawes-Plans gleichberechtigt teilnehmen durfte. Die **Verständigungspolitik** des Außenministers führte 1925 zur Unterzeichnung eines Vertrages im schweizerischen Locarno. Deutschland, Frankreich und Belgien bestätigten sich gegenseitig die Unverletzlichkeit ihrer Grenzen und sicherten zu, Konflikte nicht mit Gewalt, sondern durch ein internationales Schiedsverfahren zu lösen. Deutschland akzeptierte die Entmilitarisierung des Rheinlands. England und Italien verpflichteten sich, die Einhaltung des Vertrags zu garantieren. Mit dem **Vertrag von Locarno** war die deutsche Isolierung überwunden. Die wiedergewonnene Rolle als gleichberechtigter Staat wurde augenfällig, als Deutschland im September 1926 in den **Völkerbund** aufgenommen wurde und einen ständigen Sitz im Völkerbundrat erhielt.

Um dem sowjetischen Misstrauen zu begegnen, das die Annäherung an den Westen ausgelöst hatte, vereinbarte das Deutsche Reich im April 1926 in Berlin einen Freundschafts- und Neutralitätsvertrag mit der UdSSR. Dies bannte die Gefahr eines sowjetischen Bündnisses mit England oder Frankreich gegen Deutschland.

**Q 1** Brief Stresemanns an Kronprinz Wilhelm, 7.9.1925:

1 Die deutsche Außenpolitik hat … drei große Aufgaben: einmal die Lösung der Reparationsfrage in einem … erträglichen Sinne und die Sicherung des Friedens, die Voraussetzung für eine Wiedererstarkung Deutschlands
5 ist. Zweitens rechne ich dazu den Schutz der Auslandsdeutschen, jener 10–12 Millionen Stammesgenossen, die jetzt unter fremdem Joch ... leben. Die dritte große Aufgabe ist die Korrektur der Ostgrenzen: die Wiedergewinnung von Danzig, vom polnischen Korridor und
10 eine Korrektur der Grenzen in Oberschlesien. Im Hintergrunde steht der Anschluss von Deutsch-Österreich … Daher der Sicherheitspakt, der uns einmal den Frieden garantieren und [die] Westgrenze festlegen soll. Der Sicherheitspakt birgt andererseits den Verzicht auf …
15 Elsass-Lothringen, [was] aber insoweit nur theoretischen Charakter hat, als keine Möglichkeit eines Krieges gegen Frankreich besteht.

(In: Informationen zur politischen Bildung, H. 261, Bonn 1998. Bearbeitet)

**B 2** Plakat der DNVP zur Reichstagswahl 1928

**Friedenswille oder Taktik?** – Der Vertrag von Locarno war nur durch die vertrauensvolle Zusammenarbeit des Franzosen ARISTIDE BRIAND mit dem Deutschen Stresemann zustande gekommen. Beide erhielten 1926 dafür den Friedensnobelpreis. Wie wird die Verständigungspolitik Stresemanns aus heutiger Sicht beurteilt?

Die Meinungen der Historiker gehen in dieser Frage auseinander. Während des Weltkrieges hatte Stresemann die Kriegs- und Annexionspolitik des Kaiserreiches unterstützt und 1919 die Dolchstoßlegende propagiert. Wenn der Nationalist Stresemann die Verständigung mit den Westmächten suchte, so muss man neben dem zweifellos vorhandenen Friedenswillen wohl auch kühl kalkulierende Realpolitik

als Motiv annehmen. So hatte er zwar auch mit Polen und der Tschechoslowakei Schiedsverträge abgeschlossen, aber eine Garantie ihrer Westgrenzen lehnte er ab.

**Q4** Aus der Reichstagsdebatte über die Annahme des Vertrages von Locarno, 24. November 1925:

1 *Graf von Westarp, DNVP:* Die Grundgedanken unseres Widerspruchs gegen ... Locarno: Jeder Verzicht auf deutsches Land, jede erneute und freiwillige Anerkenntnis des Versailler Diktats sollte ... ausgeschlossen sein.

5 *Thälmann, KPD:* Locarno ist nicht der Versuch ..., durch Abschluss von Verträgen Krieg zu verhindern, sondern der Versuch der Einbeziehung Deutschlands in eine Konzentration ... gegen Sowjetrussland.

(In: Verhandlungen des Reichstags, Stenograf. Berichte, Bd. 338, S. 4485 f. Bearb.)

**Q3** Deutschlands Aufnahme in den Völkerbund, 10.9.1926

1 *Bericht Paul Schmidts* [Dolmetscher]: Bei [Stresemanns] Erscheinen setzte im ganzen Saal ein wahrer Beifallssturm ein … Von al-
5 len Seiten wurde geklatscht und Bravo gerufen … Das Publikum [tobte] auf den Tribünen … Eine Szene, wie sie sich im Völkerbund noch nie abgespielt hatte.

10 *Aus der Rede Stresemanns*: Das sicherste Fundament für den Frieden ist eine Politik, die getragen wird von gegenseitigem Verstehen und gegenseitiger Achtung der
15 Völker … Daran freudig mitzuarbeiten, ist Deutschlands fester Wille.

*Aus der Rede Briands*: Das Zeichen des heutigen Tages ist der Friede für Deutschland und für
20 Frankreich ... Zu Ende ist die Reihe der blutigen Zusammenstöße … Fort mit den Gewehren! … Fort mit den Kanonen! Platz für die Versöhnung, für das Schiedsgericht und
25 für den Frieden!

(In: H. Krieger, Handbuch des Geschichtsunterrichts, Bd. 5, Frankf./M. 1980, S 206 ff. Bearb.)

**B5** Stresemann vor dem Völkerbund, 10.9.1926

### ARBEITSAUFTRÄGE

1. Erläutere anhand von Q1 die langfristigen außenpolitischen Ziele Stresemanns. Überlege, wie diese Ziele hätten erreicht werden können. Beurteile Stresemanns Einstellung zum Krieg.
2. Beschreibe B2 und erläutere, wie die rechten Parteien die Verständigungspolitik betrachteten; ziehe auch Q4 heran.
3. Wie begründet Thälmann in Q4 die Ablehnung des Locarno-Vertrags durch die KPD? Hältst du die Gründe für berechtigt?
4. Schildere mit Hilfe von Q3 und B5 die Stimmung im Völkerbund. Beschreibe die Vision Stresemanns und Briands; vergleiche aber auch mit Q1.

# 10. Innenpolitische Konflikte und Rechtsruck der Politik

Trotz außenpolitischer Erfolge war die innenpolitische Situation der Republik weiterhin von tiefen Konflikten geprägt. Warum gelang es nicht, stabile politische Verhältnisse zu schaffen?

**Wechselnde Mehrheiten** – Als Folge der Inflation war es bei den Reichstagswahlen im Mai 1924 zu einem Rechtsruck gekommen. Erstmals seit Kriegende war die SPD nicht mehr in der Regierung vertreten. Stattdessen regierte ein „Bürgerblock" aus Zentrum, DDP und DVP; ab 1925 war auch die nationalistische DNVP mit in der Regierung. Doch diese konservativen Regierungen verfügten über kein einheitliches Regierungsprogramm und besaßen keine stabile Stimmenmehrheit. So verhalf beispielsweise die oppositionelle SPD der Außenpolitik Stresemanns (DVP) gegen die Stimmen der mitregierenden DNVP zur Mehrheit. Ein stabiles parlamentarisches System mit erfolgreich und kontinuierlich arbeitenden Regierungen konnte so nicht entstehen.  ⊘/5

**Wechsel des Reichspräsidenten** – Mit dem Tod von Reichspräsident Ebert verlor die Republik im Februar 1925 ihre republikanische Integrationsfigur. Zum neuen Reichspräsidenten wurde der 78-jährige ehemalige Chef der OHL Hindenburg gewählt. Als überzeugter Monarchist hatte er sich vor seiner Kandidatur das Einverständnis „seines Kaisers" eingeholt. An der Spitze der Republik stand nun ein erklärter Antirepublikaner.

**Fürstenenteignung oder Abfindung?** – Die Ländereien und der Besitz des Kaisers und der deutschen Fürsten waren in der Novemberrevolution von 1918 zwar beschlagnahmt, die Fürsten aber nicht enteignet worden. Im Frühjahr 1926 wollte die konservative Regierung diese Ländereien und Besitzungen entweder an die Fürsten zurückgeben oder zum Ausgleich Entschädigungen zahlen. Dagegen formierte sich eine breite Protestbewegung aus SPD, KPD, Gewerkschaften sowie zahlreichen prominenten Persönlichkeiten, die schließlich einen **Volksentscheid** über die Frage „**Enteignung oder Entschädigung**" herbeiführen konnte. Doch da nur 39,3 % aller Wahlberechtigten an dem Volksentscheid teilnahmen, war der Stimmenanteil der Entschädigungsgegner zu gering, um das Vorhaben der Regierung stoppen zu können. Die deutschen Fürsten erhielten die ersehnten Entschädigungen in Millionenhöhe.

Karikatur zur Fürstenentschädigung: „Gebt dem Kaiser, was des Kaisers ist – bis zum letzten Hauch von Weib und Kind"; Zeichnung von George Grosz, 1925

**D1** Ergebnis der Reichspräsidentenwahlen am 26.4.1925, 2. Wahlgang

48,3 % von Hindenburg, DNVP, DVP, NSDAP, BVP

45,3 % Wilhelm Marx, Zentrum, SPD, DDP

6,4 % Thälmann, KPD

**Q2** Aus dem Gesetzentwurf der Entschädigungsgegner:

1 Art 1: Das gesamte Vermögen der Fürsten, die bis zur Staatsumwälzung 1918 in einem der deutschen Länder regierten, sowie das gesamte Vermögen der Fürstenhäuser, ihrer Familien ... werden zum Wohle der Allgemeinheit 5 ohne Entschädigung enteignet. Das enteignete Vermögen wird Eigentum des Landes, in dem das Fürstenhaus bis zu seiner Absetzung oder Abdankung regiert hat.
Art. 2: Das enteignete Vermögen wird verwendet zugunsten a) der Erwerbslosen, b) der Kriegsbeschädigten und 10 Kriegshinterbliebenen, c) der Sozial- und Kleinrentner, d) der bedürftigen Opfer der Inflation und e) der Landarbeiter, Kleinpächter und Kleinbauern zur Schaffung von Siedlungsland auf dem enteigneten Landsitz...

(Zitiert nach: H. Pleyer, Politische Werbung in der Weimarer Republik, Münster 1959, S. 12 f. Bearbeitet)

## ARBEITSAUFTRÄGE

1. Begründe mit D1, warum die Wahl Hindenburgs zum Reichspräsidenten einen innenpolitischen Kurswechsel widerspiegelt.
2. Erkläre mit Q2 die Absicht derer, die gegen eine Entschädigung der Fürsten eintraten. Wie beurteilst du den Gesetzesentwurf?

# 11. Die „Goldenen Zwanziger"

Noch 1914 hatte der Schriftsteller Heinrich Mann das Wilhelminische Zeitalter in der literarischen Figur des „Untertans" als obrigkeitshörig und autoritätsgläubig dargestellt. Die frühen zwanziger Jahre galten dagegen als Inbegriff freier persönlicher Entfaltung und eines neuen, sich politisch ausdrückenden Kultur- und Kunstverständnisses. Die „Goldenen Zwanziger" – wie sahen sie aus?

**Frauen verlassen Heim und Herd** – Was vor dem Ersten Weltkrieg noch undenkbar war, jetzt wurde es möglich: Frauen rauchten und tranken Alkohol in der Öffentlichkeit, besuchten Cafés. Männliche Begleitung wurde entbehrlich, Selbstständigkeit und selbstbewusstes Auftreten waren angesagt. Die Zwänge der Kriegswirtschaft hatten die Frauen an die Werkbänke geholt, und diese Erfahrung, Beruf und Familie notfalls allein bewältigen zu können, hatte das neue Selbstbewusstsein gefördert. Auch das Frauenwahlrecht, das 1919 in Deutschland eingeführt worden war, ermöglichte politischen Einfluss und Mitbestimmung.

Die Versuche konservativer Parteien, die Frauen im Rahmen von Verordnungen zur Demobilmachung (1918/19) oder zum Personalabbau im öffentlichen Dienst (1923) wieder an „Heim und Herd" zurückzudrängen, blieben vorerst erfolglos.

Auch in der Mode drückte sich das veränderte Selbstverständnis der Frauen aus: Die Zeit der kurzen Röcke hatte begonnen, der Bubikopf trat an die Stelle des Zopfes. Es war die Mode der berufstätigen Frau, die in den Zeitschriften und auf den Boulevards das Bild prägte.

**Die wilden Berliner Jahre** – Das kulturelle Leben der Hauptstadt Berlin wurde von Frauen entscheidend mit geprägt:

**B1** Großbürgerliche junge Frau, Foto 1912

**B2** Berlin Kurfürstendamm, Foto 1926

ELSE LASKER-SCHÜLER, 1869–1945. Bedeutende expressionistische Lyrikerin, floh 1933 vor den Nationalsozialisten nach Israel.

THOMAS MANN, 1875–1955. Romane wie „Die Buddenbrooks" oder „Der Zauberberg" machten den vierten deutschen Nobelpreisträger für Literatur weltberühmt. 1933 floh er vor den Nazis aus Deutschland.

| T3 Prozentualer Anteil der arbeitenden Frauen und Männer an der Gesamtzahl aller Frauen bzw. der Gesamtzahl aller Männer | | | | | |
|---|---|---|---|---|---|
| | 1907 | 1925 | 1933 | 1939 | 1998 |
| Frauen | 30,4 | 35,6 | 34,2 | 36,2 | 42,1 |
| Männer | 61,1 | 68,0 | 65,7 | 67,7 | 57,7 |

(Nach : D. Petzina u. a., Sozialgeschichtliches Arbeitsbuch III, München 1978, S. 54, u. Statistisches Jahrbuch für die Bundesregierung 1999, Stuttgart 1999, S. 108)

Zum Mittelpunkt des Romanischen Cafés wurde die Schriftstellerin ELSE LASKER-SCHÜLER. VICKI BAUM wurde zur Erfolgsschriftstellerin der zwanziger Jahre. Die junge LENI RIEFENSTAHL war eine gefeierte Filmavantgardistin, später allerdings auch im Dienste der Nationalsozialisten.

Zahlreiche bedeutende Autoren und Dramatiker, darunter BERTOLT BRECHT, ALFRED DÖBLIN, ERICH MARIA REMARQUE, lebten in Berlin. Die Avantgarde der **Expressionisten** (= Stilform der modernen Malerei) arbeitete in Berlin. ERWIN PISCATOR und MAX REINHARDT brachten als Intendanten neue und politische Themen in die Theater Berlins.

Auf der Bühne, in der Kunst und in den zahllosen Varietés war Tabubruch angesagt: z. B. durch MARLENE DIETRICH als Tingeltänzerin Lola. Die Tiller Girls – auf den Plakaten als „Wesen mit 36 Beinen" angekündigt – wurden zur bekanntesten Revuetruppe der Republik. Die „Goldenen Zwanziger" waren ein experimentierfreudiges Parkett, das sich mit dem Modetanz Charleston, mit Jazz und provozierenden Künstlern in Szene setzte.

**Die Anfänge der Mediengesellschaft** – Nie wieder gab es so viele **Tageszeitungen** in Deutschland wie in den zwanziger Jahren: Neue Rotationsdruckmaschinen machten Massenauflagen und täglich mehrmaliges Erscheinen möglich; allein in Berlin existierten rund 150 politische Tageszeitungen. Der Siegeszug der **Schallplatte** hatte begonnen. Aus der ersten Funkstunde des Jahres 1923 entstand der **Rundfunk**; 1924 hatte die erste Berliner „Funkausstellung" Premiere. Das **Kino** – noch schwarz-weiß, aber schon mit Ton – wurde Massenkultur: 1929 gab es 3.200 Kinos in Deutschland, davon über 350 allein in Berlin.  🔌/4

Zum ersten Weltstar der Filmgeschichte wurde CHARLIE CHAPLIN, ein Harlekin des Industriezeitalters: obrigkeitsfeindlich und immer wieder auf der Flucht vor der Polizei, tölpelhaft und immer auf Kriegsfuß mit der modernen Technik, stets auf der Seite der Schwachen – und dabei selber ein typischer „Loser". Mit dieser Filmfigur verkörperte Chaplin wie kein Zweiter die Ängste und Hoffnungen eines Publikums, das Krieg, Inflation und Arbeitslosigkeit erlebt hatte und nun ein neues Lebensgefühl verwirklichen wollte.

CHARLES S. CHAPLIN, 1889–1977. Chaplin war ein Meister der sozialkritischen Komik und der Bildregie; zu seinen bekanntesten Filmen zählen: Der Tramp (1915), The Kid (1921, vgl. Abb. oben), Goldrausch (1925), Lichter der Großstadt (1931), Moderne Zeiten (1936), Der große Diktator (1940).

**B 4** Plakat zum Film „Der blaue Engel"

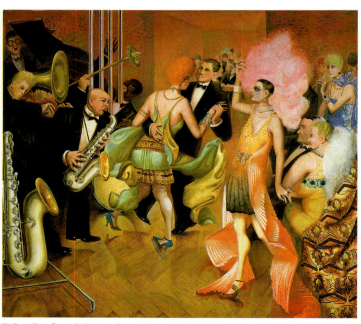

**B 5** „Großstadt" von Otto Dix, 1927/28. Mittelteil eines Triptychons

**Kultur wird politisch** – Den verschleiernden Wehrmachtsberichten der Obersten Heeresleitung hatten der Maler OTTO DIX und der Schriftsteller ERICH MARIA REMARQUE das persönliche Erlebnis des technisierten Massentötens und eine pazifistische Überzeugung entgegengestellt. Remarques Antikriegsbuch „Im Westen nichts Neues" wurde zum meistgelesenen Roman der ersten Hälfte des 20. Jahrhunderts. In der **Berliner Volksbühne** machte ERWIN PISCATOR aus Klassik zeitkritisches Gegenwartstheater. Die politisch inspirierten Bildmontagen von GEORGE GROSZ und die Arbeiten der Künstlergruppen „Die Brücke" und „Blauer Reiter" verfolgten mit verschiedenen Stilmitteln die gleiche Intention: „Kunst gibt nichts Sichtbares wieder, sie macht sichtbar." Selbst in der Architektur und im Design von Gebrauchsgegenständen kamen neue Vorstellungen von den Wohn- und Lebensidealen der Menschen zur Geltung: Für die Architekten und Gestalter des „Bauhauses", das 1919 von WALTER GROPIUS in Weimar gegründet wurde und 1925 nach Dessau umsiedelte, waren Häuser mehr als nur Fassaden.

Sie entwarfen und bauten Mustersiedlungen, in denen viele Menschen, nicht nur die reichen, bedürfnisgerecht wohnen sollten. Wohnungen mit eigener Toilette, eigenem Bad und Grünflächen vor dem Haus waren für Tausende ein großer sozialer Fortschritt.  *🅔*/5

**„In Deutschland nichts Neues?"** – Mit dem Ausklang der „Goldenen Zwanziger" änderte sich auch das kulturelle Klima in Deutschland. 1930 wurde die Verfilmung des Antikriegsromans „Im Westen nichts Neues" verboten – ein Agitationserfolg des Berliner NSDAP-Gauleiters JOSEPH GOEBBELS; 1933 wurde das Bauhaus auf Druck der Nazis geschlossen. Der Physiker ALBERT EINSTEIN, die Schriftsteller HEINRICH und THOMAS MANN sowie viele andere mussten oder wollten 1933 Deutschland verlassen. Die Austreibung des Geistes durch den Ungeist des Nationalsozialismus hatte begonnen.

WALTER GROPIUS, 1883–1969. Architekt, gründete 1919 in Weimar das „Bauhaus" mit Werkstätten für Architektur, Kunsthandwerk und Design. 1925 wurde das Bauhaus nach Dessau verlegt, 1932 nach Berlin, dort 1933 von den Nazis geschlossen.

**T6** Zahl der Radios in Deutschland (jeweils im Monat Dezember)

| | |
|---|---|
| 1923: | 1.580 |
| 1926: | 1.376.564 |
| 1928: | 2.635.567 |
| 1930: | 3.509.509 |
| 1934: | 6.142.921 |
| 1939: | 13.711.325 |

(In: Zahlenspiegel der Deutschen Reichspost [1871–1945], Bonn 1957, S. 124)

**T7** Zahl der Pkw in Deutschland (Haushalte insgesamt: ca. 20.300.000)

| | |
|---|---|
| 1914: | 60.800 |
| 1922: | 80.900 |
| 1926: | 201.400 |
| 1930: | 489.300 |
| 1932: | 488.000 |
| 1934: | 561.800 |
| 1939: | 814.200 |

(In: Statistische Mitteilungen des Kraftfahrt-Bundesamtes, Flensburg, 1967)

B8 Arbeitersiedlung in Berlin, erbaut von Bauhaus-Architekten

ARBEITSAUFTRÄGE

1. Analysiere mit Hilfe von B1, B2 und T3 die Veränderung im Selbstverständnis der Frauen.
2. Betrachte B4 und erläutere, warum durch die Darstellung der Tänzerin und durch den Film ein Tabubruch erfolgte.
3. Interpretiere das Bild von Otto Dix (B5). Welchen Eindruck vermittelt das Bild von den „wilden zwanziger Jahren"?
4. Analysiere T6 und T7. Welche Veränderungen der deutschen Gesellschaft kommen mit den Zahlen zum Ausdruck?
5. Erläutere mit B8, warum mit dem Baustil der Bauhausgruppe ein gesellschaftspolitischer Anspruch verbunden war.

# 12. Weltwirtschaftskrise und Massenarbeitslosigkeit

Für die deutsche Wirtschaft hatte 1924 eine Zeit des Aufschwungs begonnen. Chemie, Textil, Elektrotechnik, Maschinenbau und Optik: Von diesen Industriezweigen ging das Wachstum aus. Vollbeschäftigung und bescheidener Wohlstand waren die Folgen. Doch schon 1929 kam der Einbruch: Innerhalb weniger Monate stieg die Zahl der Arbeitslosen um das Vierfache auf über 3 Millionen. Die Weltwirtschaftskrise hatte Deutschland erfasst. Wo lagen ihre Ursachen?

**Der große Börsenkrach** – Der 25. Oktober 1929 ging als „**Schwarzer Freitag**" in die Geschichte der New Yorker Börse ein. Die **Aktienkurse** sanken ins Bodenlose. Eine der Ursachen: Auf dem Markt war die Nachfrage nach Konsum- und Industrieprodukten eingebrochen. Schon seit 1928 stagnierte der Absatz von Autos, Radios und elektronischen Haushaltsgeräten. Die Firmen reagierten auf die Sättigung der Märkte mit einer Einschränkung der Produktion. Viele Arbeiter und Angestellte wurden entlassen.

Durch den daraus resultierenden Kaufkraftverlust sank die Nachfrage noch stärker ab. Weitere Entlassungen folgten. Die Wirtschaftsspirale nach unten und der Einstieg in die **Massenarbeitslosigkeit** hatten eingesetzt. Diese Wirtschaftskrise erfasste alle Teile der amerikanischen Gesellschaft. Wie erreichte sie Deutschland?

**Der geliehene Aufschwung** – Die Reparationszahlungen als Folge des verlorenen Krieges, die Investitionen der deutschen Unternehmen in neue Produktionsstandorte, die Haushalte der Gemeinden: Das alles wurde in den 1920er Jahren meist durch Kredite finanziert. Hauptfinanzquelle waren die USA. Als amerikanische Banken infolge eigener Finanzprobleme ihre Gelder zurückriefen, verursachte das in Deutschland eine schwere Wirtschaftskrise. Banken brachen zusammen, überschuldete Unternehmen mussten **Konkurs** anmelden, dem Staat fehlte das Geld für öffentliche Aufgaben. Die Finanzierungskrise war zu einer alle Bereiche erfassenden tiefen **Wirtschaftskrise** geworden.

**B1** Arbeitslosenschlange im Hof des Arbeitsamtes Hannover, 1930

**Folgen für Industrie, Handwerk und Einzelhandel** – Während des Aufschwungs hatten viele Industriebetriebe neue Maschinen angeschafft und die Belegschaften erweitert. Doch in der Wirtschaftskrise fiel die Auslastung der Kapazitäten teilweise unter 50 Prozent. 1932 rollten nur noch ein Viertel der Autos des Jahres 1928 vom Band, im Schiffsbau gab es praktisch keine Aufträge mehr und auch die Baubranche erreichte nur noch 37 Prozent des Produktionsvolumens von 1928. Der Mittelstand war von der Krise gleichermaßen betroffen. Den kleinen Zulieferfirmen fehlte die Industrieproduktion als Absatzmarkt. Handwerker und Kaufhäuser spürten die Auswirkungen der Massenarbeitslosigkeit, weil die Menschen nur noch das Allernötigste kauften. Viele Geschäfte mussten schließen.

**Die Landwirtschaft** – Kleine Höfe und der Einsatz rückständiger Technik hatten die Landwirtschaft schon lange belastet: Gegenüber ausländischen Getreide- und Fleischimporten waren deutsche Landwirte kaum noch konkurrenzfähig. Die Wirtschaftskrise führte daher zum Massensterben überschuldeter Höfe.

**Q2** Außenminister Gustav Stresemann am 14.11.1928 auf einer Pressekonferenz:

1 Ich möchte Sie bitten, bei Ihren Beurteilungen der wirtschaftlichen Lage Deutschlands den Gedanken zugrunde zu legen, dass wir in
5 den letzten Jahren von gepumptem Geld gelebt haben. Wenn einmal eine Krise bei uns kommt und die Amerikaner ihre kurzfristigen Kredite abrufen, dann ist der
10 Bankrott da. Was wir an Steuern erheben, geht bis an die Grenze dessen, was ein Staat überhaupt tun kann. Wir sind nicht nur militärisch entwaffnet, wir sind auch
15 finanziell entwaffnet. Wir haben keinerlei eigene Mittel mehr.

(In: Geschichte in Quellen, Bd. 5, München 1989, S. 229 f. Bearbeitet)

**D3** Konkurse in Deutschland 1927–1936 (in %)

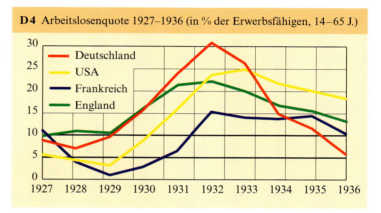

**D4** Arbeitslosenquote 1927–1936 (in % der Erwerbsfähigen, 14–65 J.)

- Deutschland
- USA
- Frankreich
- England

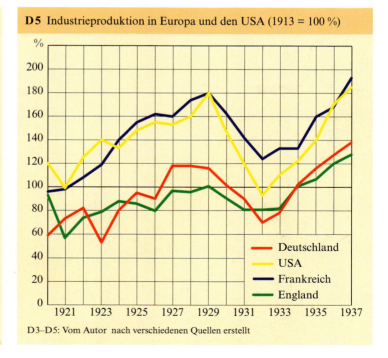

**D5** Industrieproduktion in Europa und den USA (1913 = 100 %)

- Deutschland
- USA
- Frankreich
- England

D3–D5: Vom Autor nach verschiedenen Quellen erstellt

**Sparpolitik als Lösung?** – 1930 setzte die Sparpolitik der Regierung Brüning ein. Gehaltskürzungen und Kürzungen der staatlichen Ausgaben sollten die Defizite der öffentlichen Haushalte ausgleichen. Kölns Bürgermeister KONRAD ADENAUER forderte dagegen eine gezielte staatliche Ausgabenpolitik zur Ankurbelung der Wirtschaft und Arbeitsbeschaffungsmaßnahmen. Seit 1931 führte die Wirtschaftskrise in ganz Deutschland zu Massendemonstrationen und Straßenkämpfen.

**Q 6** Aus dem 1932 erschienenen Roman von Hans Fallada: „Kleiner Mann – was nun?"

1   Da ist eine große Delikatessenhandlung, strahlend erleuchtet. Pinneberg drückt sich die Nase platt an der Scheibe ... Eine Stim-
5   me sagt halblaut neben ihm: „Gehen Sie weiter!" Pinneberg fährt zusammen, er hat richtig einen Schreck bekommen, er sieht sich um. Ein Schupo steht neben ihm
10  ... Alle Leute starren auf Pinneberg. Es sind schon mehr stehengeblieben, es ist ein richtiger beginnender Auflauf. Die Leute sehen abwartend aus, sie nehmen weder
15  für noch wider Partei, gestern sind hier in der Friedrich und in der Leipziger Schaufenster eingeworfen worden ... Und plötzlich begreift Pinneberg alles, angesichts dieses
20  Schupos, dieser ordentlichen Leute, dieser blanken Scheibe begreift er, daß er draußen ist, daß er hier nicht mehr hergehört, daß man ihn zu Recht wegjagt: ausgerutscht,
25  versunken, erledigt. Ordnung und Sauberkeit; es war einmal. Arbeit und sicheres Brot; es war einmal. Vorwärtskommen und Hoffen; es war einmal. Armut ist nicht nur
30  Elend, Armut ist auch strafwürdig, Armut ist Makel, Armut heißt Verdacht. „Soll ich dir Beine machen?" sagt der Schupo ... Und Pinneberg setzt sich in Bewegung,
35  er trabt an der Kante des Bürgersteiges auf dem Fahrdamm entlang, er denkt an furchtbar viel, an Anzünden, an Bomben, an Totschießen ...

(In: H. Fallada, Kleiner Mann – was nun?, Reinbek bei Hamburg 1950, S. 238 f. Bearbeitet)

**T 7** Politische Maßnahmen in den USA und Deutschland zur Bekämpfung der Wirtschaftskrise

| USA | Deutschland |
|---|---|
| Hohe öffentliche Investitionstätigkeit beim Bau von Straßen, Staudämmen, Elektrizitätswerken, Finanzhilfe für die Landwirtschaft | Kürzung von Arbeitslosenunterstützung und Sozialhilfe, um die Staatsausgaben zu senken |
| Gezielte Exportförderung über Handelsverträge | Gehaltskürzungen im öffentlichen Dienst, um die Staatsausgaben zu senken |
| Staatliche Förderprogramme zur Schaffung von Arbeitsplätzen | Unterstützung der Lohnkürzungspolitik in der freien Wirtschaft, damit die Unternehmen mehr investieren können |
| Förderung des Wettbewerbs durch Beschränkung von Wirtschaftskartellen und Monopolen | Die Verlängerung der Arbeitszeiten wird ermöglicht |
| Verschärfte Börsenkontrolle, Einschränkung der Börsenspekulation | Zum Teil Erhöhung der Preise für öffentliche Dienstleistungen (öffentlicher Nahverkehr, Gas, Wasser, Elektrizität) |
| Wirtschaftsförderung durch preiswerte Kredite | Hochzinspolitik macht die Kreditaufnahmen durch die Wirtschaft teuer |

### ARBEITSAUFTRÄGE

1. Betrachte B 1 und analysiere D 3 bis D 5. Erläutere den Zusammenhang zwischen Produktionsrückgang, Firmenkonkursen und Massenarbeitslosigkeit. Welchen Einfluss hatte die Arbeitslosigkeit auf Nachfrage und Produktion?
2. Lies Q 2. Wie sieht Gustav Stresemann Ende 1928 die Situation der deutschen Wirtschaft? Beurteile seine Analyse vor dem Hintergrund der Entwicklung im Herbst 1929.
3. Lies Q 6 und erläutere, in welchem Zusammenhang der Schriftsteller Fallada Arbeitslosigkeit und Gewaltbereitschaft sieht; ziehe auch D 4 hinzu. Wie ist deine Meinung zur Situation von 1932? Siehst du heute eine vergleichbare Situation?
4. Vergleiche mit Hilfe von T 7 den deutschen und den amerikanischen Weg zur Bekämpfung der Wirtschaftskrise. Nutze die Oberbegriffe Sparpolitik und Investitionspolitik und ordne sie dem deutschen und dem amerikanischen Weg zu. Beurteile die Wirkungen durch Hinzuziehung der Diagramme D 4 und D 5.

# 13. Berlin in der Weltwirtschaftskrise

Kurz vor Weihnachten 1931 stellten die Berliner Borsig-Werke alle Zahlungen ein und verkündeten an den Fabriktoren: „Die gesamte Belegschaft ist entlassen." Und so erging es vielen Arbeitern anderer Betriebe in Berlin. Bis Januar 1933 stieg die Zahl der Arbeitslosen in Berlin auf 665.000; das entsprach einer Arbeitslosenquote von über 26 Prozent. Warum war Berlin so hart betroffen von der Weltwirtschaftskrise?

**Die Krise der Industrie** – Berlin war die größte Industriestadt Europas. Ein Zehntel aller Beschäftigten Deutschlands, etwa 2,5 Millionen Menschen, arbeitete in Berlin; vor allem in großen Industriebetrieben des Apparate- und Fahrzeugbaus, im Maschinenbau, in der Optik, in der Chemie- und Textilindustrie. Die weltweite Handels- und Nachfragekrise seit 1929 traf die exportorientierten Industriebetriebe Berlins besonders hart. Die Produktion wurde stark reduziert, viele Betriebe schlossen ganz. Dadurch sanken die Steuereinnahmen der Stadt drastisch, während die Ausgaben für Arbeitslosen- und Wohlfahrtsunterstützung explosionsartig anstiegen. Bereits Ende 1929 wiesen die Kassen Berlins ein Defizit von 400 Millionen Reichsmark aus.

**B2** Essenausgabe für Erwerbslose in Berlin 1931/32

**Q1** Wohlfahrtsunterstützung einer vierköpfigen Familie 1932:

1 Dass die Familie eines „wohlfahrtsunterstützten" Arbeiters (mit zwei Kindern) … 1932 von insgesamt 75,– Reichsmark monatlich leben
5 musste, also nach Bezahlung der Miete, der Gas- und Stromgebühren usw. keine 10 RM zum Leben in der Woche für alle vier Köpfe hatte, war kein negativer Sonder-
10 fall, sondern eher günstig im Vergleich zu Alleinstehenden oder zu Empfängern von „Krisenfürsorge". Allenfalls gab es … noch vereinzelte Sachleistungen oder einen Gut-
15 schein aus der Winterhilfe … Die Fotografien von der Essenausgabe für Bedürftige … 1931/1932 vermitteln mehr von der Wirklichkeit als die meisten Zahlenvergleiche.

(In: O. Büsch, Haus, W., Berlin als Hauptstadt 1919–1933, S. 247, Berlin 1987. Bearbeitet)

**T3** Zahl der Empfänger von Arbeitslosen- und Wohlfahrtsunterstützung (= Sozialhilfe) in Berlin, 1929–1933

| | Arbeitslosen-unterstützung | Wohlfahrts-unterstützung |
|---|---|---|
| Jan. 1929 | 237.000 | 27.000 |
| Jan. 1930 | 318.000 | 51.000 |
| Jan. 1931 | 467.000 | 124.000 |
| Jan. 1932 | 599.000 | 237.000 |
| Jan. 1933 | 665.000 | 346.000 |

Arbeitslose erhielten 26 Wochen lang Arbeitslosenunterstützung, danach 6 Wochen lang Krisenunterstützung. Ab der 32. Woche erhielten sie nur noch Wohlfahrtsunterstützung. Seit dem 14. Juni 1930 war die Dauer der Arbeitslosenunterstützung auf 6 Wochen beschränkt.

(In: B. Grzywitz, Arbeit und Bevölkerung im Berlin der Weimarer Zeit, Berlin 1988, S. 43 f.)

## ARBEITSAUFTRAG

Analysiere die Materialien Q1, B2 und T3. Schreibe anschließend einen Zeitungsbericht über die Situation eines 14-jährigen Jungen oder Mädchens im Jahr 1932, dessen Eltern arbeitslos sind.

# 14.  Aufstieg der NSDAP

Die Weimarer Republik schien das Obrigkeitsdenken des Wilhelminischen Zeitalters überwunden zu haben: Meinungsfreiheit, Toleranz und die beginnende Emanzipation der Frau gehörten zur ersten deutschen Demokratie. Zu den erklärten Feinden der jungen Demokratie gehörte die Nationalsozialistische Deutsche Arbeiterpartei (NSDAP). Bis 1928 war sie nur eine politische Splittergruppe. Doch schon im September 1930 wurde sie von mehr als 6,5 Mio Menschen gewählt. Wie erklärt sich dieser Aufstieg der NSDAP?

**Strategie und Taktik** – Am 9. November 1923 wurde der Marsch rechter Gruppen auf die Münchner Feldherrnhalle von der Polizei auseinandergejagt. Der geplante Staatsstreich, den der Weltkriegsgeneral Ludendorff und der Führer der NSDAP, Adolf Hitler, angeführt hatten, war kläglich gescheitert. Hitler wurde wegen Hochverrats zu einer Haftstrafe von fünf Jahren verurteilt. Jetzt wechselte er die Strategie. Nicht mehr der gewaltsame Umsturz sollte zur „Machtergreifung" führen, sondern ein formallegaler Weg: die Teilnahme an Wahlen.

**Ideologie und Programm** – Die NSDAP wandte sich an alle, die sich durch den Strukturwandel der Gesellschaft bedroht fühlten. Einzelhändlern und Handwerkern wurde Schutz vor der Konkurrenz durch Großindustrie und Warenhäuser versprochen; landwirtschaftlichen Klein- und Mittelbetrieben das Erlassen

**Q2** Adolf Hitler: Strategie der Machtergreifung:

1 Wenn ich meine Tätigkeit wieder aufnehme, werde ich eine neue Politik befolgen müssen. Statt die Macht mit Waffengewalt zu er-
5 obern, werden wir zum Verdruss der katholischen und marxistischen Abgeordneten unsere Nasen in den Reichstag stecken. Zwar mag es länger dauern, sie
10 zu überstimmen als sie zu erschießen, am Ende aber wird uns ihre eigene Verfassung den Erfolg zuschieben. Jeder legale Vorgang ist langsam.

(Zitiert nach J. Fest, Hitler, Frankfurt 1973, S. 523)

**PERSONENLEXIKON**

ADOLF HITLER, 1889–1945, Selbstmord. Geboren in Braunau, Österreich, seit 1907 in Wien als Postkartenmaler und Gelegenheitsarbeiter tätig. Anhänger rassistischen Gedankenguts, 1914 Kriegsfreiwilliger, seit 1921 Vorsitzender der NSDAP. 1924 Festungshaft in Landsberg. Dort entsteht das Buch „Mein Kampf". 1933 Reichskanzler, 1939 Auslösen des Zweiten Weltkrieges.

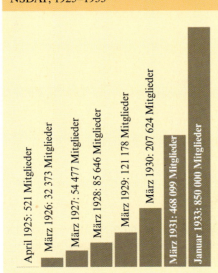

**D1** Entwicklung der Mitgliederzahlen der NSDAP, 1925–1933

April 1925: 521 Mitglieder
März 1926: 32 373 Mitglieder
März 1927: 54 477 Mitglieder
März 1928: 85 646 Mitglieder
März 1929: 121 178 Mitglieder
März 1930: 207 624 Mitglieder
März 1931: 468 099 Mitglieder
Januar 1933: 850 000 Mitglieder

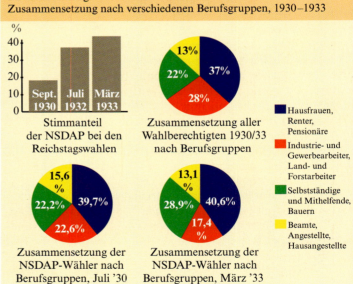

**D3** Entwicklung der NSDAP-Wählerschaft und deren Zusammensetzung nach verschiedenen Berufsgruppen, 1930–1933

Stimmanteil der NSDAP bei den Reichstagswahlen

Zusammensetzung aller Wahlberechtigten 1930/33 nach Berufsgruppen

Zusammensetzung der NSDAP-Wähler nach Berufsgruppen, Juli '30

Zusammensetzung der NSDAP-Wähler nach Berufsgruppen, März '33

■ Hausfrauen, Renter, Pensionäre
■ Industrie- und Gewerbearbeiter, Land- und Forstarbeiter
■ Selbstständige und Mithelfende, Bauern
■ Beamte, Angestellte, Hausangestellte

# Arbeit mit Statistiken und Diagrammen

Wahlergebnisse, die Entwicklung der Arbeitslosigkeit, Wirtschaftsdaten... : Solche und andere quantitative Daten sind für die Geschichtsschreibung unverzichtbar.

Am anschaulichsten sind solche Zahlen in der grafischen Darstellung fassbar. So wird die Zusammensetzung von Parlamenten oft in Form von **Kreisdiagrammen** (vgl. D1) dargestellt. Doch zeigen sie nur ein stationäres Bild. **Stab- oder Säulendiagramme** (vgl. D2) sind besser dazu geeignet, zeitliche Veränderungen darzustellen. Ihr Nachteil ist, dass nur eine oder wenige Komponenten dargestellt werden können. Die zeitliche und mengenmäßige Entwicklung mehrerer Komponenten kann oft leichter durch ein **Kurvendiagramm** (vgl. D3) veranschaulicht werden. **Komponentendiagramme** (vgl. D4) haben den Vorteil, dass sie sowohl die Verhältnisse mehrerer Teilmengen darstellen (z.B. Anteil der Wählerstimmen) als auch die zeitliche Entwicklung wiedergeben. Dafür sind sie weniger leicht fassbar. Die Vor- und Nachteile der verschiedenen Diagramme gilt es bei der Wahl der Darstellungsform zu bedenken.

Diagramme und Statistiken können manipulativ sein. Allein durch die Veränderung der Mengenachse (meist die Y-Achse) eines Säulen- oder Kurvendiagramms werden sehr unterschiedliche Eindrücke erweckt. Tabellen, Diagramme und Statistiken besitzen auch nur eingeschränkte Erklärungskraft: Über die gesellschaftlichen oder wirtschaftlichen Hintergründe, beispielsweise von Wählerentscheidungen, oder über die Motive der Menschen sagen sie nur wenig aus.

**D2** Entwicklung der Arbeitslosigkeit in Deutschland, 1928 bis 1933, in Mio.; als Stabdiagramm

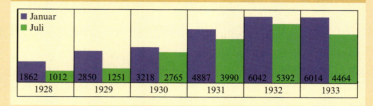

**D3** Entwicklung der Arbeitslosigkeit in Deutschland, 1995 bis 2000; unterschiedliche Darstellungsformen, Kurvendiagramme

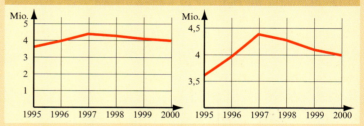

**D4** Komponenten-Stabdiagramm: Entwicklung der Wählerstimmen für SPD, USPD und KPD, 1919 bis 1933

**D1** Ergebnis der Reichspräsidentenwahlen am 26.4.1925, 2. Wahlgang, Kreisdiagramm

## WORAUF DU ACHTEN MUSST

1. Die Entwicklung der Arbeitslosigkeit wird in D3 verschieden dargestellt. Erkläre den Unterschied und erläutere die Wirkung der unterschiedlichen Darstellungsformen auf den Betrachter.
2. Erläutere am Beispiel von D4, welche weiteren Informationen du zur Interpretation der Statistik brauchst, z.B. über Parteien, gesellschaftliche Hintergründe, die Wirtschaftsentwicklung.

ihrer Schulden; die Macht der Banken sollte beschnitten werden. Allen, die den Verlust persönlicher Lebenschancen auf die Novemberrevolution des Jahres 1918 und den Versailler Vertrag zurückführten, bot die NSDAP eine politische Heimat an. Die zentralen Gedanken der nationalsozialistischen „Weltanschauung" hatte Hitler in seinem Buch „Mein Kampf" niedergelegt: Die Weltgeschichte sei durch Auslese der menschlichen Rassen und das Streben der „höherwertigen Rassen" nach Weltherrschaft und Lebensraum bestimmt. Hitler kündigte hier die Vernichtung der „minderwertigen Rassen", insbesondere der Juden, die Zerschlagung der Demokratie und die Errichtung eines autoritären Führerstaates an.

**Gefährliches Bündnis** – 1929 erreichte die Reichsregierung mit dem Young-Plan die Begrenzung und langfristige Tilgung der Reparationszahlungen. Dennoch opponierten die rechts gerichteten Parteien erbittert gegen die Annahme des Plans. Ihre Kampagne gegen den Plan führte Hitler und den Zeitungszar ALFRED HUGENBERG zusammen. Hugenberg, der auch Vorsitzender der nationalkonservativen DNVP war, unterstützte Hitler von nun an propagandistisch. Zwar blieb die Kampagne gegen den Young-Plan erfolglos, aber bei den Septemberwahlen des Jahres 1930 wurde die NSDAP zweitstärkste Reichstagsfraktion und damit zum gewichtigen Machtfaktor. 1931 schlossen sich die NSDAP, die DNVP und der Bund ehemaliger Frontsoldaten „Stahlhelm" zu einer „**Nationalen Opposition**" (Harzburger Front) zusammen. Am 11.10.1931 nahmen an einer Propagandaveranstaltung der „Nationalen Opposition" der Reichsbankpräsident, der Chef der Reichswehr, mehrere Generäle sowie zahlreiche Vertreter von Großbanken und Großindustrie teil. Seit dem Wahlerfolg von 1930 flossen in die Parteikasse der NSDAP Millionenbeträge; überall im Lande wurden neue **NSDAP-Zeitungen** gegründet. Hitler absolvierte seine Wahlkampfauftritte nun im eigenen Flugzeug.

„Na Prosit, Herr Generaldirektor, auf ein glückliches Spiel!" Karikatur vom 31.12.1932 aus: „Der wahre Jacob"

---

**Q4** Der Kölner Bankier Freiherr Kurt von Schroeder arrangierte am 4.1.1933 ein Treffen Hitlers mit führenden Vertretern der Wirtschaft:

1 Bevor ich diesen Schritt unternahm, besprach ich mich mit einer Anzahl von Herren der Wirtschaft … Die allgemeinen Bestrebungen
5 der Männer der Wirtschaft gingen dahin, einen starken Führer in Deutschland an die Macht kommen zu sehen, der eine Regierung bilden würde, die lange an der
10 Macht bleiben würde … Ein gemeinsames Interesse der Wirtschaft bestand in der Angst vor dem Bolschewismus und der Hoffnung, dass die Nationalsozia-
15 listen … eine beständige politische und wirtschaftliche Grundlage in Deutschland herstellen würden. Ein weiteres gemeinsames Interesse war der Wunsch,
20 Hitlers wirtschaftliches Programm in die Tat umzusetzen … Weiterhin erwartete man, dass eine wirtschaftliche Konjunktur durch das Vergeben von größeren Staatsauf-
25 trägen entstehen würde … Zu erwähnen [sind] eine von Hitler projektierte Erhöhung der deutschen Wehrmacht … auf 300.000 Mann, das Bauen von Reichsautobahnen
30 und die Kredite, die der öffentlichen Hand … gegeben werden sollten, … Aufträge zur Verbesserung … der Reichsbahn und Förderung [von] Automobil- und Flug-
35 zeugbau …

(In: Geschichte der deutschen Arbeiterbewegung, Bd. 4, Berlin 1966, S. 606. Bearbeitet)

---

## ARBEITSAUFTRÄGE

1. Erläutere mit Hilfe von D1/D3 die Entwicklung der NSDAP hinsichtlich der Mitgliederzahlen und der Wählerstimmen. Analysiere, bei welchen Berufs-/Bevölkerungsgruppen die NSDAP starken, bei welchen sie geringeren Zuspruch fand.
2. Lies Q2 und beurteile das „Legalitätsverständnis" Hitlers.
3. Welche Motive für die Unterstützung Hitlers werden in Q4 deutlich? Stelle die Motive in einer Liste zusammen.

# 15.  Niedergang der Weimarer Republik

Im Jahr 1932 trat der Reichstag nur noch 13 Mal zusammen. Lediglich 5 Gesetze wurden durch das Parlament beschlossen, alle weiteren wurden von den Regierungen als „Notverordnungen" erlassen. Der Reichstag war praktisch entmachtet, die Weimarer Republik war keine parlamentarische Demokratie mehr. Leisteten die demokratischen Parteien gegen diese Entwicklung keinen Widerstand?

**Selbstpreisgabe der Demokratie** – Als Folge der wachsenden Arbeitslosigkeit war die Arbeitslosenversicherung zu Beginn des Jahres 1930 hoch verschuldet. Die von SPD-Reichskanzler HERMANN MÜLLER geführte Koalitionsregierung aus SPD, Zentrum, DDP und DVP wollte daher die Beiträge für die Arbeitslosenversicherung um 0,5 % erhöhen. Doch auf Druck der Gewerkschaften, die den Rückzug der Sozialdemokraten aus der Regierung für den Fall der Beitragserhöhung forderten, stimmten Teile der SPD-Fraktion gegen das Gesetz. Das führte im März 1930 zum Rücktritt der Koalitionsregierung Müller. Die parlamentarisch orientierten Kräfte der Weimarer Republik hatten sich damit aus der Verantwortung für die Regierungspolitik verabschiedet.

**Die Zeit der Präsidialkabinette** – Von März 1930 bis Januar 1933 regierten die Reichskanzler BRÜNING, SCHLEICHER und VON PAPEN allein gestützt auf das Vertrauen des Reichspräsidenten. Ohne Zustimmung des Parlaments erließen sie Gesetze per **Notverordnung** (Art. 48 der Weimarer Verfassung). Wurden die Notverordnungen vom Parlament zurückgewiesen, so machten die Kanzler vom Artikel 25 der Verfassung Gebrauch: Mit Vollmacht des Reichspräsidenten lösten sie das Parlament auf. Von 1930 bis 1933 wurde der Reichstag viermal neu gewählt. Die Kanzler der Präsidialkabinette machten aus ihren politischen Zielen keinen Hehl: Sie strebten die Reform der Verfassung an, die in einer „monarchischen Restauration" enden sollte.

**Q1** Der Sozialdemokrat Julius Leber zum Rücktritt der Regierung Müller am 27. März 1930:

1 Die politischen Ereignisse der letzten vier Wochen bedeuten einen ausgesprochenen Rückschritt für die Demokratie und eine Gefahr
5 für die Arbeiterklasse. Daraus ist die Schlussfolgerung zu ziehen, dass die Mitwirkung in der Regierung keine Frage zum Ausknobeln ist, sondern vom Gang der Dinge
10 bestimmt wird. Der letzte Wahlsieg legte uns die Pflicht zur Regierungsteilnahme im Interesse unserer Wähler auf. Wer regiert, haben die Wähler zu entscheiden. Herr-
15 mann Müller hätte vor Räumung seines Platzes an das Volk appellieren müssen. Lernen wir aus den Vorkommnissen und fordern wir nicht jedesmal, wenn etwas
20 scheinbar in Gefahr ist, den Austritt unserer Genossen. Die Rechnung wird uns jetzt präsentiert. Wir müssen in Zukunft viel konsequenter wissen, was die Macht im
25 Reich und in der Republik bedeutet, und mehr Rücksicht nehmen auf die Festigkeit der Demokratie.

(Zitiert nach: F. Stampfer, Die ersten 14 Jahre der Deutschen Republik, Offenbach 1947, S. 561 f. Bearbeitet)

HEINRICH BRÜNING, 1885–1970. Zentrumspolitiker, erster Kanzler, der 1930–1932 mit Notverordnungen regierte. Brüning wollte die Wirtschaftskrise mit einem strengen Sparkurs bekämpfen. Politisch neigte er zu konservativ-monarchistischen Ideen.

Wahlplakat der DNVP von 1932

**Q2** Die Artikel 25 und 48 der Weimarer Verfassung:

1 *Artikel 25*: Der Reichspräsident kann den Reichstag auflösen, jedoch nur einmal aus dem gleichen Anlass.
*Artikel 48*: Der Reichspräsident kann, wenn die öffentliche Sicherheit und Ordnung erheblich gestört oder ge-
5 fährdet wird, die zur Wiederherstellung … erforderlichen Maßnahmen treffen, erforderlichenfalls mit Hilfe der bewaffneten Macht einschreiten … [Davon] hat der Reichspräsident unverzüglich dem Reichstag Kenntnis zu geben. Die Maßnahmen sind auf Verlangen des
10 Reichstages außer Kraft zu setzen.

(In: Reichsgesetzblatt Nr. 152, Berlin 1919, S. 1383–1418. Bearbeitet)

**Wie kam Hitler an die Macht?** – Für eine monarchische Restauration gab es keine Mehrheit im Reichstag. Sozialdemokraten und große Teile des Zentrums waren parlamentarisch-demokratisch orientiert. Die KPD strebte ein System nach sowjetischem Vorbild an.

Im November 1932 forderten Industrielle, Bankiers und Großgrundbesitzer in einem Schreiben an Hindenburg die Ernennung Hitlers zum Reichskanzler. Der greise Reichspräsident willigte schließlich zögernd in eine Kanzlerschaft Hitlers ein, nachdem ihn von Papen von seinem „**Einrahmungskonzept**" überzeugt hatte: Im Kabinett Hitler sollten nur drei Nationalsozialisten vertreten sein, ansonsten ausschließlich Vertreter der konservativen Kreise. Am 30. Januar 1933 verließ Adolf Hitler als neuer Reichskanzler den Amtssitz des Reichspräsidenten. Hindenburg hatte den erklärten Verfassungsfeind auf die Weimarer Verfassung schwören lassen und dem Kabinett Hitler die Regierungsgeschäfte mit dem Satz anvertraut: „Und nun, meine Herren, vorwärts mit Gott!"

FRANZ VON PAPEN, 1879–1969. Juni 1932 bis November 1932 Reichskanzler.

---

**T3** Ergebnisse der Reichstagswahlen 1919–1933

Legende:
- USPD: Unabhängige Sozialdemokratische Partei Deutschlands
- KPD: Kommunistische Partei Deutschlands
- Sonstige
- SPD: Sozialdemokratische Partei Deutschlands
- Zentrum
- BVP: Bayrische Volkspartei
- DDP: Deutsche Demokratische Partei
- DVP: Deutsche Volkspartei
- DNVP: Deutschnationale Volkspartei
- NSDAP: Nationalsozialistische Partei Deutschlands

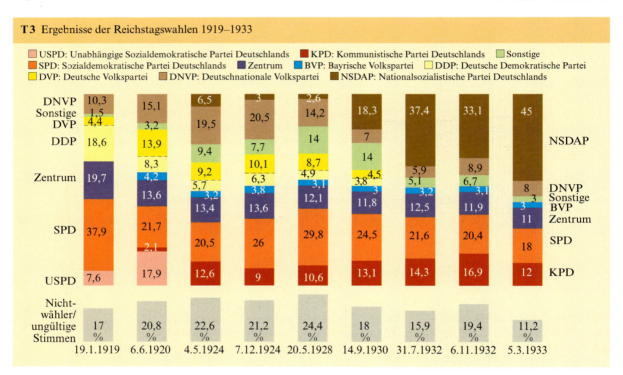

| Partei | 19.1.1919 | 6.6.1920 | 4.5.1924 | 7.12.1924 | 20.5.1928 | 14.9.1930 | 31.7.1932 | 6.11.1932 | 5.3.1933 |
|---|---|---|---|---|---|---|---|---|---|
| NSDAP | – | – | 6,5 | 3 | 2,6 | 18,3 | 37,4 | 33,1 | 45 |
| DNVP | 10,3 | 15,1 | 19,5 | 20,5 | 14,2 | 7 | 5,9 | 8,9 | 8 |
| Sonstige | 1,5 | 3,2 | 9,4 | 7,7 | 14 | 14 | 5,1 | 6,7 | 3 |
| DVP | 4,4 | 13,9 | 9,2 | 10,1 | 8,7 | 4,5 | – | – | – |
| DDP | 18,6 | 8,3 | 5,7 | 6,3 | 4,9 | 3,8 | – | – | – |
| BVP | – | 4,2 | 3,2 | 3,8 | 3,1 | 3 | 3,2 | 3,1 | 3 |
| Zentrum | 19,7 | 13,6 | 13,4 | 13,6 | 12,1 | 11,8 | 12,5 | 11,9 | 11 |
| SPD | 37,9 | 21,7 | 20,5 | 26 | 29,8 | 24,5 | 21,6 | 20,4 | 18 |
| KPD | – | 2,1 | 12,6 | 9 | 10,6 | 13,1 | 14,3 | 16,9 | 12 |
| USPD | 7,6 | 17,9 | – | – | – | – | – | – | – |
| Nichtwähler/ungültige Stimmen | 17 % | 20,8 % | 22,6 % | 21,2 % | 24,4 % | 18 % | 15,9 % | 19,4 % | 11,2 % |

---

**Q4** Der Historiker H.-U. Thamer über Reichskanzler von Papen:

1 Die konservativen Eliten meinten, mit der nationalsozialistischen Massenbewegung fertig werden zu können, [da sie] Heer, Verwal-
5 tungsapparat und Justiz [kontrollierten]. Papen [äußerte]: „In zwei Monaten haben wir Hitler in die Ecke gedrückt, dass er quietscht."

(In: Informationen zur politischen Bildung, H. 251, 1996, S. 29. Bearbeitet)

**ARBEITSAUFTRÄGE**

1. Erläutere mit Q1 und dem Darstellungstext zum Scheitern des Kabinetts Müllers, warum die SPD nach Auffassung des Sozialdemokraten J. Leber im März 1930 einen Fehler machte.
2. Erkläre mit Q2, wie die so genannten Präsidialkabinette der Weimarer Zeit ohne Zustimmung des Parlaments Gesetze verabschieden konnten. Beurteile die Notverordnungs-Paragrafen der Weimarer Verfassung: Welche Möglichkeiten und welche Risiken bargen sie?
3. Beurteile die politischen Ziele des Präsidialkanzlers Franz v. Papen. Welche Strategie hat er zur Erreichung dieser Ziele verfolgt (Q4) und welche Rolle hatte er Hitler dabei zugedacht?

| | Politik | Kultur | Alltag/Wirtschaft |
|---|---|---|---|
| **1930** | 30.1.1933: Hindenburg ernennt Hitler zum Reichskanzler<br>1931: Bündnis von NSDAP, DNVP und des Soldatenbundes „Stahlhelm" zur „Nationalen Opposition"<br><br>1930–1933: Regierung der „Präsidialkabinette". Missbrauch des Art. 48 (Notverordnung) der Weimarer Verfassung | 1933: Die Unterdrückung der freien, kritischen Kulturszene durch die Nationalsozialisten beginnt. Zahlreiche Künstler, Wissenschaftler und Politiker emigrieren ins Ausland<br>1929: Thomas Mann erhält den Nobelpreis für Literatur<br><br>Große Teile der Verwaltungsbürokratie, der Justiz und des Militärs bleiben alten monarchistischen und antidemokratischen Einstellungen verhaftet | nach 1929: große Teile der Bevölkerung verlieren das Vertrauen in die Politik der demokratischen Parteien und in die Zukunft der Republik. Sie werden anfällig für die Parolen extremer Parteien<br>1929: Wirtschaftskrise, gefolgt von Firmenzusammenbrüchen, hoher Arbeitslosigkeit, Verelendung breiter Bevölkerungsteile |
| **1925** | Sept. 1926: Aufnahme Deutschlands in den Völkerbund<br><br>April 1925: Wahl Hindenburgs zum Reichspräsidenten<br>Feb. 1925: Tod F. Eberts<br>1925: Vertrag von Locarno zwischen Deutschland und den westlichen Siegermächten<br>Nov. 1923: Währungsreform („Rentenmark")<br>Nov. 1923: Hitler-Ludendorff-Putsch<br>März 1923: Besetzung des Ruhrgebiets durch französische Truppen. „Ruhrkampf"<br>1922: Vertrag von Rapallo zwischen Deutschland und der Sowjetunion | 1926: Gustav Stresemann erhält zusammen mit Aristide Briand den Friedensnobelpreis<br><br>1925: Die 1919 in Weimar gegründete Kunst- und Architekturschule „Bauhaus" wird nach Dessau verlegt<br><br>In den 1920er Jahren beginnt mit Rundfunk und Fernsehen die Zeit der Massenmedien<br><br>1920 ff.: Berlin ist bedeutende Kulturmetropole Deutschlands und Europas | seit 1924: Das Radio verbreitet sich explosionsartig, der private Pkw bleibt für die meisten noch unerschwinglich<br>1924 ff.: Wirtschaftsaufschwung<br><br>1923: Viele Menschen verlieren durch die Inflation ihre Ersparnisse und ihre Arbeit<br><br>1922: Politisch motivierte Morde, u. a. an führenden demokratischen Politikern |
| **1920** | März 1920: Kapp-Putsch<br><br>Juni 1919: Unterzeichnung des Versailler Vertrags<br>Feb. – Sept. 1919: Nationalversammlung in Weimar. Wahl Eberts zum Reichspräsidenten | Äußere Kennzeichen eines neuen Selbstverständnisses der Frauen sind eigene Berufstätigkeit und eine lebensfrohe Mode<br><br>Fortschritte der Frauen bei der politischen und gesellschaftlichen Emanzipation | 1919 ff.: Hetzkampagnen extremer Parteien und konservativer Kräfte gegen die „Vaterlandsverräter" und „Erfüllungspolitiker" der Regierung<br>1919: Ablehnende Haltung gegen den Versailler Vertrag<br>1919: Frauen erhalten erstmals das Wahlrecht. Emanzipationsbewegung der Frauen |
| **1918** | 9.11. 1918: erzwungene Abdankung des Kaisers<br>November 1918: Revolution in Deutschland. Arbeiter- und Soldatenräte<br>Oktober 1918: Erste parlamentarische Regierung in Deutschland | | Nov. 1918: Revolutionäre Unruhen in weiten Teilen Deutschlands<br>1918: Hunger- und Proteststreiks in Deutschland. Ausgeprägter Friedenswille der notleidenden Bevölkerung |

# Zusammenfassung – Die Weimarer Republik

Im Oktober 1918 entstand in Deutschland die **parlamentarische Republik**. Doch als sich die Befehlsverweigerung kriegsmüder Matrosen im November 1918 zu einer Revolution gegen den alten Obrigkeitsstaat ausweitete, versuchten USPD und Spartakusbund, die demonstrierenden Menschen für eine Revolution nach sowjetischem Vorbild zu gewinnen. Unter Führung der Mehrheits-SPD wurde dieser Machtkampf um das zukünftige politische System zugunsten einer parlamentarischen Demokratie entschieden. Die in Weimar tagende **Nationalversammlung** wählte 1919 den SPD-Politiker Friedrich Ebert zum Präsidenten der Republik und beschloss eine **demokratische Verfassung**.

Trotz vieler Belastungen war die politische und wirtschaftliche Grundstimmung der Bevölkerung in den 1920er Jahren von Optimismus geprägt. Auch in Kunst und Kultur herrschte eine **experimentierfreudige Aufbruchstimmung**. Während der „Ära Stresemann" konnte Deutschland die außenpolitische Isolation der Kriegsjahre überwinden; 1926 wurde es gleichberechtigtes **Mitglied im Völkerbund**.

Doch die **Feinde der Republik** – die rechtsextremen Parteien DNVP und NSDAP sowie die linksextreme KPD – fanden weiterhin zahlreiche Sympathisanten und Wähler. Dabei nutzten und schürten sie die in der Bevölkerung weit verbreitete **Ablehnung des Versailler Vertrags**. Die Inflation von 1923 und vor allem die **Weltwirtschaftskrise von 1929** gaben den Feinden der Republik zusätzlichen Auftrieb, da nun viele Menschen das Vertrauen in den Staat verloren. Davon profitierte vor allem die rechtsextreme NSDAP. Anfang der 1930er Jahre wurde das Parlament durch konservative „Präsidialkabinette" und eine Politik der „Notverordnungen" zunehmend ausgeschaltet. Möglich wurde dies durch den **Artikel 48 der Weimarer Verfassung** und durch den Präsidenten Hindenburg, dessen politische Grundüberzeugung stets monarchistisch blieb.  @/6

## ARBEITSAUFTRAG

Warum war die Weimarer Republik bereits 1932 keine parlamentarische Demokratie mehr? Diskutiert, welche Ursachen ihr für besonders schwerwiegend haltet.

## ZUM WEITERLESEN

P. Berger: Im roten Hinterhaus. Geschichte einer Familie in verworrener Zeit. Arena, Würzburg 1996.

W. Fährmann: Zeit zu lieben, Zeit zu hassen. Arena, Würzburg, 1994.

K. Kordon: Mit dem Rücken zur Wand. Beltz & Gelberg, Weinheim 1999.

K. Kordon: Die roten Matrosen oder ein vergessener Winter. Beltz & Gelberg, Weinheim 1998.

@/1 http://www.dhm.de/lemo/objekte/sound/scheide/index.ram

@/2 http://www.teachsam.de/geschichte/ges_deu_weimar_18-33/wei_parteien/wei_par0.htm

@/3 http://www.preussen-chronik.de/ereignis.jsp?key=Chronologie_010060

@/4 http://www.gonschior.de/weimar/

@/5 http://www.bauhaus.de/

@/6 http://www.dhm.de/lemo/html/weimar/index.html

Die politische Vertretung der deutschen Arbeiterbewegung, die **SPD,** war im Jahre 1914 eine bedeutende Organisation: Sie zählte fast 1,1 Millionen Mitglieder, im Reichstag war sie mit 110 (von 397) Abgeordneten vertreten. Zusätzlichen politischen Einfluss hatte die Partei, weil die Gewerkschaften und deren 2,5 Millionen Mitglieder eng mit den politischen Zielen der SPD verbunden waren. Dennoch war die Partei nicht so einig und fest gefügt, wie sie nach außen hin auftrat, und wurde nach 1930 von der NSDAP als stärkste Partei verdrängt. Was waren die Gründe für diese Entwicklung?

**Der Streit um den richtigen Weg** – Die SPD hatte immer betont, dass sie die Gesellschaft und den Staat von Grund auf verändern und eine neue – sozialistische und demokratische – Ordnung errichten wollte. Über den besten Weg dahin war sich die Partei jedoch nicht einig: Auf der einen Seite standen diejenigen, die den mühevollen, von Rückschlägen begleiteten Weg über das Parlament und die von ihm verabschiedeten Reformgesetze ge-

hen wollten. Anderen erschien die Lösung der sozialen Frage nur auf revolutionärem Wege möglich, notfalls auch durch Anwendung von Gewalt. Die Mehrheit der SPD lehnte zwar grundsätzlich eine Revolution nicht ab, befürwortete aber gleichzeitig die aktive Mitarbeit in den Parlamenten zur Durchsetzung sozialer und politischer Reformen.

**Die Spaltung der SPD** – Im August 1914 stimmten die sozialdemokratischen Abgeordneten des Reichstages geschlossen für die von der Regierung geforderten Kredite zur Finanzierung des ausgebrochenen Krieges, da sie „das Vaterland in der Stunde der Gefahr nicht im Stich (lassen)" wollten. Doch je länger der Krieg dauerte und je größer die Leiden und Entbehrungen des deutschen Volkes wurden, desto lauter erhoben sich Stimmen in der Partei, die – angeführt von ROSA LUXEMBURG und KARL LIEBKNECHT – ein Ende des Krieges und den revolutionären Kampf gegen die herrschenden Schichten des Kaiserreiches forderten. 1917 kam es zur Spaltung der SPD: Ein Teil der Mitglieder und Funktionäre verließ die SPD und gründete die Unabhängige Sozialdemokratische Partei Deutschlands (USPD). Die USPD verlangte vor allem eine sofortige Beendigung des Krieges.

Auch der Sturz des Zaren im Februar 1917 und die Oktoberrevolution in Russland beeindruckten die deutschen Sozialdemokraten sehr: Ein Kaisertum war gestürzt worden, und Lenin hatte mit den revolutionären russischen Sozialdemokraten (**Bolschewiki**) die Macht an sich gerissen. Insbesondere viele Anhänger der USPD sahen darin das Vorbild für eine deutsche Revolution.

**Die Spaltung vertieft sich** – Die Revolution im November 1918 erzwang zunächst ein Zusammengehen der beiden zerstrittenen sozialdemokratischen Parteien. SPD und USPD übernahmen gemeinsam die Regierungsverantwortung im besiegten Deutschen Reich. Doch diese Zusammenarbeit scheiterte schon bald. Welche Ursachen und welche Folgen hatte dieses Scheitern?

**Unterschiedliche Ziele** – Die SPD wollte ihre politischen Ziele – Demokratie und Sozialismus – nach Beseitigung der unmittelbaren Kriegsfolgen in einer parlamentarisch regierten Republik schrittweise verwirklichen; das heißt durch demokratische Mehrheitsentscheidungen eines gewählten Parlaments. Die USPD dagegen wollte Staat und Gesellschaft möglichst schnell und grundlegend verändern, vor allem durch die revolutionären Arbeiter- und Soldatenräte. Besonders die Anhänger Luxemburgs und Liebknechts, die sich bereits 1916 in der **Spartakus**-Gruppe zusammengeschlossen hatten, lehnten die parlamentarische Republik kompromisslos ab. Unter der Losung „Alle Macht den Räten!" forderten sie den revolutionären, notfalls bewaffneten Kampf um die Macht im Staat. Ziel der Revolution sollte die Gründung einer Räterepublik nach russischem Vorbild sein. Ende 1918 gründete diese Gruppe innerhalb der USPD die **Kommunistische Partei Deutschlands** (KPD). Eine tiefe Kluft trennte von nun

**Q1** Rosa Luxemburg über die proletarische Revolution (1906):

1 Die Opportunisten der deutschen Sozialdemokratie erblickten ... die ersehnte Milderung ... des Klassenkampfes ... darin, dass der
5 Klassenkampf ausschließlich zu einem parlamentarischen Kampf beschränkt und die Straßenrevolution einfach abgeschafft wird. Die Geschichte hat die Lösung in
10 einer etwas ... feineren Weise gefunden: in dem Aufkommen des revolutionären Massenstreiks, der freilich den nackten brutalen Straßenkampf durchaus nicht er-
15 setzt und überflüssig macht, ihn aber bloß zu einem Moment der langen politischen Kampfperiode reduziert ... So erweist sich der Massenstreik ... als eine allgemei-
20 ne Form des proletarischen Klassenkampfes, die sich aus dem gegenwärtigen Stadium der kapitalistischen Entwicklung ... ergibt.

(In: I. Fetscher: Der Marxismus, Seine Geschichte in Dokumenten, Frankfurt/Main–Wien–Zürich 1967, S. 717. Bearbeitet)

**B2** Wahlplakat der SPD zur Nationalversammlung 1919

OTTO WELS, 1873–1939. Verhinderte zu Beginn der Novemberrevolution als Stadtkommandant von Berlin die Machtergreifung der radikalen Linken, seit 1919 einer der Vorsitzenden der SPD; begründete am 23.3.1933, warum die SPD Hitlers Ermächtigungsgesetz ablehnte; führte die SPD 1933–1939 aus dem Exil heraus

ROSA LUXEMBURG, 1871–1919. Gehörte anfangs zum linken Flügel der SPD und war scharfe Kritikerin der „Burgfriedenpolitik" der SPD während des 1. Weltkriegs; gründete mit Karl Liebknecht 1917 den Spartakusbund und 1918/19 die KPD; wurde am 15.1.1919 von Freikorpssoldaten in Berlin ermordet

an die Arbeiterparteien. Ihre Politik war bis zum Ende der Weimarer Republik von einem unversöhnlichen Gegensatz zu einander geprägt. Der größere Teil der verbleibenden USPD-Mitglieder schloss sich 1922 wieder der SPD an.

**Die Arbeiterbewegung in der Weimarer Republik** – Nur mühsam hatte sich die Republik gegen ihre unterschiedlichen Feinde behaupten können. Auch die KPD hatte einige Male – vergeblich – versucht, die parlamentarische Demokratie mit dem Mittel des Streiks bzw. durch Aufstände zu stürzen. Gab es, nachdem diese Zeit der Unruhen 1924 zu Ende war, eine Möglichkeit, die verfeindeten Parteien der Arbeiterbewegung wieder zusammenzuführen?

Die SPD war von 1918 bis 1932 die stärkste Partei im Deutschen Reichstag. Aber allein konnte sie keine Regierungsmehrheit bilden. Sie musste deshalb mit anderen Parteien zusammenarbeiten, um ihre Ziele wenigstens teilweise durchsetzen zu können. Ihre Erfolge in der Sozialpolitik, wie z. B. das Betriebsrätegesetz (1922) oder die Einführung der Arbeitslosenversicherung (1927), waren deshalb fast immer mit Zugeständnissen verbunden, um Mehrheiten zu finden.

Die KPD, die seit 1920 an den Reichstagswahlen teilnahm, bekämpfte die Reformpolitik der SPD. Zunehmend abhängig von der Kommunistischen Partei der Sowjetunion, forderte sie weiterhin, Deutschland in eine Räterepublik nach russischem Vorbild umzuwandeln.

OTTO BRAUN, 1872–1955. Seit 1911 führend in der SPD, von 1920–1932/33 Ministerpräsident in Preußen, im März 1933 Flucht ins Exil

**Q3** Max Cohen-Reuß (SPD) auf dem Zentralkongress der Arbeiter- und Soldatenräte in Berlin, 19.12.1918:

1 ... nur eine deutsche Nationalversammlung wird die moralische Autorität haben, die auseinander strebenden Teile [des Deutschen
5 Reiches] zusammenzuhalten ... Ich will darauf hinweisen, dass ... die freieste Feststellung des Volkswillens auf Grund eines gleichen Wahlrechts für alle Männer und
10 Frauen das selbstverständliche Programm aller sozialistischen Parteien der ganzen Welt war ... Wenn wir eine sozialistische Mehrheit bekommen wollen, müssen
15 wir die Nationalversammlung so schnell wie möglich einberufen. Wenn sich die Genossen der USPD ... mit der alten Partei für die Wahlen zusammentun, ... dann
20 wird hier eine feste Reihe entstehen, die alle bürgerlichen Parteien schlagen wird ... Wir alle wollen so viel Sozialismus wie durchführbar ist ... Es wird nicht mehr Sozialis-
25 mus durchführbar sein, als die Mehrheit des Volkes will.

(In: Weltgeschichte im Aufriss, Bd. 3, Teil 1, Frankfurt/M. 1976, S. 221 f. Bearbeitet)

**Q4** Leitsätze der KPD über den Parlamentarismus, 1919:

1 Das Parlament ist ... ein Mittel der herrschenden Klassen zur Ausübung und Aufrechterhaltung der politischen Macht. Wie gegen die politische Macht der Bourgeoisie überhaupt, führt das Proletariat auch gegen dieses poli-
5 tische Mittel ... einen Kampf, der bis zur Eroberung der politischen Macht durch das Proletariat dauert. Wie alle anderen Mittel der Bourgeoisie [z.B. Beamtenschaft, Justiz, Militär] ... zerstört werden müssen, so wird auch das Parlament mit diesem Zeitpunkt zerstört werden ... Seine
10 Funktionen ... werden durch die Arbeiterräte ersetzt.

(In: D. Schneider/R. Kuda: Arbeiterräte in der Novemberrevolution. 3. Auflage, Frankfurt/M. 1973, S. 123. Bearbeitet)

**B5** Plakat der KPD für die Reichstagswahlen vom 6. Juni 1920

**Arbeiterbewegung und der Nationalsozialismus** – Die Weltwirtschaftskrise und das darauf folgende Massenelend stürzten die parlamentarische Demokratie in eine tiefe Krise: Immer mehr Wähler stimmten – teilweise aus Verzweiflung, teilweise wegen mangelnder demokratischer Einstellung – für die NSDAP, die die Demokratie abschaffen und durch eine Diktatur ersetzen wollte. Wie reagierten die Arbeiterparteien auf diese Gefahr?

Die SPD wie auch die KPD hatten die Bedrohung durch den Nationalsozialismus frühzeitig erkannt und vor ihm gewarnt. Aber sie zogen unterschiedliche Konsequenzen: Die SPD verteidigte die Republik und ihre demokratische Verfassung, an deren Entstehung sie nach dem verlorenen Weltkrieg entscheidend mitgewirkt hatte. Auf der Grundlage der Verfassung ging sie gegen die Feinde der Demokratie vor. Die KPD führte einen doppelten Kampf: Sie bekämpfte die SPD genauso heftig wie die nationalsozialistische Partei. Ihr ging es um ihre alten revolutionären Ziele. Für sie waren Sozialdemokratie und Nationalsozialismus ein und dasselbe, da beide Parteien im Auftrage des herrschenden kapitalistischen Systems handeln würden. Sie bezeichnete die Sozialdemokraten deshalb bereits seit 1924 als „Sozialfaschisten".

**Die Zerschlagung der Arbeiterbewegung**
Die KPD hielt die nationalsozialistische Regierung für eine kurzlebige Übergangsphase bis zum Ausbruch einer Arbeiterrevolution und rief, allerdings vergebens, zum Generalstreik auf. Die SPD hoffte auf die Einhaltung der Verfassung durch die neue Regierung und auf künftige Wahlen. Beide sahen sich in ihren Einschätzungen und Erwartungen getäuscht: Auf das KPD-Verbot im März 1933 folgte im Juni 1933 das Verbot der SPD. Viele Sozialdemokraten und Kommunisten wurden eingesperrt, gefoltert oder ermordet. Beide Parteien waren sich in den nun folgenden 12 Jahren der NS-Diktatur darüber einig, dass der Nationalsozialismus vernichtet werden müsse, hielten aber weiterhin an ihren unterschiedlichen Zielen fest: Die SPD setzte auf den Sieg der Demokratie nach westlichem Vorbild, die KPD auf den Sieg des Sozialismus nach sowjetischem Vorbild. 🖲/1

PERSONENLEXIKON

ERNST THÄLMANN, 1886–1944; ermordet im KZ Buchenwald. Seit 1925 Parteivorsitzender der KPD, ab März 1933 in Gefängnis- und KZ-Haft.

**B 7** Plakat der SPD von 1930

Internet-Adressen:
🖲/1 http://www.fes.de/archiv/galerie/index_gr.html

---

**Q6** Aus einer Rede E. Thälmanns vom 19.02.1932:

1 Unsere Strategie richtet den Hauptstoß gegen die Sozialdemokratie, ohne dadurch den Kampf gegen den Hitlerfaschismus abzu-
5 schwächen ... [Unsere] Strategie schafft ... überhaupt erst die Voraussetzungen für eine wirksame Bekämpfung des Hitlerfaschismus ... Die Sozialdemokratie ist die so-
10 ziale Hauptstütze der Bourgeoisie, sie ist der aktive Faktor der Faschisierung ... und sie versteht zugleich in der gefährlichsten Art, als ‚gemäßigter Flügel' des Faschis-
15 mus die Massen ... für die Diktatur der Bourgeoisie und ihre faschistischen Methoden einzufangen. Die Sozialdemokratie schlagen, das ist gleichbedeutend damit, die Mehr-
20 heit des Proletariats zu erobern, und die wichtigste Voraussetzung für die proletarische Revolution ... Verhandlungen der KPD mit der SPD ... darf es nicht geben.

(In: H. Weber [Hg.]: Der deutsche Kommunismus, Dokumente, Köln/Berlin 1963, S. 185 f. Bearb.)

---

## ARBEITSAUFTRÄGE

1. Was meint R. Luxemburg in Q1 mit „Opportunismus"? Mit welchen Mitteln will sie den revolutionären Kampf führen?
2. Betrachte B2 und erläutere, warum die Sozialdemokraten aufgefordert werden, massenhaft zur „roten Urne" zu gehen.
3. Stelle die Gründe zusammen, die M. Cohen-Reuß in Q3 für die Wahl einer Nationalversammlung nennt, und beurteile sie.
4. Mit welchen Argumenten stellt die KPD das Parlament in Q4 als „Mittel der herrschenden Klassen" dar? Beurteile die Argumente und die Haltung der KPD zum Parlamentarismus.
5. Betrachte B5. Vergleiche die Aussage des Plakats mit der in Q4 geäußerten Auffassung über den Parlamentarismus.
6. Welche Vorwürfe erhebt Thälmann in Q6 gegen die SPD? Ist seine Strategie angesichts der damaligen Situation realistisch? Vgl. auch mit B7. Wie reagierte die SPD auf die Vorwürfe?

# Der Nationalsozialismus

Im Januar 1933 erfolgte die so genannte Machtergreifung durch die Nationalsozialisten. Trotz Reglementierungen, tiefer Eingriffe in das Privatleben der Menschen und der Gleichschaltung des gesamten Kultur- und Medienbereichs wuchs die Zahl der Anhänger des NS-Regimes in den Folgejahren weiter an. Millionen Deutsche folgten dem Regime widerstandslos oder sogar begeistert in einen Krieg, der nahezu 55 Millionen Menschen weltweit das Leben kostete.

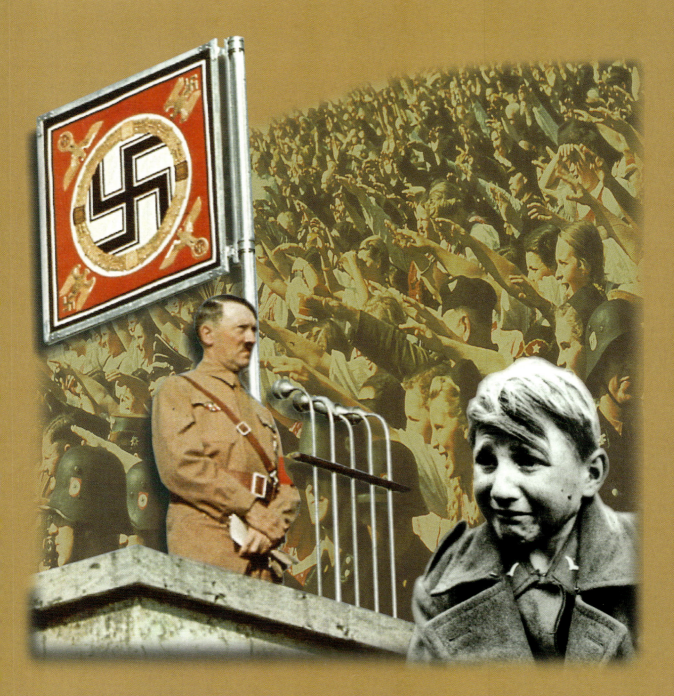

Deutsches Reich zur Zeit der Weimarer Republik

Deutsches Reich 1933-1939

Bundesrepublik Deutschland und DDR 1949-1989

Bundesrepublik Deutschland seit 3.10.1990

ARBEITSAUFTRAG

Vergleiche die Karten und beschreibe die territorialen Veränderungen seit der Weimarer Republik. Beachte dabei auch die Länder Deutschlands.

# Die nationalsozialistische Herrschaft bis 1939

## 1. Der Weg in die Diktatur

Am 30. Januar 1933 ernannte Hindenburg den „Führer" der NSDAP, ADOLF HITLER, zum Reichskanzler. Nur wenige Monate später war Hitler ein scheinbar allmächtiger Diktator. Wie gelang es den Nationalsozialisten, die Republik zu zerschlagen und einen diktatorischen Führerstaat zu errichten?

**Gefährlicher Irrtum** – Die traditionellen Führungsschichten aus Finanzwelt und Großindustrie wollten den Staat mit Hilfe der Nationalsozialisten und unter Ausschaltung der KPD, SPD und der bürgerlich-republikanischen Parteien in ihrem Sinne verändern. Da sie den Machtapparat des Heers, die Bürokratie, die Justiz und die Wirtschaft kontrollierten, glaubten sie, Hitler und die NSDAP „zähmen" zu können. Dem „**Kabinett der nationalen Konzentration**" aus NSDAP und DNVP gehörten neben Hitler zunächst nur zwei weitere Nationalsozialisten an. Die Führer der DNVP glaubten, Hitler so „eingerahmt" beherrschen zu können.

**Strategien der Machteroberung** – Schon wenige Tage nach Hitlers Ernennung zum Reichskanzler, von den Nationalsozialisten als Tag der „**Machtergreifung**" gefeiert, wurden Entscheidungen getroffen, die kaum noch legal waren. Hitler erreichte, dass Hindenburg den Reichstag auflöste und Neuwahlen für den 5. März 1933 ansetzte. Als die Kommunisten einen Generalstreik ausriefen, lieferte dies den Vorwand für eine „**Notverordnung zum Schutze des deutschen Volkes**". Mit ihr wurde die Presse- und Versammlungsfreiheit drastisch eingeschränkt.

**Q1** Rudolf Breitscheid, SPD-Fraktionsvorsitzender, 31.1.1933:

1 Seit gestern ist Adolf Hitler Reichskanzler! Und zwar ist er Reichskanzler auf legalem Wege geworden. Es ist begreiflich, dass man
5 jetzt ... Massenstreiks, Demonstrationen [erwägt]. Ich will meine Meinung dazu sagen. Wenn Hitler sich zunächst auf dem Boden der Verfassung hält, und mag das hun-
10 dertmal Heuchelei sein, wäre es falsch, wenn wir ihm den Anlass geben, die Verfassung zu brechen, abgesehen von dem Grund, dass wir [dadurch] die widerstrebenden
15 Kräfte innerhalb des Kabinetts zusammenschweißen.

(In: H. Schulze [Hg.]: Anpassung oder Widerstand?1932/33, Bonn 1975, S. 145 f. Bearbeitet)

**Q2** Absprachen zwischen Hitler und von Papen, 31.1.1933, 16 Uhr:

1 Der Stellvertreter des Reichskanzlers [von Papen] führte aus, es sei am besten, schon jetzt festzulegen, dass die kommende Wahl zum Reichstag die letzte sein solle und eine Rückkehr zum parlamentarischen System für immer
5 zu vermeiden sei. Der Reichskanzler [Hitler] erklärte, er wolle folgende bindende Versprechungen abgeben: a) Der Ausgang einer Neuwahl zum Reichstag solle keinen Einfluss auf die Zusammensetzung der jetzigen Reichsregierung haben. b) Die nun bevorstehende Wahl
10 zum Reichstag solle die letzte Neuwahl sein ...

(In: Auszüge aus den amtlichen Niederschriften, Akten der Reichskanzlei, Bundesarchiv Koblenz: R 43 II/291 und 289. Bearbeitet)

**B3** Mitglieder der nationalsozialistischen Kampftruppe SA (Sturm-Abteilung), August 1933

In Preußen machte Innenminister HERMANN GÖRING 40.000 SA-Männer zu Hilfspolizisten. Sie konnten dadurch scheinbar legal politische Gegner der NSDAP terrorisieren. Die Gewalt steigerte sich noch, als am 27. Februar der Reichstag brannte. Die Nationalsozialisten behaupteten, die Kommunisten hätten das Feuer gelegt. Bereits am nächsten Tag erging die „Verordnung zum Schutz von Volk und Staat", die so genannte **Reichstagsbrandverordnung**. Sie setzte die verfassungsmäßigen Grundrechte außer Kraft. Tausende Kommunisten und Sozialdemokraten wurden auf dieser Grundlage verhaftet und in improvisierte Konzentrationslager oder Folterkeller verschleppt. 🖉/1

Da die Reichstagswahl vom 5. März der NSDAP nicht die erhoffte absolute Mehrheit brachte, legte Hitler ein „Gesetz zur Behebung der Not von Volk und Reich" vor. Dieses „**Ermächtigungsgesetz**" sollte es der Regierung ermöglichen, Gesetze ohne Beteiligung des Parlaments oder des Reichspräsidenten zu erlassen, selbst wenn sie von der Verfassung abwichen. Nur die SPD lehnte das Gesetz ab; die Abgeordneten der KPD sowie 26 Abgeordnete der SPD waren vor der Abstimmung verhaftet worden oder mussten fliehen.

**B 5** Propagandapostkarte, um 1933

**B 4** „Wie Adolf Hitler das Wort ,legal' in den Mund nimmt." Karikatur aus „Der wahre Jacob", Berlin 1932

**Q 6** Reden zum „Ermächtigungsgesetz", 23.3.1933:

1 *Adolf Hitler:* Es würde dem Sinn der nationalen Erhebung widersprechen …, wollte die Regierung sich für ihre Maßnahmen von Fall zu Fall die Genehmigung des Reichstags erhandeln und erbitten … Die Autorität und damit die Erfül-
5 lung der Aufgaben der Regierung würden … leiden, wenn im Volke Zweifel an der Stabilität des neuen Regiments entstehen könnten … Die Regierung beabsichtigt … von diesem Gesetz nur insoweit Gebrauch zu machen, als es zur Durchführung der lebensnotwendigen Maßnahmen erfor-
10 derlich ist. Weder die Existenz des Reichstags noch des Reichsrats soll dadurch bedroht sein. Stellung und … Rechte des Herrn Reichspräsidenten bleiben unberührt …

*Otto Wels, SPD:* Freiheit und Leben kann man uns nehmen, die Ehre nicht. Nach den Verfolgungen … wird nie-
15 mand von ihr [der SPD] verlangen oder erwarten können, dass sie für das hier eingebrachte Ermächtigungsgesetz stimmt. Die Wahlen vom 5. März haben den Regierungsparteien die Mehrheit gebracht und damit die Möglichkeit gegeben, streng nach Wortlaut und Sinn der Verfassung
20 zu regieren. Wo diese Möglichkeit besteht, besteht auch die Pflicht … Aber dennoch wollen Sie vorerst den Reichstag ausschalten, um Ihre Revolution fortzusetzen. Zerstörung von Bestehendem ist aber noch keine Revolution.

(In: Geschichte in Quellen, Bd. 5, München 1989, S. 282 f. Bearbeitet)

Mit dem „Ermächtigungsgesetz" wurde nicht nur das Parlament entmachtet, sondern praktisch auch der Reichspräsident. Doch gerade dessen bisher starke Position und seine Verfügungsgewalt über den Art. 48 der Verfassung, das Notverordnungsrecht des Präsidenten, waren die Hauptstützen des „Zähmungskonzepts" gewesen, mit dem die national-konservativen Koalitionspartner Hitler kontrollieren wollten! Hitler hatte mit dem Ermächtigungsgesetz die Kontrollmechanismen der Verfassung abgeschüttelt. Wie gelang es den Nationalsozialisten, die letzten Überreste der Demokratie zu beseitigen?

**Ausbau und Stabilisierung des Regimes** – Nach der Reichstagswahl begann eine umfassende **Gleichschaltung**. Mit der bereits bewährten Kombinationstaktik von Straßenterror durch die nationalsozialistische Kampftruppe SA (= **S**turm-**A**bteilung) und scheinbar legalen Maßnahmen der Regierung drängten die Nationalsozialisten in Ländern und Kommunen an die Macht. Überall erschienen SA-Männer und „Kommissare", die die Organisationen und Institutionen personell „säuberten": Politische Gegner und jüdische Bürger wurden entlassen, an ihre Stelle wurden Nationalsozialisten in die Führungspositionen eingesetzt.

Am 2. Mai beseitigten die Nationalsozialisten die Gewerkschaften. Die Arbeiter mussten in eine Zwangsorganisation eintreten, die **Deutsche Arbeitsfront (DAF)**. Nach der KPD wurde im Juni auch die SPD verboten; die anderen Parteien lösten sich unter Druck selbst auf. Die Neugründung von Parteien wurde verboten und die NSDAP zur Staatspartei erhoben.

Ein wichtiger Machtfaktor, den Hitler noch für sich gewinnen wollte, war die **Reichswehr**. Deren militärischen Sachverstand brauchte er für seine Aufrüstungspläne. Doch die Reichswehr sah in der zahlenmäßig stärkeren SA eine Rivalin. Am 30. Juni 1934 entmachtete Hitler daher die SA, indem er den SA-Führer Ernst Röhm und andere innerparteiliche Rivalen ermorden ließ. Die Reichswehrführung revanchierte sich, als sie nach Hindenburgs Tod 1934 die Armee auf Hitler vereidigte. Das Amt des Reichspräsidenten wurde aufgelöst und mit dem des Reichskanzlers vereinigt. Hitler erhielt den Titel **Führer und Reichskanzler**.

**B7** SA-Mitglieder verschleppen politische Gegner in einen Folterkeller.

**Q8** Der NSDAP-Politiker Hermann Göring am 30.6.1934:

1 Wir sehen das Recht nicht als etwas Primäres an, sondern das Primäre ist und bleibt das Volk … Dieses Recht ist ja von uns geschaffen und dort, wo wir es vorfanden, es unserer Weltanschauung aber nicht entspricht, wird es
5 umgeändert. Das Recht und der Wille des Führers sind eins … Das Handeln der Staatsführung in diesen Tagen war die höchste Verwirklichung des Rechtsbewusstseins des Volkes.

(In: Geschichte in Quellen, Bd. 5, München 1989, S. 309. Bearbeitet)

## ARBEITSAUFTRÄGE

1. Beurteilt mit Q1 Breitscheids Reaktion auf Hitlers Ernennung zum Reichskanzler. Diskutiert, ob sich die SPD dem damaligen KPD-Aufruf zum Generalstreik hätte anschließen sollen.
2. Beschreibe, welche Einstellung zur Demokratie in Q2 deutlich wird. Überlege, warum Neuwahlen abgehalten wurden.
3. Vergleiche, wie Hitler in B4 und B5 dargestellt wird. Beurteile die Absichten, die hinter den beiden Abbildungen stehen.
4. Nennt die Argumente, die Hitler und der SPD-Abgeordnete Wels in Q6 für und gegen das „Ermächtigungsgesetz" aufführen. Diskutiert ihre Stichhaltigkeit.
5. Beschreibe mit B3, B7 und Q8, wie die Nationalsozialisten gegen Gegner vorgingen. Beurteile die Rechtsauffassung Görings.
6. Ist der Satz: „Die Freiheit verliert man stückweise." auf Deutschland nach 1933 anwendbar? Begründe deine Antwort.

# 2. Faschismus in Europa

In fast allen europäischen Staaten bildeten sich nach dem Ersten Weltkrieg nationalistische Bewegungen. Auch die Machtübernahme durch eine rechtsradikale Partei war kein rein deutsches Phänomen. Hatten diese Bewegungen gemeinsame weltanschauliche Grundlagen und Ziele?

**Faschismus in Italien** – Wie Deutschland litt Italien nach dem Weltkrieg unter hoher Arbeitslosigkeit und Armut. In dieser Situation fanden radikale Bewegungen wie die der **Fasci**, nach der rechtsradikale Bewegungen als „faschistisch" bezeichnet werden, viele Anhänger. Faschistische Kampfbünde in schwarzen Uniformen terrorisierten politische Gegner, Gewerkschaften und Gemeindeverwaltungen. **Duce** (ital.: Führer) der Fasci wurde BENITO MUSSOLINI, ein ehemaliger Sozialist. Er versprach den Menschen einen starken Staat, wirtschaftliche Stabilität und ein italienisches Großreich.

Unter dem Vorwand, die Monarchie vor einer sozialistischen Revolution zu retten, ließ Mussolini seine Miliz im Oktober 1922 zu einem bewaffneten **Marsch auf Rom** antreten. Daraufhin ernannte der König Mussolini zum Ministerpräsidenten einer Koalitionsregierung. Konservative Kreise in Wirtschaft, Militär und Verwaltung unterstützten diese Regierung, da sie in ihr eine Rettung vor dem Sozialismus sahen. In der Folgezeit nutzte Mussolini seine Macht, um die demokratischen Freiheiten abzuschaffen und eine Einparteiendiktatur zu errichten.

**Faschismus in anderen Ländern** – Im republikanischen Spanien löste eine Militärrevolte im Juli 1936 einen Bürgerkrieg aus. Die Putschisten unter General FRANCISCO FRANCO konnten sich auf die konservativen Monarchisten, die katholische Kirche und die faschistische Bewegung **Falange** (Phalanx) stützen. Massive militärische Unterstützung aus Deutschland und Italien führte 1939 zum Sieg der Faschisten in Spanien. Franco errichtete eine Diktatur, die erst mit seinem Tod 1975 endete.
Weitere autoritäre Regimes mit faschistischen Zügen waren der portugiesische

„CAUDILLO" (Führer)
FRANCISCO FRANCO,
1892–1975.
Diktator in Spanien

**B1** Mussolini (1883–1945) in faschistischer Grußpose vor der Statue des Augustus

**Q2** Mussolini über den Faschismus, 1922:

1 Der Faschismus fordert den tätigen, mit allen Willenskräften sich einsetzenden Menschen, der bereit ist, allen Schwierigkeiten männlich entgegenzutreten und sich ihnen zu stellen. Ihm ist das Leben ein Kampf …
5 Für den Faschismus [liegt] alles im Staate beschlossen … Außerhalb des Staates darf es keine Individuen noch Gruppen geben … [Der Faschismus] glaubt weder an die Möglichkeit noch an die Nützlichkeit des ewigen Friedens. Er lehnt daher den Pazifismus ab, der einen
10 Verzicht auf den Kampf und eine Feigheit gegenüber dem Opfer in sich birgt. Der Krieg allein bringt alle menschlichen Energien zur höchsten Anspannung … Der Faschismus behauptet die unabänderliche, fruchtbare und heilsame Ungleichheit der Menschen, die nicht
15 auf dem mechanischen und äußerlichen Wege wie bei dem allgemeinen Stimmrecht auf das gleiche Niveau gebracht werden können … Der Faschismus lehnt in der Demokratie die absurde konventionelle Lüge von der politischen Gleichheit … ab … Der faschistische Staat
20 ist Wille zur Macht und Herrschaft … Für den Faschismus ist das Streben … zur Expansion der Nation ein Ausdruck der Vitalität.

(In: Geschichte in Quellen, Bd. 5, München 1989, S. 151 ff. Bearbeitet)

**Estado Novo** (dt.: Neuer Staat) unter OLIVEIRA SALAZAR, die so genannten **Königsdiktaturen** auf dem Balkan, die seit 1926 bestehende polnische Militärdikatur unter JOSEF PILSUDSKI sowie die antikommunistischen Militärregimes, die in den baltischen Staaten seit Mitte der 1930er Jahre herrschten. Außerhalb Europas gewannen faschistische Ideen auch in Argentinien unter JUAN PERON Einfluss.

Unter Historikern ist umstritten, ob die verschiedenen radikal-nationalistischen Bewegungen alle unter dem gemeinsamen Begriff „Faschismus" zusammengefasst werden können. Deshalb ist es hilfreich, typische Merkmale faschistischer Staaten zu analysieren. Welche Merkmale sind das?

**Faschistische Ideologie** – Gemeinsame Grundzüge faschistischer Bewegungen sind ihr **terroristischer Kampfstil** und ihre Feindbilder. Sie bekämpfen den Kommunismus und lehnen auch Demokratie und Parlamentarismus zugunsten eines autoritär geführten Staates ab. Faschistische Bewegungen besitzen kein differenziertes eigenes Programm. Sie betonen das **Führerprinzip** und übersteigern den **Nationalismus** in aggressiv-militaristischer Weise. Ihr **völkisches Elitedenken** führt zur Ausgrenzung von Minderheiten.

**Der Nationalsozialismus** – Der deutsche Nationalsozialismus hatte alle diese Elemente der faschistischen Ideologie. Doch in einem Aspekt war er noch radikaler als andere faschistische Staaten: bei der pseudowissenschaftlichen „**Rassenlehre**". Diese Irrlehre gipfelte in der Behauptung, dass es verschiedenwertige Rassen gäbe: eine „**arische Herrenrasse**" sowie andere, „**minderwertige Rassen**", zu denen Juden und die slawischen Völker gehören sollten. Diese Rassenlehre führte in Verbindung mit der Forderung, die Deutschen benötigten mehr „Lebensraum", zur erbarmunglosen Vertreibung und Vernichtung von Millionen Menschen, besonders in Osteuropa. Eine derart radikale rassistische Ideologie wie in Deutschland gab es in keinem anderen faschistischen Land.

**B3** Adolf Hitler 1930

**Q4** Aus Adolf Hitlers Buch „Mein Kampf", 1925:

1 [Die völkische Weltanschauung] glaubt … keineswegs an eine Gleichheit der Rassen, sondern erkennt mit ihrer Verschiedenheit auch ihren höheren oder minderen Wert und fühlt sich durch diese Erkenntnis verpflichtet, gemäß dem 5 ewigen Wollen, das dieses Universum beherrscht, den Sieg des Besseren, Stärkeren zu fördern, die Unterordnung des Schlechteren und Schwächeren zu verlangen. Sie … glaubt an die Geltung dieses Gesetzes bis herab zum letzten Einzelwesen … Menschliche Kultur und Zivi- 10 lisation sind auf diesem Erdteil unzertrennlich gebunden an das Vorhandensein des Ariers … Den gewaltigsten Gegensatz zum Arier bildet der Jude … Er ist und bleibt der ewige Parasit …: wo er auftritt, stirbt das Wirtsvolk nach kürzerer oder längerer Zeit ab … Wir Nationalsozia- 15 listen [müssen] unverrückbar an unserem außenpolitischen Ziele festhalten, nämlich dem deutschen Volk den ihm gebührenden Grund und Boden auf dieser Erde zu sichern … So wie unsere Vorfahren den Boden, auf dem wir heute leben, nicht vom Himmel geschenkt erhielten, son- 20 dern durch Lebenseinsatz erkämpfen mussten, so wird auch uns in Zukunft den Boden und damit das Leben für unser Volk keine göttliche Gnade zuweisen, sondern nur die Gewalt eines siegreichen Schwertes … Wenn wir aber heute … von neuem Grund und Boden reden, können wir 25 in erster Linie nur an Russland … denken.

(In: Geschichte in Quellen, Bd. 5, München 1989, S. 286 ff. Bearbeitet)

## ARBEITSAUFTRÄGE

1. Beschreibe die Darstellungen Mussolinis in B1, Francos im Personenlexikon und Hitlers in B3. Beurteile die Absicht, die die Bilder verfolgen.
2. Erkläre mit Q2 Merkmale und Ziele des italienischen Faschismus. Stelle ihnen Aspekte der Demokratie gegenüber.
3. Beschreibe mit Q4 Elemente der nationalsozialistischen Ideologie. Vergleiche mit dem italienischen Faschismus.

# 3. Zustimmung und Verführung

Der Aufstieg des Nationalsozialismus war mit der Eroberung der Macht nicht abgeschlossen. Das Regime gewann in der Folgezeit die überwiegende Mehrheit der Deutschen für sich. In dieser Diktatur spielten Zustimmung, Selbstentmündigung und Verführung des Volkes gleichermaßen eine Rolle. Was hat Zustimmung ausgelöst? Wie funktionierte die Verführung?

**Sehnsüchte und Ängste** – Die instabile politische Lage und die wirtschaftliche Depression am Ende der Weimarer Republik hatten eine tiefe Verunsicherung der Bevölkerung bewirkt. In diesem Klima fielen NS-Parolen von einem starken Staat, der Ordnung und Wohlstand wiederherstellen würde, auf fruchtbaren Boden. Die NSDAP war die erste Partei, der es gelang, als „Volkspartei" aufzutreten. Wie keine andere Partei kannte sie die in der Bevölkerung herrschende Stimmung. Sie verstand es, den Menschen das Gefühl zu vermitteln, dass ihre Sorgen ernst genommen und die Probleme der Zeit gelöst würden. Besonders die sinkende Arbeitslosigkeit schien der Politik der neuen Regierung Recht zu geben. Große Anziehungskraft übte auch die vom Regime beschworene **Volksgemeinschaft** aus, die dem „Parteiengezänk" der Weimarer Republik entgegengesetzt wurde. Die aggressive Außenpolitik Hitlers sprach bei vielen Deutschen darüber hinaus einen Nationalismus an, der durch den verlorenen Krieg gedemütigt war. Verletzungen des Versailler Friedensvertrages wurden von der Bevölkerung daher als imponierende Beweise der „neuen Größe" gefeiert.

**Führermythos** – Die populäre Politik galt als das „Aufbauwerk des Führers". So gelang es Hitler, von breiten Bevölkerungsschichten als Verkörperung einer besseren Zukunft angenommen zu werden. Die religiösen Züge, die der Führermythos trug, halfen trotz mancherlei Unzufriedenheit im Alltag, ein hohes Maß an Zustimmung zum System aufrechtzuerhalten.

**Feindbilder** – Erfolgreich reduzierten die Nationalsozialisten die Probleme einer komplizierten Welt auf ein simples Freund-Feind-Schema und schürten dabei tief sitzende Vorurteile der Bevölkerung: Bis zum Zusammenbruch des Regimes fanden Antisemitismus und Antibolschewismus große Zustimmung.

**Q1** Rudolf Heß, Hitlers Stellvertreter, 1934:

1 Mit Stolz sehen wir: Einer bleibt von aller Kritik ausgeschlossen: das ist der Führer. Das kommt daher, dass jeder fühlt und weiß: Er
5 hatte immer Recht, und er wird immer Recht haben. In der kritiklosen Treue, in der Hingabe an den Führer, die nach dem Warum im Einzelfall nicht fragt, in der stillschweigenden
10 genden Ausführung seiner Befehle liegt all unser Nationalsozialismus verankert. Wir glauben daran, dass der Führer einer höheren Berufung zur Gestaltung des deutschen
15 Schicksals folgt. An diesem Glauben gibt es keine Kritik.

(In: Dokumente zur deutschen Politik, Bd. 2, Berlin 1936, S. 10)

RUDOLF HESS, 1894–1987. Seit 1920 Mitglied der NSDAP. Stellvertreter Hitlers. Flog 1941 nach Schottland, angeblich zur Vermittlung zwischen den Kriegsgegnern; wurde dort verhaftet. 1946 in Nürnberg zu lebenslanger Haft verurteilt. 1987 Selbstmord im Kriegsverbrechergefängnis Berlin-Spandau

**B2** Totenehrung auf dem Reichsparteitag in Nürnberg, 1934

Das NS-Regime kannte die Bedürfnisse der Bevölkerung nicht nur, sondern benutzte sie auch auf eine bis dahin nicht gekannte Weise für ihre eigene Macht. Welche Mittel wurden dabei eingesetzt?

**Medien und Propaganda** – Die Nationalsozialisten verstanden früh, welche Bedeutung moderne Massenmedien wie Rundfunk und Film hatten, um die öffentliche Meinung zu kontrollieren. Sie richteten daher ein eigenes **Ministerium für Volksaufklärung und Propaganda** ein. Unter dessen Leiter JOSEPH GOEBBELS wurde zielstrebig die Gleichschaltung der Presse und des Kulturbetriebes in Angriff genommen: Verbindliche Sprachregelungen gaben Inhalte und Form der Berichterstattung vor. Eine noch intensivere Verbreitung der staatlichen Propaganda wurde ab 1936 durch den massenhaften Vertrieb eines billigen Radios, des **Volksempfängers**, möglich. Das gemeinsame Anhören von „Führerreden" zu Hause, in Schulen, Betrieben und Parteigliederungen sollte die Volksgemeinschaft fördern. Begleitet wurde dies durch Massenveranstaltungen wie Aufmärsche und Fackelzüge, die als beeindruckende und einschüchternde Inszenierungen der „Bewegung" dienten. 🖉/2

**B 4** Nationalsozialistisches Plakat von 1936

**Q 3** Joseph Goebbels, März 1933:

1 Wir machen gar keinen Hehl daraus: Der Rundfunk gehört uns, niemandem sonst! Und den Rundfunk werden wir in den Dienst un-
5 serer Idee stellen, und keine andere Idee soll hier zu Worte kommen … Ich halte den Rundfunk für das allermodernste und für das allerwichtigste Massenbeeinflussungs-
10 instrument … Das ist das Geheimnis der Propaganda: denjenigen, den die Propaganda fassen will, ganz mit den Ideen der Propaganda durchtränken, ohne dass er …
15 merkt, dass er durchtränkt wird.

(In: Goebbels-Reden, Bd. 1, 1932–1939, zit. nach M. Broszat, Die Machtergreifung, München 1993, S. 90 f. Bearbeitet)

**Q 5** Victor Klemperer, Tagebucheintrag 10.5.1936:

1 Ich glaube… nicht…, dass [die Regierung] innerdeutsche Feinde hat. Die Mehrzahl des Volkes ist zufrieden … Alle sehen in [Hitler] den außenpolitischen Befreier, fürchten russische Zustände, wie ein Kind den schwarzen Mann
5 fürchtet, halten es, soweit sie nicht ehrlich berauscht sind, für … inopportun, sich um solcher Kleinigkeiten willen wie der Unterdrückung bürgerlicher Freiheiten, der Judenverfolgung, … der systematischen Zerstörung aller Sittlichkeit zu empören. Und alle haben Angst um ihr
10 Brot, ihr Leben, alle sind so entsetzlich feige.

(In: Victor Klemperer, Tagebücher 1935–1936, Berlin 1995, S. 94. Bearbeitet)

## ARBEITSAUFTRÄGE

1. Beschreibe, wie Hitler in Q 1 dargestellt wird. Untersuche mit Hilfe von B 5 auf S. 136 und B 3 auf S. 139, wie der Führermythos aufgebaut und zur Schau gestellt wurde.
2. Versetze dich in die Lage eines Teilnehmers der in B 2 dargestellten Totenehrung und schreibe einen Tagebucheintrag für den gleichen Abend. Beurteile die Wirkung, die solche Veranstaltungen erzielen sollten.
3. Zeige anhand von Q 3 und B 4, wie die Medien im „Dritten Reich" zu Propagandazwecken eingesetzt wurden.
4. Nennt die Ursachen, die nach Meinung des Tagebuchautors in Q 5 Zustimmung bewirkten. Diskutiert, inwieweit Verführung oder Angst daran beteiligt waren.

# 4. „Arbeitsschlacht" und Aufrüstung – NS-Wirtschaftspolitik

Bei Hitlers Machtantritt gab es in Deutschland über sechs Millionen Arbeitslose. Die Bewältigung dieses Problems wurde als Prüfstein für die neue Regierung angesehen. Wie würde sie die von ihr ausgerufene „Arbeitsschlacht" führen?

**Abbau der Arbeitslosigkeit** – Die Wende bei der Entwicklung der Arbeitslosigkeit hatte sich bereits 1932 angedeutet. Das Ausklingen der Weltwirtschaftskrise und **Arbeitsbeschaffungsprogramme** der vorigen Regierung führten Anfang 1933 zu einem leichten Aufschwung. Ohne eigenes wirtschaftspolitisches Konzept setzte die NS-Regierung den Kurs ihrer Vorgänger fort. Sie versuchte, durch umfangreiche staatliche Bauaufträge, beispielsweise für Autobahnen, Flugplätze und öffentliche Gebäude, neue Arbeitsplätze zu schaffen. Eine weitere Entlastung des Arbeitsmarktes wurde durch die Einführung eines halbjährigen „Arbeitsdienstes" für Jugendliche und die Wiedereinführung der allgemeinen **Wehrpflicht** 1935 erreicht.

Zahlreiche Arbeitsplätze wurden für zuvor arbeitslose Männer frei, weil Frauen in den ersten Jahren durch das Regime per Gesetz aus dem Arbeitsleben gedrängt wurden. Frauen sollten sich auf Familie, Haushalt und Kinder konzentrieren. So wurden die meisten Richterinnen, Anwältinnen, Schulleiterinnen und Lehrerinnen aus dem Staatsdienst entlassen. Der Staat inszenierte eine Kampagne gegen „Doppelverdiener". Demnach sollten verheiratete Frauen, deren Männer arbeiteten, selber nicht erwerbstätig sein dürfen. Doch dieser von den Nationalsozialisten propagierte **Mutter- und Hausfrauenkult** ließ sich nicht dauerhaft durchsetzen. Nicht nur die Rüstungsindustrie, die schon bald nach der Machtübernahme forciert wurde, war auf die billigeren weiblichen Arbeitskräfte angewiesen.

**Kriegsvorbereitung** – Entscheidend für die Verbesserung der Arbeitsmarktsituation war jedoch die massive **Aufrüstung**. Sie führte dazu, dass die Arbeitslosigkeit 1939 fast völlig beseitigt war und dass in einigen Bereichen sogar ein Arbeitskräftemangel entstand. In Sachsen, der „Werkstatt Deutschlands", stieg die Anzahl der Großbetriebe kontinuierlich. Aufträge der Wehrmacht für die Textilindustrie, die chemische, feinmechanische und die optische Industrie sowie für den Fahrzeugbau steigerten die Produktion und vergrößerten den Bedarf an Arbeitskräften. Zahlreiche Frauen wurden nun wieder in den Rüstungsbetrieben eingesetzt.

Mutterkreuz, für Mütter von vier und mehr Kindern

**Q1** Hitlers Denkschrift zum Vierjahresplan, 1936:

1 Die Wirtschaft [hat] ausschließlich [dem] Selbstbehauptungskampf unseres Volkes zu dienen … Es ist notwendig, die Friedensernährung und vor allem der Kriegsführung die Mittel zu sichern … Ich stelle damit folgende
5 Aufgabe: 1. Die deutsche Armee muss in 4 Jahren einsatzfähig sein. 2. Die deutsche Wirtschaft muss in 4 Jahren kriegsfähig sein.

(In: Geschichte in Quellen, Bd.5, München 1989, S. 320ff. Bearbeitet)

**T2** Finanzwirtschaft des Reiches in Mrd. Reichsmark

|  | 1933 | 1935 | 1937 | 1939 |
|---|---|---|---|---|
| Einnahmen | 6,8 | 9,3 | 13,4 | 23,1 |
| Ausgaben | 8,1 | 13,1 | 18,9 | 42,2 |
| Schulden | 11,7 | 14,6 | 25,4 | 42,6 |
| Geldumlauf | 3,6 | 4,3 | 5,3 | 11,0 |

(Nach: E. Aleff, Das 3. Reich, Hannover, S. 124; Charles Bettelheim, Die deutsche Wirtschaft unter dem Nationalsozialismus, München 1974, S. 292)

**T3** Öffentliche Investitionen in Mrd. Reichsmark

|  | 1928 | 1933 | 1935 | 1938 |
|---|---|---|---|---|
| Wehrmacht | 0,8 | 0,7 | 5,2 | 15,5 |
| Verkehr | 2,2 | 1,2 | 1,8 | 3,4 |
| Verwaltung | 1,8 | 0,8 | 1,4 | 1,2 |
| Wohnungsbau | 1,3 | 0,2 | 0,2 | 0,3 |

(Nach: R.Erbe, Die nationalsozialistische Wirtschaftspolitik im Lichte der modernen Theorie, Zürich 1958, S. 25)

**Der Mythos Autobahn** – Der Bau der Autobahnen wird auch heute noch häufig als Leistung der Nationalsozialisten bewundert. Obwohl schon in der Weimarer Zeit geplant, wurde die Autobahn nach 1933 als persönliche Idee Hitlers ausgegeben. Die NS-Propaganda erhob die „Straßen des Führers", die eigentlich nur eine Arbeitsbeschaffungsmaßnahme waren, zum Sinnbild der Modernität des Nationalsozialismus. Der Beschäftigungseffekt war mit etwa 100.000 Arbeitskräften jedoch nicht sehr hoch. Trotz ihres damals zweifelhaften Nutzens – nicht zuletzt auch angesichts der noch geringen Motorisierung der Bevölkerung – hat die nationalsozialistische Propaganda eine Legende geschaffen, die bis in die Gegenwart Bestand hat.

Sinkende Arbeitslosenzahlen und außenpolitische Erfolge wie beispielsweise die Angliederung des Saarlands 1935 vermittelten den Menschen in den ersten Jahren der nationalsozialistischen Herrschaft den Eindruck einer gesundenden Wirtschaft. Um welchen Preis wurde sie erkauft?

**Kriegswirtschaft im Frieden** – Die Rüstungsprojekte verschlangen riesige Summen. Um von Auslandsimporten unabhängig zu werden, betrieb das Regime ohne Rücksicht auf Wirtschaftlichkeit die Produktion spezieller synthetischer Stoffe, wenn sie militärtechnisch von Bedeutung waren. Beispielsweise entwickelte die Firma Buna in Sachsen Kunstgummi. Auch deutsche Erzlager wurden erschlossen. Zur Finanzierung musste der Staat immer mehr **Schulden** machen. Schon bald schien es nur noch eine Alternative zu geben: Staatsbankrott oder Krieg.

Da die riesigen Defizite sorgsam verschleiert wurden, blieben der Bevölkerung die Kosten des Aufschwungs und die Folgen für den Staatshaushalt verborgen. Sie erwartete nach den Jahren der Armut eine Verbesserung ihrer Lage. Die Nationalsozialisten fixierten jedoch die Löhne auf dem niedrigen Stand der Wirtschaftskrise und führten wegen des Mangels an Konsumgütern eine Preiskontrolle ein. 1938 wurde der Bezug von Fett rationiert, eine Maßnahme, die mit der Parole „**Kanonen statt Butter**" begründet wurde. Die deutsche Wirtschaft nahm immer mehr die Formen einer **Kriegswirtschaft** an.

Militärfahrzeuge, die die Automobilfirma Horch in Zwickau für die Wehrmacht produzierte

**B 4** Propagandaplakat der Nationalsozialisten zum Autobahnbau, 1933

Q 5 „Reichstreuhänder der Arbeit", 1938:

1 Das Missverhältnis zwischen Arbeitskräften und Aufträgen hat … zu erheblichen Verlängerungen der Arbeitszeit geführt … Wöchentliche Arbeitszeiten von 58–65 Stunden sind kaum noch Ausnahmeerscheinungen …

5 Die Krankheitsziffer ist erheblich gestiegen …

(In: T. Mason, Arbeiterklasse und Volksgemeinschaft, Dokumente und Materialien zur deutschen Arbeiterpolitik 1936–1939, Opladen 1975, Dok. Nr. 147. Bearbeitet)

## ARBEITSAUFTRÄGE

1. Nenne die Aufgabe, die Hitler in Q 1 der Wirtschaft zuweist. Welcher Rückschluss auf seine Politik lässt sich daraus ziehen?
2. Analysiere die Angaben in T 2, T 3 und Q 5. Erläutere, wo Investitionen erfolgten und welche Auswirkungen sie für das Leben der Menschen und für die Finanzen des Staates hatten.
3. Beschreibe das Plakat B 4 und beurteile seine propagandistische Wirkung.

# 5. Leben unterm Hakenkreuz

Die Nationalsozialisten organisierten und kontrollierten auch das tägliche Leben der Menschen. Sie wussten, dass sie dadurch ihre politische Macht festigen und Widerstand bereits im Keim ersticken konnten. Wie konnte ein ganzes Volk beeinflusst und überwacht werden?

**Erfassung der „Volksgemeinschaft"** – Die neuen Machthaber drangen bis in das Alltagsleben der Bevölkerung ein. Eine wichtige Maßnahme zur Kontrolle war die „**Erfassung**" möglichst jedes „Volksgenossen" in einer nationalsozialistischen Organisation. Die Mitarbeit in den Gliederungen der NSDAP band die Menschen an das Regime, vermittelte ihnen aber auch ein Zugehörigkeitsgefühl. Vielen ermöglichte diese Mitgliedschaft sogar einen sozialen Aufstieg; beispielsweise dem „Blockwart", der in SA-Uniform die Bewohner eines Häuserblocks überwachen sollte und so Macht und Einfluss erhielt.

Das gesamte öffentliche Leben wurde durch zahlreiche **Umzüge, Sammlungen und Feiern** geprägt. Der Druck, sich daran zu beteiligen, zielte wie die Einfüh-rung des **Hitler-Grußes** darauf ab, jedem Einzelnen immer wieder ein öffentliches Bekenntnis zum NS-Staat abzuverlangen. Auch die Freizeit wurde kontrolliert. Vereine wurden entweder unter den Einfluss der Nationalsozialisten gebracht oder aufgelöst. Die populäre Organisation „**Kraft durch Freude" (KdF)** sorgte für billige Urlaubsfahrten der „Volksgenossen".  /3

Werbeplakat
für eine KdF-Reise

**Q2** Hitler zur Rolle der Frau, 1934:

1  Wenn man sagt, die Welt des Mannes ist der Staat, die Welt des Mannes ist sein Ringen, die Ein-

5  satzbereitschaft für die Gemein-schaft, so könnte man vielleicht sagen, dass die Welt der Frau eine kleinere sei. Denn ihre Welt ist der Mann, ihre Familie, ihre Kinder und ihr Haus … Was der Mann

10  einsetzt an Heldentum auf dem Schlachtfeld, setzt die Frau ein in ewig geduldiger Hingabe, in ewig geduldetem Leid und Ertragen.

(In: M. Domarus, Hitler, Reden und Proklamationen, Bd.1, Würzburg 1962, S. 450. Bearbeitet)

NS-Lehrer-bund

NS-Juristen-bund

Abzeichen von berufsständischen NS-Organisationen

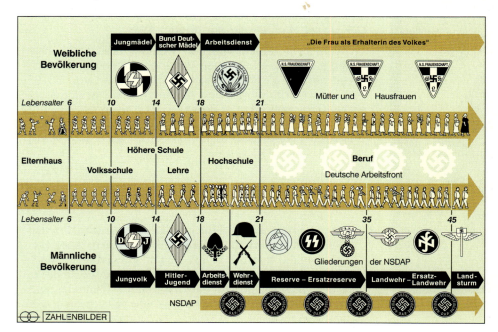

**B1** Lebenslauf des idealen „Volksgenossen"

Nicht alle Menschen waren bereit, sich den Anforderungen der „Volksgemeinschaft" unterzuordnen. Andere wurden bewusst ausgegrenzt. Mit welchen Folgen musste man bei Verweigerung oder staatlicher Ausgrenzung rechnen?

**Ausgrenzung von „Volksschädlingen"** – Menschen, die sich dem Anpassungsdruck widersetzten oder nicht zur Volksgemeinschaft gehören durften, wurden als **„gemeinschaftsfremd"** ausgegrenzt. Dies hatte meist den Verlust des Arbeitsplatzes, Berufsverbot und Verweigerung von staatlichen Sozialleistungen wie Arbeitslosengeld zur Folge. Wer als Gegner der Nationalsozialisten verdächtigt wurde, konnte willkürlich in **„Schutzhaft"** genommen und in ein **„Konzentrationslager"** (KZ) eingewiesen werden. Dies betraf neben den politischen Gegnern vor allem rassisch verfolgte Juden, die Sinti und Roma, so genannte „Asoziale", kritische Geistliche, Jehovas Zeugen sowie Homosexuelle. Im KZ waren diese Menschen den Misshandlungen durch spezielle SS-Totenkopfverbände schutzlos ausgeliefert. 🔗/4

Mit der **„Geheimen Staatspolizei"** (**Gestapo**) schuf das Regime ein Überwachungsorgan, das sich mit dem Mythos der Allgegenwart und Allwissenheit umgab. Tatsächlich beruhten die „Erfolge" der Gestapo oft auf Denunziation. So entstand ein alle Bereiche des Lebens durchdringendes Klima der Einschüchterung, der Verunsicherung und des Misstrauens.

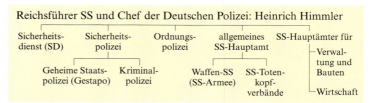

**D 4** Organisation der SS (ursprünglich: persönliche Schutz-Staffel Hitlers)

**Q 5** Ein Vorfall in Sachsen, 1935

1 [Ein Arbeiter] ist Vater von 6 Kindern und gehörte früher den Bibelforschern [Jehovas Zeugen] an. Obgleich diese Sekte verboten ist, hält der Arbeiter im Geheimen noch immer zu seinem Glauben. Er trat keiner Naziorganisa-
5 tion bei, auch wurde er nicht Mitglied der Arbeitsfront … Bei einer Betriebsfeier, bei der das Horst-Wessel-Lied [nationalsozialistisches Kampflied] gesungen wurde, hob dieser Arbeiter nicht den rechten Arm zum Deutschen Gruß. Er wurde darauf denunziert und aus dem Betrieb
10 geworfen. Jetzt ist er wegen Verweigerung des Deutschen Grußes zu vier Wochen Gefängnis verurteilt worden. Unter den Arbeitern … wird der Vorfall sehr viel besprochen.

(In: Th. Berger, Lebenssituationen unter der Herrschaft des Nationalsozialismus, Landeszentrale für politische Bildung [Hg.], Hannover 1981, S. 106 f. Bearbeitet)

**Q 3** Eintopfsonntag, Göttinger Tageblatt vom 4./5.11.1933:

1 Der Sonntag ist der zweite Sonntag des Eintopfgerichtes. Es gibt keinen Zweifel darüber, dass das Volk seinen Führer verstanden
5 hat. Das Geheimnis der nationalsozialistischen Weltanschauung beruht in der Forderung, dass Gemeinnutz vor Eigennutz geht. Die Erfüllung dieser Forderung ist
10 auch die vom Führer geforderte Gefolgschaftstreue. SS-Männer werden die durch das Eintopfgericht ersparten Beträge in allen Haushaltungen einkassieren. Bei
15 der Straßensammlung werden Ansteckblumen – Narzissen – als Ausweis abgegeben. Am Sonntag darf kein Göttinger ohne diese Ansteckblume angetroffen werden!

(In: Göttinger Tageblatt, 4./5. 11. 1933. Bearbeitet)

## ARBEITSAUFTRÄGE

1. Beschreibe mit B 1 den Lebenslauf des idealen „Volksgenossen". Erläutere das Ziel der „Erfassung".
2. Erläutere mit B 1 und Q 2 die Rolle der Frau im NS-Staat.
3. Untersuche anhand des Plakats der Freizeitorganisation KdF und mit Q 3 die Absichten, die mit solchen Einrichtungen und Sonntagsveranstaltungen verbunden waren.
4. Bereite ein Referat vor über die einzelnen SS-Unterorganisationen von D 4. Lies dazu in einem Buch aus der Bibliothek nach.
5. Nennt das „Vergehen" und die Bestrafung des Arbeiters in Q 5. Spielt ein Streitgespräch seiner Arbeitskollegen über den Vorfall mit unterschiedlichen Positionen. Benennt aktuelle Situationen, die einen festen Stand gegen Gruppenzwang, politischen Druck oder gesellschaftliche Vorurteile erfordern.

# 6. Jugend im Gleichschritt

Wie alle totalitären Regimes unternahm auch der NS-Staat große Anstrengungen, schon die Jugend in seinem Sinne zu erziehen. Mit welchen Mitteln versuchten die Nationalsozialisten, die Jugend für sich zu gewinnen?

**Drill in der Hitler-Jugend** – Die NS-Jugendorganisation übte auf viele Jungen und Mädchen einen großen Reiz aus. Sie suchten in der **Hitlerjugend** (HJ) und im **Bund Deutscher Mädel** (BDM) Kameradschaft und Abenteuer. Die Organisation gab ihnen in den Anfangsjahren das Gefühl, beim „Aufbruch in eine neue Zeit" mithelfen zu können, und nutzte so die Begeisterungsfähigkeit und den Idealismus der jungen Menschen aus. Doch statt eigenständigen individuellen Denkens wurden **Gefolgschaftstreue** und blinder **Gehorsam** gefördert. Die Möglichkeit, bereits als Kinder und Jugendliche selbst „führen" zu dürfen und von nur wenig Älteren „geführt" zu werden, bedeutete die Gelegenheit, aus der Welt der Eltern und der Erwachsenen auszubrechen. Allein mit den Freunden auf „Fahrt" ins Zeltlager zu gehen, sich bei Geländespielen auszutoben und am Lagerfeuer gemeinsam zu singen vermittelte ein Gefühl von Freiheit und Gemeinschaft. Nicht nur die Ämter, auch die Uniformen von HJ und BDM zogen viele Jugendliche an.

Typische Uniformen von HJ und BDM

**B1** Gymnastik im BDM

**B2** Schießübungen in der HJ

**Q3** Fahnenlied der HJ:

1 Unsre Fahne flattert uns voran,
in die Zukunft ziehn wir Mann für Mann.
Wir marschieren für Hitler durch Nacht und Not,
mit der Fahne der Jugend für Freiheit und Brot.
5 Unsre Fahne flattert uns voran,
Unsre Fahne ist die neue Zeit.
Und die Fahne führt uns in die Ewigkeit.
Ja, die Fahne ist mehr als der Tod!

(In: H. Boberach, Jugend unter Hitler, Düsseldorf 1982, S. 26)

**Q4** Karl-Heinz Janßen (Jahrgang 1930) erinnert sich:

1 Wir waren Hitlerjungen, Kindersoldaten, längst ehe wir mit zehn Jahren für wert befunden wurden, das Braunhemd [der HJ-Organisation] zu tragen ... In unserem Fähnlein bestanden die Jungvolk-Stunden fast nur aus ...
5 sturem militärischem Drill. Auch wenn Sport oder Schießen oder Singen auf dem Plan standen, gab es erst immer ... endloses Exerzieren mit „Stillgestanden!", „Rührt euch!"... Mit dreizehn hatte ich es geschafft, ich war „Jungzugführer" in einem Dörflein ... Wenn ich zum
10 Dienstschluss mein dreifaches „Sieg Heil!" auf unseren geliebten Führer Adolf Hitler ausrief, strahlten die Augen.

(In: H. Glaser, A. Silenius [Hg.], Jugend im Dritten Reich, Frankfurt/ M. 1975, S. 88 f. Bearbeitet)

Nach der Auflösung anderer Jugendorganisationen wurde die HJ 1936 **Staatsjugend**. Seit 1939 war die Mitgliedschaft Pflicht. Der HJ-„Dienst" wurde nun immer stärker reglementiert. Nicht mehr Lagerfeuerromantik, sondern **Wehrertüchtigung**, Marschkolonnen und endlose Appelle bestimmten den Alltag. Jede Woche wurde zur ideologischen Schulung ein „Heimabend" veranstaltet. So sollte eine unkritische, dienende Jugend herangebildet werden. Der zunehmende militärische Drill führte jedoch bei manchen Jugendlichen auch dazu, die HJ abzulehnen. Sie empfanden den „Dienst" als lästige Pflicht oder als Fremdbestimmung, der sie sich zu entziehen suchten. Doch nach Auffassung des NS-Staates sollte die Hitler-Jugend die Erziehung nahezu vollständig übernehmen. Welche Auswirkungen hatte dies auf das Verhältnis zwischen Eltern und Kindern, Lehrern und Schülern?

**Elternhaus und Schule** – Nicht alle Eltern waren bereit, die Erziehung der Partei zu überlassen. Während es manchen nicht gefiel, dass das Wort des „Fähnleinführers" mehr galt als ihr eigenes, fürchteten andere, der HJ-„Dienst" wirke sich negativ auf die Schulleistungen aus. Andere wollten ihre Kinder vor den aggressiven Parolen und der brutalisierenden Wehrerziehung schützen. Doch wenn das Jugendamt eine „staatsfeindliche Erziehung" feststellte, konnte den Eltern das Sorgerecht entzogen und die Kinder in Heimen oder bei politisch „zuverlässigen" Familien untergebracht werden.

Auch die **Schulen** sollten gleichgeschaltet werden. Oppositionelle Lehrer wurden entfernt. Hitler-Gruß und Flaggenappelle gehörten bald zum Schulalltag. Neue Unterrichtsinhalte sollten den Schülern vor allem die **Rassenlehre der Nationalsozialisten** einschärfen. Samstags, am Staatsjugendtag, bekamen HJ-Mitglieder für ihren „Dienst" schulfrei, während die Übrigen politischen Nachhilfeunterricht erdulden mussten.

SS-Werbepostkarte

---

**Q6** Erich Dressler, geb. 1924, erinnert sich an das Jahr 1934

1 Gab uns unser Lateinlehrer einen endlosen Abschnitt aus Cäsar auf, so übersetzten wir einfach nicht und entschuldigten uns damit, dass wir am Nachmittag Dienst in der HJ gehabt hätten. Einmal nahm einer von den alten
5 Knackern allen Mut zusammen und protestierte dagegen. Das wurde sofort dem Gruppenführer gemeldet, der zum Rektor ging und dafür sorgte, dass dieser Lehrer entlassen wurde. Der Gruppenführer war erst sechzehn, aber als Hitler-Jugendführer konnte er nicht dulden, dass wir
10 an der Ausübung unseres Dienstes, der wichtiger als unsere Schulaufgaben war, gehindert wurden.

(In: L. Hagen, Geschäft ist Geschäft, Hamburg 1969, S. 77. Bearbeitet)

---

**Q7** Aus einem Mathematik-Handbuch für Lehrer, 1935:

1 Aufgabe 97: Ein Geisteskranker kostet täglich etwa 4 RM ... In vielen Fällen hat ein ... Angestellter kaum 3,50 RM pro Kopf der Familie ... Nach vorsichtigen Schätzungen sind in Deutschland 300.000 Geisteskranke ... in An-
5 staltspflege. Was kosten diese jährlich insgesamt bei einem Satz von 4 RM?

(In: H. Focke, U. Reimer, Alltag unterm Hakenkreuz 1, Reinbek 1979, S. 89 f. Bearb.)

---

**Q5** Ulrich von Hassel, 1939:

1 Sperr erzählte, dass kürzlich bei einem Besuch einige Leute versammelt gewesen seien und sich kritisch unterhalten hätten. Plötzlich
5 Anruf der Gestapo: Man warne vor der Fortsetzung dieses Gesprächs. Ursprung dieses Anrufs: die eigene Tochter hatte an der Tür gelauscht und die Gestapo unterrichtet.

(In: H. Boberach, Jugend unter Hitler, Düsseldorf 1982, S. 68. Bearbeitet)

---

## ARBEITSAUFTRÄGE

1. Beschreibe mit Hilfe von B1 auf S.144 den Werdegang von Jungen und Mädchen im NS-Staat. Analysiert mit B1, B2 und Q3, wie sie in HJ und BDM auf ihre Rolle vorbereitet wurden.
2. Schildert mit Hilfe von Q4 den HJ-Alltag und überlegt, warum so viele eingetreten sind. Befragt ältere Menschen über ihre Erfahrungen. Was begeisterte sie, was stieß sie ab? Überlegt, ob ihr selber (gern, ungern, gar nicht) mitgemacht hättet.
3. Diskutiert anhand von Q5 und Q6 die Motive, die Kinder dazu brachten zu denunzieren, und beurteilt die Folgen für die Menschen sowie für das gemeinsame Leben in der Familie.
4. Zeige mit Q7 den Einfluss der NS-Ideologie auf den Unterricht.

# 7. „Entartete" und „deutsche" Kunst

Die Nationalsozialisten hatten verstanden, dass Literatur, Malerei, Theater, Musik und Film einen großen Einfluss auf die Menschen ausüben. Sie brachten daher auch alle Bereiche des kulturellen Lebens unter ihre Kontrolle. Welchem Zweck sollte die neue nationalsozialistische „deutsche Kunst" dienen?

**„Säuberung" des Geisteslebens** – Kunst, die dem Verständnis des NS-Regimes zuwiderlief, wurde „ausgemerzt". Schon im April 1933 wurden schwarze Listen derjenigen Schriftsteller veröffentlicht, deren Literatur „zersetzend" sei und aus Bibliotheken zu entfernen war. Das betraf bedeutende Autoren, Dichter und Wissenschaftler wie Albert Einstein, Thomas und Heinrich Mann, Anna Seghers, Kurt Tucholsky, Stefan Zweig. Ihre Bücher wurden am 10.5.1933 überall in Deutschland in einer „Aktion wider den undeutschen Geist" verbrannt. Die Autoren wurden verfolgt, vielen wurde die deutsche Staatsangehörigkeit aberkannt. **🔌/5**

**Q1** „Flammensprüche" bei der Bücherverbrennung, Berlin 10.5.1933:

1 Gegen Dekadenz und moralischen Verfall! Für Zucht und Sitte in Familie und Staat! Ich übergebe der Flamme die Schriften von
5 Heinrich Mann, Ernst Gläser und Erich Kästner.
Gegen literarischen Verrat am Soldaten des Weltkrieges! Für Erziehung des Volkes im Geist der
10 Wehrhaftigkeit! Ich übergebe der Flamme die Schriften von Erich Maria Remarque.
Gegen Frechheit und Anmaßung! Für Achtung und Ehrfurcht vor
15 dem unsterblichen deutschen Volksgeist! Verschlinge, Flamme, auch die Schriften der Tucholsky und Ossietzky.

(In: H. Huber [Hg.], Das Dritte Reich, Bd.1, München 1964, S. 187 f.)

**„Entartete" Kunst** – Der NS-Staat lehnte die moderne Kunst des 20. Jahrhunderts als „entartet" ab, weil diese Werke „das deutsche Gefühl beleidigen oder die natürliche Form zerstören". 1937 wurden in deutschen Museen über 16.000 Werke moderner Kunst beschlagnahmt. Hunderte wurden ins Ausland verkauft, viele andere verbrannt. Über 650 dieser Gemälde, Grafiken und Skulpturen stellte die in vielen deutschen Städten gezeigte Ausstellung „Entartete Kunst" von 1937 zur Schau. Die Exponate wurden mit Zeichnungen geistig Behinderter und Fotos verkrüppelter Menschen kombiniert, um sie als „krank" und „undeutsch" abzustempeln.

**„Deutsche" Kunst** – Die Ästhetik der Nationalsozialisten ging Hand in Hand mit ihrer Ideologie. Die Kunst sollte leicht verständlich sein und sich auf die Wurzeln des „Volkes", „Blut und Boden", beziehen. Dem Bauerntum galt dabei besondere Aufmerksamkeit. Die Künstler hatten sich am „gesunden Volksempfinden" und am Idealbild des nordischen, wehrhaften Volkshelden zu orientieren. Wie alle totalitären Systeme wurde auch das NS-Regime von einer **Sucht nach Selbstdarstellung** beherrscht. Besondere Bedeutung wurde daher der **Architektur**

Für das Titelblatt des Ausstellungsführers „Entartete Kunst" von 1937 nutzten die Nazis eine Skulptur von Otto Freundlich

**B3** „Kameradschaft" von Josef Thorak, vor 1937 entstanden, Gips

**B2** Paul Gauguin, „Piroga, tahitianische Familie", Gemälde 1896

beigemessen. Gigantische Bauprojekte sollten die Größe der „neuen Zeit" repräsentieren. So war geplant, Berlin mit Monumentalbauten zur „Welthauptstadt Germania" umzugestalten.

**B 4** R.H. Eisenmeyer, „Heimkehr der Ostmark", Wandgemälde, ca. 1938

**B 6** Otto Dix, Kriegskrüppel, 1920. Das ursprüngliche Gemälde wurde von den Nationalsozialisten 1939 zerstört.

**B 7** A. Speers Entwurf einer „Volkshalle" in Berlin: Höhe 290 m, für 180.000 Personen. Zum Vergleich: Reichstag und Brandenburger Tor

**Q 5**  Adolf Hitler über Kunst, 1937:

1 Das nationalsozialistische Deutschland aber will wieder eine „deutsche Kunst" und diese soll und wird wie alle schöpferischen Wer-
5 te eines Volkes eine ewige sein. … [Der] Menschentyp, den wir erst im vergangenen Jahr in den Olympischen Spielen in seiner strahlenden stolzen, körperlichen Kraft
10 und Gesundheit vor der ganzen Welt in Erscheinung treten sahen, dieser Menschentyp, meine Herren …, ist der Typ der neuen Zeit, und was fabrizieren Sie? … Krüp-
15 pel und Kretins, Frauen, die nur Abscheu erregend wirken können, Männer, die Tieren näher sind als Menschen, Kinder, die … geradezu als Fluch Gottes empfunden
20 werden müssten!

(In: Völkischer Beobachter, 19.7.1937. Bearbeitet)

## ARBEITSAUFTRÄGE

1. Nenne anhand von Q 1 die Motive der Nationalsozialisten für die Bücherverbrennung und beurteile sie. Unter den Beobachtern war E. Kästner. Überlege, was er empfunden haben muss.
2. Erkläre mit Q 5, was Hitler unter Kunst verstand. Beschreibt, wie er Kunst darstellt, die seinem Ideal nicht entspricht. Diskutiert, ob es „deutsche" Kunst gibt.
3. Vergleiche B 2 und B 6 mit B 3, B 4 und B 7. Erläutere daran die Merkmale „entarteter" und die der „deutschen" Kunst.
4. Vergleiche die geplante „Volkshalle" in B 7 mit den anderen Bauwerken. Beurteile den Zweck, dem sie dienen sollte.

# 8. Früher Widerstand und Emigration

Trotz seines großen Rückhalts in der Bevölkerung hatte das NS-Regime auch Gegner. Nicht jeder, der Hitler und die Nationalsozialisten ablehnte, war deshalb schon ein aktiver Widerstandskämpfer. Und auch Widerstand konnte unterschiedliche, große und kleine Formen annehmen. Welche Möglichkeiten gab es im Dritten Reich, Widerstand zu leisten?

**Formen des Widerstands** – Im weitesten Sinn umfasste „Widerstand" jede Haltung, die sich gegen die NS-Ideologie richtete. Dazu zählte auch, wer sich vom Gleichschaltungsdruck nicht überwältigen ließ und seine politische oder weltanschauliche Überzeugung bewahrte. Dies konnte sich in **unangepasstem Verhalten** wie der Vermeidung des Hitler-Grußes ausdrücken oder in einer freundlichen Geste gegenüber Verfolgten. Eine solche Verweigerung und Selbstbehauptung bedeutete meist keinen gefährlichen persönlichen Einsatz, war aber Zeichen der gegenseitigen Ermutigung. Als **aktiver Widerstand** im engeren Sinne gilt dagegen der Versuch, dem NS-Regime entgegenzutreten, um es zu stürzen.

**Organisierter Widerstand** – In der Zeit des Nationalsozialismus gab es keine einheitliche Widerstandsbewegung, sondern ein Nebeneinander vieler kleiner Gruppen mit sehr unterschiedlichen Widerstandsmotiven. Innerhalb der **Arbeiterbewegung** gab es von Anfang an aktiven Widerstand. Kommunisten, Sozialdemokraten und Gewerkschafter führten einen lebensgefährlichen Kampf mit **Flugblättern, Plakaten** sowie **Agitation** und **Sabotage** in den Betrieben. Zu einer Zusammenarbeit sozialdemokratischer und kommunistischer Gruppen kam es jedoch kaum. Die meisten dieser Widerstandsgruppen konnte die Gestapo bis 1938 zerschlagen.

Die **Kirchen** standen dem NS-Staat nicht grundsätzlich ablehnend gegenüber; bereits im Juli 1933 schloss der Vatikan einen Staatsvertrag (**Konkordat**) mit der NS-Regierung. Auch viele gläubige Katholiken und Protestanten hatten die NSDAP gewählt oder arrangierten sich allmählich mit dem Regime. Zum Widerspruch kam es nur da, wo der Staat die kirchliche Unabhängigkeit antasten wollte. Als beispielsweise die „Deutschen Christen" versuchten, eine nationalsozia-

**Q1** Barmer Erklärung der „Bekennenden Kirche", 31.5.34:

1 Wir verwerfen die falsche Lehre, als solle und könne der Staat die einzige und totale Ordnung menschlichen Lebens werden und
5 also auch die Bestimmung der Kirche erfüllen, als könne die Kirche das Wort und Werk des Herrn in den Dienst irgendwelcher eigenmächtig gewählter Wünsche,
10 Zwecke und Pläne stellen.

(In: Geschichte in Quellen, Bd. 5, München 1989, S. 328. Bearbeitet)

Eine Predigt des Bischofs von Münster und sein Briefwechsel mit einem Reichsminister

## Anklage gegen Gestapo

CLEMENS AUGUST GRAF VON GALEN, Bischof von Münster, wurde am 16. März 1878 in Dinklage in Oldenburg geboren. Seine Familie ist seit Jahrhunderten in Westfalen ansässig.
Er wurde 1904 zum Priester geweiht und am 5. September 1933 zum Bischof von Münster ernannt. Am 15. Oktober 1934 veröffentlichte er eine wissenschaftliche Widerlegung der Unwahrheiten des Rosenbergschen „Mythos des 20. Jahrhunderts".
Am 9. Februar 1936 protestierte der Bischof in einer Rede in Xanten gegen die wiederholten Verletzungen des Reichskonkordats. Diesen Protest erneuerte er im Sommer des Jahres 1937 und 1938. Am 29. November und am 21. Oktober 1938 griff er die nationalsozialistischen Erziehungsmethoden scharf an. Am 31. Juli 1938 wandte er sich in einem Hirtenbrief gegen die

Ausweisung seines Vertreters im Lande Oldenburg aus Vechta.
Am Montag, den 8. Juli 1936, bereitete ihm die Bevölkerung Münsters bei der alljährlichen grossen Prozession eine begeisterte Ovation. Trotz polizeilicher Absperrmassnahmen wiederholten sich diese Kundgebungen an verschiedenen Orten der Diözese. Besonders eindrucksvoll war die Demonstration in Sterkrade am 8. November 1938.
Am 13. Juli dieses Jahres, nach der Beschlagnahme der Ordenshäuser in Münster, hielt der Bischof in der Kirche von St. Lambert eine Predigt, in der er gegen die Willkür und die Schreckensherrschaft der Gestapo Anklage erhob. Einen Auszug aus dieser Predigt und den sich daran anschliessenden Briefwechsel des Bischofs mit dem Reichsminister Dr. Lammers auf Seite 4.

MARTIN NIEMÖLLER, 1892–1984. Ev. Theologe, 1933 Mitbegründer des „Pfarrernotbundes" (später „Bekennende Kirche"), protestierte gegen die Ausgrenzung von Juden; forderte die Auflösung von KZs und Gestapo; 1937–1945 im KZ inhaftiert

CLEMENS AUGUST GRAF VON GALEN, 1878–1946. Seit 1933 Bischof von Münster; trat nachdrücklich gegen die Rassenpolitik der Nationalsozialisten auf, insbesondere seit 1939 gegen die Ermordung Behinderter und Geisteskranker

**B2** Die Predigten des Bischofs von Münster, August von Galen, wurden durch anonyme Flugblätter verbreitet, Sommer 1938

listische evangelische Reichskirche zu schaffen, bildete sich als Gegenbewegung die „**Bekennende Kirche**". Sie protestierte 1934 mit der Barmer Erklärung gegen die staatliche Vereinnahmung. Aber nur einzelne Geistliche beider Kirchen predigten aus christlicher Überzeugung öffentlich gegen das von Nationalsozialisten begangene Unrecht. Widerstand leisteten auch die Mitglieder der Glaubensgemeinschaft Jehovas Zeugen. Ihre Anhänger verweigerten jede Anpassung und lehnten auch den Wehrdienst ab. Von den Nationalsozialisten wurden sie grausam verfolgt, viele wurden ermordet.

Obwohl **Militär und Bürokratie** in hohem Maße mit der Politik des NS-Regimes übereinstimmten, formierte sich gegen Ende der dreißiger Jahre ein kleiner Kreis hochrangiger ziviler und militärischer Fachleute um den Generalstabschef des Heeres LUDWIG BECK, die gegen den drohenden Krieg Widerstand leisten wollten. Pläne für einen Militärputsch wurden jedoch angesichts der außenpolitischen Erfolge Hitlers 1936–1938 aufgegeben.

Auch **Jugendliche** bildeten oppositionelle Gruppen, deren Organisationsweise von der Freundesclique über die lockere Wandergruppe bis hin zu einem über viele Städte gespannten illegalen Netz reichte. In Berlin formierte sich um HERBERT BAUM eine Widerstandsgruppe junger

Juden, die mit Schriften und Flugblättern gegen die Unterdrückung der Juden kämpfte. Sie wurde 1942 von der Gestapo zerschlagen, viele ihrer Mitglieder ermordet, die anderen in KZs inhaftiert. Andere geheime Jugendgruppen, meist aus der Arbeiterschaft, suchten die Auseinandersetzung mit der HJ, zerstörten Nazi-Plakate, überfielen NSDAP-Mitglieder oder hörten verbotene Auslandssender, um die Informationen weitergeben zu können. Im Rheinland nannten sich diese Gruppen „**Edelweißpiraten**", in Leipzig und Dresden „**Meuten**", in Erfurt „**Mobs**", in Halle „**Proletengefolgschaften**". 🖥/6

**Q4** G. König (geb. 1915) erinnert sich an seine Jugend in Berlin:

1 Ich gehörte bis zum Verbot zu den „Roten Pfadfindern". Wenn man bei unseren Aktivitäten von Widerstand sprechen kann, bestand er
5 darin, keiner NS-Organisation anzugehören und möglichst viele Jugendliche dem NS-Einfluss zu entziehen. Diese Ziele bemühten wir uns durch Fahrten und Treffen zu
10 verwirklichen. Am 9.1.1937 nahm man mich fest. Von der Aktion waren im Raum Berlin-Brandenburg etwa 200 Menschen betroffen ...

(In: Gedenkstätte Deutscher Widerstand, Widerstand in Kreuzberg, Berlin 1996, S.166. Bearbeitet)

GEORG ELSER, 1903–1945, im KZ ermordet. Verübte am 8.11.1939 ein Bombenattentat auf Hitler

Illegales Flugblatt aus der Arbeiterbewegung, um 1934

**Q3** Georg Elser zu seinem Attentatsversuch auf Hitler am 8.11.1939:

1 Ich stellte allein die Betrachtungen an, wie man die Verhältnisse der Arbeiterschaft bessern und einen Krieg vermeiden könnte ... Wenn
5 ich gefragt werde, ob ich die von mir begangene Tat als Sünde im Sinne der protestantischen Lehre betrachte, so möchte ich sagen: im tieferen Sinne nein! ... Ich wollte ja
10 durch meine Tat ein noch größeres Blutvergießen verhindern.

(In: Informationen zur politischen Bildung 243, Bonn 1994, S. 24. Bearbeitet)

**B5** Gewerkschaftlich orientierte Jugendliche im Taunus, Winter 1934

**Widerstand in der Emigration** – Eine halbe Million Menschen flüchtete bis 1939 aus dem „Dritten Reich". Etwa 260000 davon waren deutsche Juden. Unter den Flüchtlingen waren viele politische Gegner des NS-Regimes sowie Künstler, Wissenschaftler, Schriftsteller und andere Intellektuelle. Die **Emigranten** flohen zunächst in europäische Länder, später auch nach Palästina und in die USA. Viele von ihnen leisteten aus dem Ausland heraus Widerstand gegen die NS-Diktatur.

**Q6** Victor Klemperer, Tagebuch, 27.11.1938:

1 Uns beide [peinigt] unablässig die Frage: Gehen oder bleiben? Zu früh gehen, zu lange bleiben? Ins Nichts gehen, im Verderben blei-
5 ben? Wir bemühen uns immerfort, alle … Gefühle des Ekels, des verletzten Stolzes … auszuscheiden und nur die Konkreta der Situation abzuwägen.

(In: V. Klemperer, Tagebücher 1937–1939, Berlin 1995, S. 112. Bearbeitet)

**Q7** Aus dem Tagebuch von Thomas Mann, emigriert in die USA:

1 23.2.1940: Keine Aussicht auf eine Erhebung in Deutschland in der gegenwärtigen Phase des Krieges. 25.5.1940: Gestern sehr schwerer
5 Tag, tiefer Gram über die Hoffnungslosigkeit der Kriegslage. 10.7.1940: Eindruck, dass der Krieg sich zu einem lang dauernden Prozess entwickelt, der welt-
10 weiten Umfang annehmen wird. Italien wird ihn nicht bestehen. Und Deutschland? 21.4.1941: Briefe bestätigen, dass meine Sendungen nach Deutsch-
15 land sehr bekannt sind [und] dass Hitler mich in seinen Reden dafür beschimpft haben soll.

(In: P. de Mendelssohn [Hg.], Thomas Mann, Tagebücher 1940–1943, Frankfurt/M. 1982, S. 81,115, 256, 275. Bearbeitet)

Die politischen Emigranten versuchten, illegale Widerstandsgruppen in Deutschland vom Ausland her zu unterstützen und zu steuern. Die geflohenen Künstler und Schriftsteller nahmen vor allem den **publizistischen Kampf** gegen die NS-Diktatur auf. Sie gaben über 400 Zeitschriften heraus, veröffentlichten Erlebnisberichte Verfolgter, hielten Vorträge und nutzten den Rundfunk, um die Welt über den verbrecherischen Charakter des Nationalsozialismus aufzuklären. Da sich unter ihnen sehr bedeutende Persönlichkeiten befanden, waren ihre Aktivitäten sowohl im Ausland als auch in Deutschland selbst wirkungsvoll.

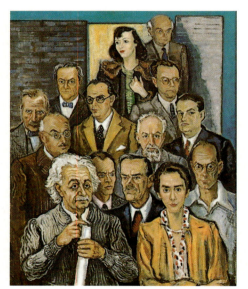

WILLY BRANDT, 1913–1992; SPD-Politiker, Bundeskanzler von 1969–1974; Brandt war 1933 vor den Nazis nach Norwegen geflohen und leistete von dort politischen Widerstand

**B8** Das Gemälde „Die geistige Emigration" von Arthur Kaufmann wurde 1938 begonnen und 1965 vollendet. Es zeigt jüdische und nichtjüdische Emigranten. Auf dem hier abgebildeten mittleren Teil des Bildes u.a.: Albert Einstein, Erika Mann, Thomas Mann, Arnold Zweig, Klaus Mann, Heinrich Mann, Ludwig Renn.

## ARBEITSAUFTRÄGE

1. Nenne anhand von Q1, B2, Q3, Q4 und B5 Motive, aus denen heraus Menschen Widerstand gegen den Nationalsozialismus leisteten. Erläutere am Beispiel von Bischof Galen, Georg Elser und Gerhard König Gemeinsamkeiten und Unterschiede ihres Widerstandes.
2. Bereitet in Form einer arbeitsteiligen Projektarbeit das Thema „Widerstand und Exil" im Nationalsozialismus vor. Erkundigt euch dafür nach den in B8 dargestellten sowie nach anderen Emigranten: nach ihren Leistungen, ihren Fluchtgründen, ihrer Arbeit im Exil. Dokumentiert die Ergebnisse eurer Projektarbeit auf Wandbildern und stellt diese in eurer Schule aus.
3. Erläutert mit Hilfe von Q6 die Zweifel Klemperers. Nennt Argumente für und gegen das Bleiben und diskutiert sie.

# Arbeit mit Tagebüchern

Tagebücher spielen im Leben vieler Menschen eine wichtige Rolle – auch wenn sich die Form der Aufzeichnung im Laufe der Zeit verändert hat. Die Gründe, warum jemand Tagebuch führt, sind geblieben. Der vielleicht wichtigste ist, dass man einem Tagebuch die geheimsten Gedanken anvertrauen kann.

In einem alten Volkslied heißt es: „Die Gedanken sind frei...". Diesem Bedürfnis nach freiem Ausdruck der persönlichen Gedanken verdanken wir Tagebücher, die in großer Not und Unfreiheit geschrieben wurden. Ein bekanntes Beispiel ist das Tagebuch des jüdischen Mädchens ANNE FRANK. Die Familie der Anne Frank war 1933 vor den Nationalsozialisten aus Deutschland nach Holland geflohen. Dort musste sie sich 1942, nach der Besetzung Hollands durch deutsche Truppen, in einer Geheimwohnung verstecken. Zwei Jahre lebte die damals 13-jährige Anne mit ihrer und einer weiteren Familie auf engstem Raum, bis sie verraten und deportiert wurden. Im Versteck schrieb sie regelmäßig in ihr Tagebuch, um mit der unglaublichen Situation besser fertig zu werden. Für uns heute ist dieses Tagebuch eine einmalige historische Quelle, die uns erahnen lässt, was viele Menschen in ähnlichen Situationen erlitten.

Andere Tagebücher – wie das von VICTOR KLEMPERER – wurden mit der Absicht verfasst, Zeugnis abzulegen für „die Zeit danach". Neben vielen erschütternden Details aus dem Alltagsleben eines verfolgten Juden im Nazideutschland enthalten die Aufzeichnungen Gedanken über politische und persönliche Fragen. Der Schriftsteller THOMAS MANN emigrierte 1933, weil ihm und seiner Familie in Deutschland Verfolgung drohte. Die Tagebuchauszüge der nebenstehenden Seite machen seine oppositionelle Haltung gegen das NS-Regime deutlich.

Tagebücher sind ein Teil der historischen Quellen, aus denen wir unser Wissen über die Vergangenheit beziehen. Das gilt für die Tagebücher bekannter Persönlichkeiten ebenso wie für die „einfacher" Leute. Um ihren Inhalt richtig bewerten zu können, muss man sich mit der Person des Schreibers, seiner Weltanschauung, den Lebensumständen und den Motiven für die Tagebuchaufzeichnung beschäftigen.

**Q1** Aus dem Tagebuch der Anne Frank:

1 11.7.1942: Es beengt mich, dass wir hier gar nicht mehr heraus können, und ich habe Angst, dass wir entdeckt und erschossen wer-
5 den. Tagsüber müssen wir auch sehr leise sein, dürfen nicht laut auftreten und müssen beinahe im Flüsterton sprechen, denn unten ... darf man uns nicht hören.
10 19.11.1942: Wo sie [die Militärpolizei] einen Juden findet, nehmen sie die ganze Familie fest. Sie schellen an jeder Tür, und ist es vergeblich, gehen sie ein Haus weiter. Manch-
15 mal sind sie auch mit namentlichen Listen unterwegs und holen dann systematisch die „Gezeichneten". ... Es ist wie eine Sklavenjagd in früherer Zeit. Ich sehe es oft im
20 Geiste vor mir: Reihen unschuldiger Menschen mit weinenden Kindern ... geschlagen und gepeinigt und vorwärts getrieben ..."

(In: Das Tagebuch der Anne Frank, Frankfurt/M. 1970, S. 23 und S. 46 f. Bearbeitet)

ANNE FRANK. 1929–1945. 1933 Flucht aus Deutschland nach Holland; 1944 Deportation ins KZ Bergen Belsen; starb dort im März 1945 an Typhus. 🖉/7

VICTOR KLEMPERER. 1881–1960. Professor für Romanistik, überlebte den Nationalsozialismus dank seiner Ehe mit einer Nichtjüdin.

## WORAUF DU ACHTEN MUSST

1. Wer ist der Autor/die Autorin des Tagebuchs? In welcher Zeit, unter welchen Umständen und mit welchen Gründen wurde das Tagebuch verfasst?
2. Auf welche Ereignisse bezieht sich der Tagebucheintrag?
3. Welche persönliche Meinung vertritt der Autor/die Autorin? Was hat dich an der Darstellung besonders beeindruckt?
4. Ordne die gewonnenen Informationen historisch ein und beurteile die Gedanken des Autors/der Autorin.

# 9. Der Weg in den Krieg – Hitlers Außenpolitik

Wer Hitlers Buch „Mein Kampf" gelesen hatte, konnte bereits vor 1933 ahnen, dass die Umsetzung seiner **Lebensraumideologie** in einen neuen Krieg führen musste. Dennoch wurden Hitlers Welteroberungspläne von seinen europäischen Nachbarn erst spät durchschaut. Seine außenpolitischen Ziele schienen zunächst nur auf eine Revision des „Versailler Diktats" hinauszulaufen. Dem Ausland gegenüber betonte Hitler zwischen 1933 und 1938 immer wieder seinen Willen zum Frieden. Warum ließen sich die Staaten über die Absichten des NS-Regimes täuschen?

**Bruch des Versailler Vertrages** – Eine erste Kampfansage an die Nachkriegsordnung war der **Austritt Deutschlands aus dem Völkerbund** im Oktober 1933. Parallel dazu bemühte sich das Regime, seinen Friedenswillen zu beweisen, schloss 1933 Verträge mit der Sowjetunion und dem Vatikan ab und 1934 einen Nichtangriffspakt mit Polen. Als sich 1935 die Bevölkerung des Saargebiets nach 15-jähriger Völkerbundverwaltung mit großer

Mehrheit für die „Rückkehr ins Reich" entschied, feierte der NS-Staat dies als großen außenpolitischen Erfolg. Im März 1935 führte er die **allgemeine Wehrpflicht** wieder ein. Dies und die nachfolgende mi-

---

**Q2** Hitler, Rede im Reichstag, 17.5.1933:

1 [Ich] möchte namens der nationalen Regierung bekunden, dass gerade uns das tiefste Verständnis beseelt für die begründeten Lebensansprüche der anderen Völker. Die Generation dieses jungen Deutschlands, die bisher nur die
5 Not, das Elend und den Jammer des eigenen Volkes kennen lernte, hat zu sehr unter dem Wahnsinn gelitten, als dass sie beabsichtigen könnte, das Gleiche anderen zuzufügen. [Wir] respektieren die nationalen Rechte der anderen Völker und möchten aus tief innerstem Herzen mit
10 ihnen in Frieden und Freundschaft leben. [Wir haben] keinen sehnlicheren Wunsch als dass die Wunden des Krieges und des Versailler Vertrages geheilt werden. Deutschland will dabei keinen anderen Weg gehen als den, der durch die Verträge selbst als berechtigt anerkannt wird.

(In: Geschichte in Quellen, Bd. 5, München 1989, S. 348 f. Bearbeitet)

---

**Q3** Aufzeichnungen über eine geheime Rede Hitlers vor Generälen der deutschen Wehrmacht, 3.2.1933:

1 Nach außen Kampf gegen Versailles. Aber zwecklos, wenn Volk nicht auf Wehrwillen eingestellt. Wie soll pol. Macht gebraucht werden? Jetzt noch nicht zu sagen. Vielleicht Erkämpfung neuer Exportmögl., vielleicht –
5 und wohl besser – Eroberung neuen Lebensraumes im Osten u. dessen rücksichtslose Germanisierung.

(In: Geschichte in Quellen, Bd. 5, München 1989, S. 348. Bearbeitet)

---

**Q4** Hitler vor der deutschen Presse am 10.11.1938:

1 Nur unter der fortgesetzten Betonung des deutschen Friedenswillens war es mir möglich, dem deutschen Volk Stück für Stück die Freiheit zu erringen und ihm die Rüstung zu geben, die immer wieder für den nächsten Schritt
5 als Voraussetzung notwendig war. Es war notwendig, das deutsche Volk psychologisch allmählich umzustellen und ihm langsam klarzumachen, dass es Dinge gibt, die, wenn sie nicht mit friedlichen Mitteln durchzusetzen sind, mit Mitteln der Gewalt durchgesetzt werden müssen.
10 (In: Geschichte in Quellen, Bd. 5, München 1989, S. 407 f. Bearbeitet)

---

**B1** John Heartfield, Fotomontage zu Hitlers „Friedenspolitik", 1933

litärische Aufrüstung waren klare Verstöße gegen den Versailler Vertrag. Auch der Einmarsch von 30.000 Wehrmachtssoldaten in das entmilitarisierte Rheinland am 7. März 1936 war ein massiver Vertragsbruch. England und Frankreich protestierten zwar entschieden, wollten aber keinen neuen Krieg riskieren. England setzte nun auf eine Politik des „**Appeasement**" (dt.: Beschwichtigung). Dabei wollte man zwar einigen deutschen Forderungen entgegenkommen, andererseits aber den NS-Staat durch Verträge in die internationale Staatengemeinschaft einbinden, um so den Frieden dauerhaft zu sichern. In Deutschland fand Hitlers „mutiges Vorgehen" gegen das „Schanddiktat von Versailles" große Zustimmung – auch bei vielen, die dem NS-Regime bisher ablehnend gegenübergestanden hatten.

Unterdessen fand Hitler neue Bündnispartner: Deutschland und Italien bildeten seit 1936 die „**Achse Berlin–Rom**" und griffen auf der Seite Francos in den spanischen Bürgerkrieg ein. Mit Japan schloss Hitler 1937 den „**Antikominternpakt**" zur Bekämpfung des Kommunismus.
Es war jetzt nur eine Frage der Zeit, bis Hitler zur offenen militärischen Aggression gegenüber anderen Staaten überging. Was waren seine nächsten Schritte?

**Von der Revisionspolitik zur militärischen Aggression** – Mit der Begründung, alle deutschen Bevölkerungsgruppen „heim ins Reich" zu holen, wandte Hitler sich zuerst gegen Österreich. Im Februar 1938 forderte er den österreichischen Bundeskanzler auf, die dortigen Nationalsozialisten an der Regierung zu beteiligen. Als dies abgelehnt wurde, verlangte Hitler die Übergabe der Macht an die Nationalsozialisten und ließ am 12. März die Wehrmacht in Österreich einrücken. Die deutschen Soldaten wurden von der

**Der Weg in den Zweiten Weltkrieg**

— Grenze von Deutschland und Danzig 1937
— Grenze des Deutschen Reiches 1939
☐ Rheinland (militärische Besetzung 7.3.1936)
Eingegliederte Gebiete
☐ Österreich (14.3.1938)
☐ Sudetenland (1.10.1938)
☐ Protektorat Böhmen und Mähren (15.3.1939)
☐ Memelgebiet (22.03.1939)
Dachau 1939 bestehendes KZ

**K 5**

**B 6** Deutsche Bomben zerstörten am 26. April 1937 die baskische Stadt Guernica. Der spanische Künstler Pablo Picasso schuf mit dem Gemälde „Guernica" ein Mahnmal gegen den Bombenterror.

dortigen Bevölkerung mit großem Jubel empfangen – und die europäischen Mächte reagierten nicht auf den „**Anschluss Österreichs**" an das Deutsche Reich.

**„Zerschlagung" der Tschechoslowakei** – Im März 1938 wies Hitler die Führer der Sudetendeutschen an, durch unerfüllbare Forderungen an die tschechoslowakische Regierung einen Vorwand für den Einmarsch deutscher Truppen zu schaffen. Als die Tschechoslowakei die Mobilmachung anordnete, schien ein Krieg unvermeidbar. Die britische Regierung unter CHAMBERLAIN bemühte sich jedoch noch einmal um eine friedliche Lösung. Ohne tschechoslowakische Beteiligung wurde auf der „**Münchener Konferenz**" am 29. 9. 1938 zwischen England, Frankreich, Italien und Deutschland festgelegt, dass Deutschland das **Sudetenland** erhalten sollte. England und Frankreich garantierten die Existenz der Rest-Tschechoslowakei. Hitler beteuerte zwar, nun keine weiteren Gebietsansprüche mehr zu stellen, aber bereits am 15. März 1939 marschierte die Wehrmacht in die Rest-Tschechoslowakei ein und errichtete das „**Reichsprotektorat Böhmen und Mähren**". Dieser Bruch des Münchener Abkommens bedeutete das Ende der Appeasement-Politik. Als Hitler nun den „Anschluss" Dan-

zigs und einen Zugang nach Ostpreußen forderte, gaben England und Frankreich **Beistandsgarantien für Polen** ab, in dem sie das nächste Opfer Hitlers sahen.

**B8** Empfang der Nationalsozialisten in Österreich, März 1938

**B9** Einmarsch der Wehrmacht in Prag, März 1939

**Q7** Der belgische Ministerpräsident Broqueville, 6.3.1934:

1 Nach meiner Auffassung gibt es zwei Mittel, Deutschland zu zwingen, [den] Versailler Vertrag einzuhalten. Das erste ist das durch den
5 Vertrag vorgesehene Rechtsmittel. Das zweite Mittel ist der Präventivkrieg. Schlägt man es wirklich vor? Ich zu meinem Teil bin der Meinung, dass das ein Heilmittel ist,
10 das schlimmer ist als das Übel selbst. Solange noch Hoffnung auf gütliche Regelung besteht, weigere [ich] mich, mein Land in ein solches Abenteuer zu stürzen.

(In: Geschichte in Quellen, Bd. 5, München 1989, S. 351. Bearbeitet)

### ARBEITSAUFTRÄGE

1. Beurteile anhand von Q2, Q3 und Q4 die vorgeblichen und die tatsächlichen Ziele der NS-Außenpolitik. Wie beurteilt der Karikaturist von B1 Hitlers Friedensbeteuerungen?
2. Beschreibt mit K5 die Ziele und die einzelnen Schritte der NS-Außenpolitik. Beurteilt die von Hitler eingesetzten Mittel.
3. Was hat Picasso in seinem Bild „Guernica" (B6) ausgedrückt?
4. Der Autor von Q7 nennt zwei mögliche Wege, wie man Hitler hätte entgegentreten können. Nennt Argumente für und gegen beide Wege. Beurteilt die Ansicht, erst die Politik des „Appeasement" habe Hitler ermutigt, immer aggressiver vorzugehen.
5. Beschreibt anhand von B8 und B9 die Reaktion der Bevölkerung in Wien und Prag. Erklärt die Unterschiede.

# Der Zweite Weltkrieg

## 1. Der Beginn des Zweiten Weltkriegs

Bereits in den 1920er Jahren hatte Hitler in dem Buch „Mein Kampf" die Ermordung der europäischen Juden und die Eroberung von „Lebensraum im Osten" als seine Hauptziele genannt. Der Einmarsch in die Rest-Tschechoslowakei im März 1939 war der Auftakt für diese „**Lebensraum-Politik**". Zunächst hatte die Besetzung des „Protektorats Böhmen und Mähren" große wirtschaftliche Bedeutung: Nach der Annexion Österreichs und des Sudetenlands lag Deutschland nun in der industriellen Produktion weltweit auf Platz 2 hinter den USA. Entscheidender waren aber die militärstrategischen Möglichkeiten, die eine Annexion bot: Von der Tschechoslowakei aus konnten deutsche Truppen weit in den Osten vordringen, um den „neuen Lebensraum" zu erobern. Was waren die nächsten Schritte Hitlers?

**Die Entfesselung des Krieges** – Bis zum März 1939 hatte Hitler die „**Eroberung neuen Lebensraums**" an einen direkten Krieg gegen die Sowjetunion geknüpft und versucht, Polen für ein Bündnis gegen Stalin zu gewinnen. Polen hatte sich aber nicht offen gegen den mächtigen Nachbarn Sowjetunion stellen wollen. Obwohl Hitler versuchte, das Land durch ultimative Forderungen – **Abtretung Danzigs** und **freien Zugang nach Ostpreußen** – unter Druck zu setzen, blieb Polen bei seiner Haltung und wurde darin von den Westmächten bestärkt. In einem Kurswechsel beschloss Hitler nun, zunächst Polen durch einen Überraschungsangriff auszuschalten. Allerdings sollte vermieden werden, dass Deutschland dabei an zwei Fronten in einen Krieg verwickelt würde – gegen England und Frankreich und zugleich gegen die Sowjetunion. Hitler vollzog daher eine taktische Annäherung an die UdSSR. Beide Länder schlossen am 23. August 1939 einen **Nichtangriffspakt**. In einem geheimen Zusatzprotokoll war eine Aufteilung Polens in „Interessensphären" vorgesehen. Damit war der Weg

frei für Hitler: Am **1. September 1939** begann der Zweite Weltkrieg mit dem Überfall deutscher Truppen auf Polen.

**Gegner im Westen** – Hitler hatte vor dem Angriff auf Polen versucht, Großbritannien und Frankreich zur Neutralität zu bewegen, da Deutschland für einen europäischen Krieg noch nicht ausreichend gerüstet war. Doch beide Länder hatten Polen ihren Beistand zugesagt. Am 3. September 1939 erfolgte die **Kriegserklärung Großbritanniens und Frank-**

Deutsche Soldaten zerstören die polnische Grenz-befestigung

**B1** Karikatur von David Low, November 1939

**Q2** Aus einer Rede Stalins vor dem Kongress der KPdSU am 10.03.1939:

1  Worauf ist also zurückzuführen, dass diese Staaten [England, Frankreich und die USA] systematisch Konzessionen gegenüber dem Angreifer machen? ... Die Politik der Nicht-Intervention offenbart die Begierde, die
5  Aggressoren nicht an ihrem verhängnisvollen Werk zu hindern, nicht Japan daran zu hindern, ... sich in einen Krieg mit China zu stürzen oder besser in einen Krieg mit der Sowjetunion. Deutschland nicht daran zu hindern, sagen wir, sich in die osteuropäischen Angelegenheiten
10  einzumischen und sich in einen Krieg mit der Sowjetunion zu stürzen ... Man stachelte dadurch die Deutschen an, weiter gegen Osten zu marschieren, man versprach ihnen bequeme und leichte Beute und forderte sie auf: Beginnt nur einen Krieg gegen die Bolschewi-
15  ken, und alles wird gut sein!

(In: Geschichte in Quellen, Bd. 5, München 1989, S. 415. Bearbeitet)

reichs an Deutschland. Dass sie zunächst militärisch kaum aktiv wurden, vielmehr ihre Streitkräfte ausbauten, ermöglichte der deutschen Wehrmacht einen schnellen Sieg in Polen. Bereits am 27. September war Warschau erobert. Am selben Tag besetzten Stalins Truppen Ostpolen, das der Sowjetunion im **Hitler-Stalin-Pakt** zugesprochene Gebiet.

**Blitzkriegsstrategie** – Nach dem Sieg über Polen setzte Hitler die Taktik der Überraschungsangriffe fort. Um den Zugang zu den schwedischen Erzlagern und eine strategisch günstige Stellung gegen England zu sichern, überfiel die deutsche Wehrmacht im April 1940 die neutralen Länder Dänemark und Norwegen.
Am 10. Mai 1940 begann die deutsche **Offensive gegen Frankreich** mit dem Ein-

marsch in die neutralen Länder Niederlande, Belgien und Luxemburg. Innerhalb weniger Wochen führte der riskante, aber taktisch ungewöhnliche Angriffsplan Hitlers zur Niederlage Frankreichs. Britische Truppen, die in Nordfrankreich operiert hatten, mussten sich durch einen raschen Rückzug über den Ärmelkanal in Sicherheit bringen und dabei ihre schweren Waffen zurücklassen. Am 21. Juni 1940 diktierte Hitler Frankreich die Waffenstillstandsbedingungen: Das Land wurde geteilt in eine von den Deutschen besetzte nördliche Zone und in ein von Deutschland abhängiges Südfrankreich unter der autoritären Regierung des französischen Marschalls PÉTAIN. Als Symbol der „Wiedergutmachung der Schmach von Versailles" hatte Hitler den Eisenbahnwaggon, in dem die Deutschen 1918 die Bedingungen des Waffenstillstands akzeptieren mussten, aus dem Museum holen lassen! Der Diktator schien auf dem Höhepunkt seiner Macht.

Hitlers Reaktion, als er vom Sieg über Frankreich erfuhr

---

**Q3** Niederschrift einer Ansprache Hitlers vor den Oberbefehlshabern der Wehrmacht am 23.11.1939:

1 Man wird mir vorwerfen: Kampf und wieder Kampf. Ich sehe im Kampf das Schicksal aller Wesen. Die steigende Volkszahl erforderte
5 größeren Lebensraum ... Hier muss der Kampf einsetzen. Um die Lösung dieser Aufgabe kommt kein Volk herum, oder es muss verzichten und allmählich untergehen. Das
10 lehrt die Geschichte ... Russland ist z. Zt. geschwächt durch viele innere Vorgänge. Außerdem haben wir den Vertrag mit Russland. Verträge werden aber nur so lange gehalten,
15 wie sie zweckmäßig sind. Als letzten Faktor möchte ich in aller Bescheidenheit meine Person nennen: unersetzbar. Die Attentatsversuche könnten sich wiederho-
20 len. Das Schicksal des Reiches hängt nur von mir ab. Mein Entschluss ist unabänderlich. Ich werde Frankreich und England angreifen zum günstigsten und schnells-
25 ten Zeitpunkt.

(In: Geschichte in Quellen, Bd. 5, München 1989, S. 458 ff. Bearbeitet)

---

**Q4** Aus dem geheimen Zusatzprotokoll zum Hitler-Stalin-Pakt vom 23. August 1939:

1 Für den Fall einer ... Umgestaltung der zum polnischen Staate gehörenden Gebiete werden die Interessensphären Deutschlands und der UdSSR ungefähr durch die Linie der Flüsse Narew, Weichsel und San abge-
5 grenzt. Die Frage, ob die beiderseitigen Interessen die Erhaltung eines unabhängigen polnischen Staates erwünscht erscheinen lassen und wie dieser Staat abzugrenzen wäre, kann endgültig erst im Laufe der weiteren politischen Entwicklung geklärt werden ...

(In: Geschichte in Quellen, Bd. 5, München 1989, S. 438. Bearbeitet)

---

## ARBEITSAUFTRÄGE

1. Fasse die Argumentation Stalins in Q2 gegenüber Deutschland sowie den Westmächten zusammen und beurteile sie.
2. Erarbeite mit Q3 die Argumentation Hitlers für eine rasche Offensive gegen die Westmächte. Entwickle eine mögliche Gegenargumentation zu Hitlers Ausführungen.
3. Benenne mit Q4 die Folgen des Zusatzprotokolls zum Hitler-Stalin-Pakt für den polnischen Staat. Überlege, warum das Protokoll von der UdSSR bis vor einigen Jahren geheim gehalten wurde. Erläutere auch die Sicht auf den Hitler-Stalin-Pakt, die in der Karikatur B1 zum Ausdruck kommt.

# 2.  Der Verlauf des Krieges

Hitlers Ansehen stieg durch die schnellen Siege enorm. Von der deutschen Propaganda ließ er sich als größter Feldherr aller Zeiten feiern. Rückhalt hatte er jetzt nicht nur in der Bevölkerung, sondern erstmals auch bei den Generälen der Wehrmacht und bei den diplomatischen Führungskräften. Wie wirkte sich Hitlers Kriegstaktik im weiteren Verlauf aus?

**England als Gegner –** Hitlers Ziel war nach wie vor die Eroberung von „Lebensraum im Osten". Nach dem Sieg über Frankreich wollte er jedoch zunächst England ausschalten, um dann einen „freien Rücken" für den Krieg im Osten zu haben. Vor einer geplanten Landung deutscher Truppen in England sollten **Bombenangriffe** auf englische Rüstungsbetriebe und Wohngebiete die britische Regierung friedensbereit machen. Doch Ende 1940 wurden die deutschen Luftangriffe ergebnislos abgebrochen. Es war weder gelungen, die englische Luftabwehr entscheidend zu schwächen noch den Widerstandswillen der Bevölkerung zu brechen.

**Angriff gegen die Sowjetunion –** Nach dem Scheitern der geplanten Invasion in England konzentrierte Hitler nun seine Anstrengungen auf den Russland-Feldzug. Trotz des Nichtangriffspaktes vom August 1939 war Russland das eigentliche Ziel der nationalsozialistischen „Lebensraum-Ideologie"; und der Kommunismus galt – neben dem Judentum – als der Hauptfeind. Doch mitten in die Kriegsvorbereitungen kam ein Hilferuf Mussolinis. Italien war am 10. Juni 1940 auf der Seite Deutschlands in den Krieg eingetreten. Um die Adria zu beherrschen, hatte Mussolini seine Armee auf dem **Balkan** und in **Nordafrika** einmarschieren lassen. Dort waren die italienischen Truppen durch die Briten in Bedrängnis geraten. Da Hitler den Südosten Europas für die Achsenmächte halten wollte, ließ er den Balkan durch deutsche Truppen erobern. In Serbien und Griechenland installierte er deutsche Militärverwaltungen, in Kroatien und Rumänien faschistische Regierungen. Auch die britischen Truppen in Nordafrika wurden angegriffen.

Der deutsche **Angriff gegen die Sowjetunion** begann daher später als geplant: Am 22. Juni 1941 überfiel die deutsche Wehr-

PERSONENLEXIKON

WINSTON CHURCHILL, 1874–1965. Britischer Premierminister der Konservativen Partei 1940–1945 und 1951–1955. Er warnte seit 1933 vor Deutschland und der Appeasement-Politik, führte einen entschlossenen Kampf gegen NS-Deutschland, gestützt auf die USA. Er blieb Stalin gegenüber auch nach dem gemeinsamen Sieg über Deutschland misstrauisch.

**Q1** Der britische Premierminister Winston Churchill am 13. Mai 1940:

1 Ich habe nichts zu bieten als Blut, Mühsal, Tränen und Schweiß. Uns steht eine Prüfung von allerschwerster Art bevor. Wir haben
5 viele, viele Monate des Kämpfens und des Leidens vor uns. Sie werden fragen: Was ist unsere Politik? Ich erwidere: Unsere Politik ist Krieg zu führen ... gegen eine
10 ungeheuerliche Tyrannei, die in dem finsteren, trübseligen Katalog der menschlichen Verbrechen unübertroffen bleibt. Sie fragen: Was ist unser Ziel? Ich kann es
15 mit einem Wort nennen: Sieg – Sieg um jeden Preis ..., denn ohne Sieg gibt es kein Weiterleben.

(In: W. S. Churchill, Reden 1938–1940, Zürich 1946, S. 321. Bearbeitet)

**B2** Am 14./15. November 1940 wurde die englische Stadt Coventry durch deutsche Bombenangriffe weitgehend zerstört.

macht ohne Vorwarnung die Sowjetunion. Damit war der **Zweifrontenkrieg**, vor dem die deutsche Generalität entschieden gewarnt hatte, von Hitler ausgelöst worden.

**Kriegswende** – Obwohl die Westalliierten vor einem bevorstehenden deutschen Angriff auf Russland gewarnt hatten, waren Stalin und die sowjetische Militärführung von dem deutschen Angriff überrascht. Die deutsche Wehrmacht konnte anfangs mit der bewährten Blitzkriegtaktik große Landgewinne erzielen: Ende 1941 standen die deutschen Truppen kurz vor Moskau. Doch der einbrechende Winter, militärische Fehler, mangelnder Nachschub und der erbitterte Widerstand der sowjetischen Truppen brachten die deutsche Offensive vor Moskau zum Stehen. Im Sommer 1942 wurde der deutsche Angriff auf die Erdölfelder des Kaukasus und das Rüstungszentrum Stalingrad verlagert. Die **Schlacht um Stalingrad** im Winter 1942/43 beendete endgültig den Siegeszug der Wehrmacht und wurde zum Symbol der deutschen Niederlage. Der eingeschlossenen 6. Armee befahl Hitler Standhalten um jeden Preis. Tausende deutsche Soldaten verhungerten, 140.000 fielen und 110.000 gerieten in Gefangenschaft.

**Kriegseintritt der USA** – Die USA hatten Großbritannien und die Sowjetunion seit dem Herbst 1941 mit Material- und Waffenlieferungen unterstützt. Eine direkte Kriegsbeteiligung war in der amerikanischen Bevölkerung dagegen unpopulär. Enttäuscht von den Friedensbemühun-

Europa im Zweiten Weltkrieg 1939-1942

Deutsches Reich am 1.9.1939
Polen, von Deutschland 1939 besetzt
Achsenpartner und Verbündete des Deutschen Reiches 1940/41
Vom Deutschen Reich und seinen Verbündeten bis November 1942 besetzte Gebiete
Alliierte, September 1939
Gebiete der Westalliierten bis November 1942
Sowjetunion am 22.6.1941
Neutrale Staaten
Staatsgrenzen am 1.9.1939
Besatzungsgrenzen

K 4

**Q3** Aus dem Tagebuch des Generalstabschefs Halder über eine Rede Hitlers vor Militärs, 31.07.1940:

1 Englands Hoffnung ist Russland und Amerika. Wenn Hoffnung auf Russland wegfällt, fällt auch Amerika weg, weil Wegfall Russlands
5 eine Aufwertung Japans in Ostasien folgt. Ist Russland geschlagen, dann ist Englands letzte Hoffnung getilgt. Der Herr Europas und des Balkans ist dann Deutschland.
10 Entschluss: Im Zuge dieser Auseinandersetzung muss Russland erledigt werden. Frühjahr 1941. Je schneller wir Russland zerschlagen, umso besser. Ziel: Vernich-
15 tung der Lebenskraft Russlands.

(In: Geschichte in Quellen, Bd. 5, München 1989, S. 486. Bearbeitet)

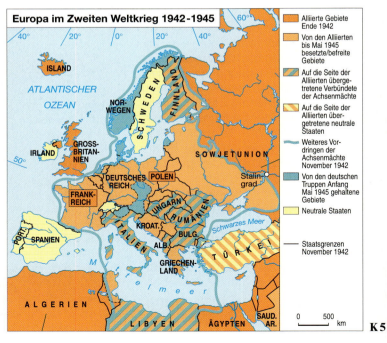

Europa im Zweiten Weltkrieg 1942-1945

Alliierte Gebiete Ende 1942
Von den Alliierten bis Mai 1945 besetzte/befreite Gebiete
Auf die Seite der Alliierten übergetretene Verbündete der Achsenmächte
Auf die Seite der Alliierten übergetretene neutrale Staaten
Weiteres Vordringen der Achsenmächte November 1942
Von den deutschen Truppen Anfang Mai 1945 gehaltene Gebiete
Neutrale Staaten
Staatsgrenzen November 1942

K 5

gen nach dem Ersten Weltkrieg wollten sich viele Amerikaner aus den Konflikten im fernen Europa heraushalten. Doch als am 7. Dezember 1941 japanische Flugzeuge ohne Vorwarnung die in **Pearl Harbor** auf Hawaii stationierte amerikanische Pazifikflotte bombardierten und zahlreiche Schiffe zerstörten, schlug die Stimmung in den USA um. Am 8. Dezember 1941 erklärten die USA Japan den Krieg. Auf diese Kriegserklärung der USA an Japan reagierten Deutschland und Italien am 11. Dezember 1941 mit einer Kriegserklärung an die Weltmacht USA.

Im Januar 1942 hatte sich die Anzahl der alliierten Kriegsgegner auf 29 Staaten erhöht. Auch in Deutschland war vielen realistisch denkenden Menschen nun klar, dass der Krieg von den Achsenmächten Deutschland-Italien-Japan unmöglich gewonnen werden konnte. Im Mai 1943 kapitulierten die deutsch-italienischen Truppen vor den Briten und Amerikanern in Nordafrika; wenig später landeten diese in Sizilien. Die starken deutschen U-Boot-Verbände im Atlantik wurden zerstört. Die Westalliierten landeten am 6. Juni 1944 in der Normandie und befreiten in Kürze Frankreich. Die Sowjets erreichten im Frühjahr 1945 die deutschen Grenzen. Gleichzeitig brach auch die deutsche Westfront zusammen und ganz Deutschland wurde von den Alliierten besetzt. Am 7./9. Mai 1945 endete der Krieg in Europa mit der „**bedingungslosen Kapitulation**" der deutschen Wehrmacht.  ❷/8

**B 7** Nationalsozialistisches Propagandaplakat aus dem Jahr 1943

**B 8** Deutsche Soldaten in Gefangenschaft, Russland 1942/43

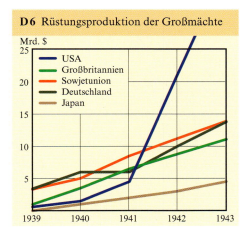

**D 6** Rüstungsproduktion der Großmächte

Mrd. $

- USA
- Großbritannien
- Sowjetunion
- Deutschland
- Japan

1939 1940 1941 1942 1943

## ARBEITSAUFTRÄGE

1. Erläutere, welche Wirkung die Rede Churchills in Q 1 auf die englische Bevölkerung haben sollte. Ziehe auch B 2 heran.
2. Fasse die Argumente Hitlers in Q 3 für den Krieg gegen die Sowjetunion zusammen. Vergleiche mit Q 3 auf Seite 158.
3. Beschreibe mit K 4 und K 5 die Phasen des 2. Weltkrieges.
4. Erkläre anhand von D 6 den Zusammenhang zwischen Rüstungsproduktion und dem militärischen Kriegsverlauf.
5. Vergleiche die propagandistische Darstellung der Soldaten aus dem Jahr 1943 in B 7 mit der Fotografie B 8.

# 3. Deutsche Besatzungspolitik

Der Zweite Weltkrieg wurde von Anfang an ideologisch als „Rassenkrieg" begründet. Nach der Wende des Krieges Ende 1942 überlagerten die ideologischen Ziele Hitlers und der NS-Führung mehr und mehr alle militärischen Überlegungen. Welche Folgen hatte diese Fixierung für die Art der Kriegsführung?

**Wehrmacht und SS im Osten** – Um die Versorgung der Wehrmacht zu sichern, wurden Polen und die Sowjetunion radikal ausgebeutet. Dass dies auf Kosten der einheimischen Bevölkerung ging, war Teil der nationalsozialistischen **Vernichtungsstrategie**. Um die Länder besser beherrschen zu können, wurde ihre politische und geistige Führungsschicht verhaftet und ermordet, die Bevölkerung wurde als **Arbeitssklaven** behandelt.

Die Führung der Wehrmacht hielt sich zunächst an das Völkerrecht, das auch im Krieg Maßnahmen gegen die Zivilbevölkerung verbietet. Doch bald setzte sich die NSDAP durch. Sie rechtfertigte die Erschießung von polnischen Geiseln in großer Zahl bereits in den ersten Kriegswochen mit angeblichen antideutschen Ausschreitungen. Bei diesen so genannten „Vergeltungsaktionen" waren oft auch Angehörige der Wehrmacht beteiligt. Zusätzlich wurden spezielle **Einsatzgruppen aus SS und SD** zur „Vernichtung reichs- und deutschfeindlicher Elemente" gebildet. Sie unterstanden dem Reichsführer-SS Heinrich Himmler und setzten die

Die SS warb auch in den besetzten Ländern Männer für ihre Divisionen an

**Q1** Der Chef des Oberkommandos der Wehrmacht Keitel, 16.9.1941:

1   Als Sühne für ein deutsches Soldatenleben muss ... im allgemeinen die Todesstrafe für 50 bis 100 Kommunisten als angemessen
5   gelten. Die Art der Vollstreckung muss die abschreckende Wirkung noch erhöhen.

(In: Bundesarchiv-Militärarchiv Freiburg, RH 26-104/14. Bearbeitet)

**Q3** Aus dem Tätigkeitsbericht der 704. Infanteriedivision der Wehrmacht, 1.11.1941:

1   Das Erschießen der Juden ist einfacher als das der Zigeuner. Die Juden stehen sehr still, während die Zigeuner schreien, heulen und sich dauernd bewegen, wenn sie schon auf dem Erschießungsplatz stehen. Anfangs waren
5   meine Soldaten nicht beeindruckt. Am 2. Tage machte sich schon bemerkbar, dass der eine oder andere nicht die Nerven besitzt, auf längere Zeit eine Erschießung durchzuführen. Mein persönlicher Eindruck ist, dass man während der Erschießung keine seelischen Hemmungen
10  bekommt. Diese stellen sich jedoch ein, wenn man nach Tagen abends in Ruhe darüber nachdenkt.

(In: W. Manoschek [Hg.], Die Wehrmacht im Rassenkrieg, Wien 1996, S. 101. Bearbeitet)

**B2** Exekution russischer Zivilisten durch ein Erschießungskommando der Wehrmacht

Ideologie des Vernichtungskrieges durch Massenerschießungen von Zivilisten erbarmungslos um – zunächst in Polen, später vor allem in der UdSSR. Da sie im Bereich der Versorgung und Logistik mit den regulären Truppen zusammenarbeiteten, wurde die Wehrmacht immer stärker in diesen Vernichtungskrieg verwickelt.

**Zwangsumsiedlungen in Polen** – Im Oktober 1939 wurde die westliche Hälfte des von den Deutschen besetzten Polens als „Warthegau" dem deutschen Reichsgebiet eingegliedert. Aus der östlichen Hälfte wurde das „Generalgouvernement" gebildet. Nun begann eine rücksichtslose Germanisierungspolitik: Hunderttausende Polen aus dem „Warthegau" wurden ins Generalgouvernement umgesiedelt, während sich Deutsche in den neuen Ostgebieten ansiedeln sollten. Himmler erhielt von Hitler als „**Reichskommissar für die Festigung des deutschen Volkstums**" umfassende Vollmachten. Sie ermöglichten ihm, die „minderwertige" polnische Bevölkerung nach rassenideologischen Gesichtspunkten in Gruppen mit abgestuften Rechten und Existenzmöglichkeiten einzuteilen.

**Vernichtungskrieg in der UdSSR** – Beim Krieg gegen die Sowjetunion zeigte sich, wie sehr die militärische Führung die Feindbilder der Nationalsozialisten übernommen hatte. Gegen alle Regeln des Völkerrechts und der Moral setzte sie die nationalsozialistische Forderung nach einem rassenideologischen Vernichtungskrieg um. Auf der Grundlage des so genannten „**Kommissarbefehls**" sollten Parteifunktionäre der KPdSU und „verdächtige Elemente" ohne gerichtliches Verfahren erschossen werden können. Wie in Polen wurde auch die jüdische Bevölkerung in diese Vernichtung einbezogen. Zwar gab es Widerstände bei einzelnen Soldaten der Wehrmacht gegen diese Anordnungen. Doch viele andere wurden Teil der Mordmaschinerie.

**Besatzung im Westen** – Im Vergleich zur Besatzungspolitik in Polen und in der Sowjetunion verhielt sich die Wehrmacht in den westlichen Ländern weniger barbarisch. Auch in Elsass-Lothringen wurde eine Germanisierungspolitik betrieben. Die besetzten Länder, vor allem Frankreich, wurden wirtschaftlich ausgebeutet, auch hier auf Kosten der einheimischen Bevölkerung. Politische Gegner wurden inhaftiert, die jüdische Bevölkerung wurde in Konzentrationslager deportiert. Nur im besetzten Dänemark konnte sie durch den engagierten Einsatz des Königshauses und der Bevölkerung gerettet werden.

**Q4** Generaloberst von Blaskowitz an Hitler, 6.2.1940:

1 Die Einstellung der Truppe zur SS und Polizei schwankt zwischen Abscheu und Hass. Jeder Soldat fühlt sich angewidert und abgestoßen durch diese Verbrechen, die in Polen von Angehörigen des Reiches und Vertretern 5 der Staatsgewalt begangen werden.

(Zitiert nach: H.-U. Thamer, Verführung und Gewalt, Berlin 1998, S. 636)

**Q5** Ein Angehöriger des Reserve-Polizeibataillons 101 erinnert sich an die ersten Mordaktionen in Polen:

1 Es war ... keinesfalls so, dass derjenige, der die Erschießung der Menschen durch eigene Hand nicht durchführen wollte oder konnte, sich von dieser Aufgabe nicht auch fernhalten konnte. Es wurde hier keine 5 scharfe Kontrolle durchgeführt ... Es ließ sich nicht vermeiden, dass der eine oder andere meiner Kameraden bemerkte, dass ich nicht mit zur Exekution ging, um Schüsse auf die Opfer abzufeuern. Sie bedachten mich daher mit Bemerkungen wie „Scheißkerl", „Blutarmer" 10 u. a., womit sie ihr Missfallen zum Ausdruck brachten. Irgendwelche Folgen sind daraus für mich nicht entstanden.

(In: Ch. Browning, Ganz normale Männer. Das Reserve-Polizeibataillon 101 und die „Endlösung" in Polen. Übers. v. J. P. Krause, Reinbek 1996, S. 99. Bearbeitet)

## ARBEITSAUFTRÄGE

1. Erläutere mit Q1, was der Befehl des Chefs des Oberkommandos der Wehrmacht, Keitel, für die Kriegsführung bedeutete.
2. Vergleiche die Äußerung des Generaloberst von Blaskowitz in Q4 mit dem Befehl Keitels. Welche Konflikte in der Wehrmachtsführung kommen hier zum Ausdruck?
3. Lest Q3 und Q5 und versucht die Teilnahme der Wehrmachtssoldaten an Mordaktionen zu erklären. Überlegt, zu welchem Zweck das Foto B2 gemacht worden sein könnte.

# 4. „Führer, befiehl – wir folgen". Alltag im Krieg

Anders als beim Ersten Weltkrieg hatte bei Beginn des Zweiten Weltkrieges keine Kriegsbegeisterung in Deutschland geherrscht. Zu nahe waren die Erinnerungen an Leid und Entbehrung im Kriege. Wie wirkte sich der Krieg auf den Alltag der Deutschen aus und wie gelang es den Nationalsozialisten, die Bevölkerung für den Krieg zu gewinnen?

**Kriegswirtschaft** – Der Regierung war bewusst, dass sie der deutschen Bevölkerung möglichst wenig Opfer zumuten durfte. Nur dann konnte sie auf deren Unterstützung zählen und breiten Widerstand gegen den Krieg, wie er 1917/18 aufgetreten war, verhindern. Das Regime betrieb daher zu Beginn des Krieges eine „**friedensähnliche Kriegswirtschaft**"; nur langsam wurde die Produktion von Verbrauchs- auf Rüstungsgüter umgestellt. Auch wenn viele Lebensmittel nur auf Karten erhältlich waren, so war die Ernährung bis 1944 doch fast überall gesichert.

**„Wehrgemeinschaft"** – Die Rationierung der Güter im Verlaufe des Krieges führte zu einer **Einebnung sozialer Unterschiede** in der Bevölkerung. Befriedigt stellten viele Menschen fest, „dass die ‚besseren Leute' praktisch aufhörten, welche zu sein".

Die Vorstellung der „Volksgemeinschaft", die einen wichtigen Teil der NS-Ideologie bildete, schien in der „Wehrgemeinschaft" des Krieges Wirklichkeit zu werden. Aktionen wie das kollektive „Eintopfessen" am Sonntag und der gemeinsame Radioempfang von Reden des Führers sollten die Opferbereitschaft und das Zusammengehörigkeitsgefühl stärken.

**B2** Straßensammlung für das Winterhilfswerk, Februar 1941

**T3** Wöchentliche Lebensmittelrationen eines „Normalverbrauchers"

| Zeitpunkt | Brot | Fleisch | Fett |
|---|---|---|---|
| Ende September 1939 | 2400 g | 500 g | 270 g |
| Mitte April 1942 | 2000 g | 300 g | 206 g |
| Anfang Juni 1943 | 2325 g | 250 g | 218 g |
| Mitte Oktober 1944 | 2225 g | 250 g | 218 g |
| Mitte März 1945 | 1778 g | 222 g | 109 g |

(In: H.-U. Thamer, Verführung und Gewalt, Deutschland 1933-1945, Berlin 1998, S.712)

**T4** Industrieproduktion und Wohnungsbau in %, Deutschland 1939–1944

| Jahr | Insgesamt | Kriegsgerät | Konsumgüter | Wohnungsbau |
|---|---|---|---|---|
| 1939 | 100 | 100 | 100 | 100 |
| 1940 | 97 | 176 | 95 | 53 |
| 1941 | 99 | 176 | 93 | 36 |
| 1942 | 100 | 254 | 86 | 23 |
| 1943 | 112 | 400 | 91 | – |
| 1944 | 110 | 500 | 86 | 14 |

(In: H.-U. Thamer, Verführung und Gewalt, Deutschland 1933–1945, Berlin 1998, S.718)

**B1** Arbeiterin in der Rüstungsindustrie, 1939

**Ausgrenzung von Minderheiten** – Die Betonung der „Volksgemeinschaft" wurde seit Kriegsbeginn mit einer verschärften Verfolgung derjenigen verbunden, die nicht zur „Wehrgemeinschaft" gehörten. Außer den jüdischen Bürgern sollten auch geistig oder körperlich behinderte Menschen als „unwertes Leben" ausgeschlossen und „ausgemerzt" werden. Aus diesen „rassehygienischen Gründen" begann das NS-Regime Ende der 1930er Jahre in der so genannten „**Euthanasieaktion**" mit der Tötung unheilbar kranker und behinderter Menschen. Etwa 250.000 Kinder und Erwachsene wurden in Deutschland erschossen, vergast oder mit Giftspritzen umgebracht. Erst als die öffentlichen Proteste einzelner katholischer und evangelischer Geistlicher zu Unruhe in der deutschen Bevölkerung führten, stoppte das NS-Regime die Morde – oder deportierte die betroffenen Menschen in Vernichtungslager, die von den Nazis auf polnischem Gebiet errichtet worden waren.

**Appelle an den Durchhaltewillen** – Der zunehmend bedrückenden Realität der letzten Kriegsjahre begegneten viele Deutsche nach außen zwar mit fanatischem Durchhaltewillen. Privat jedoch suchten sie Ablenkungen von der Kriegsrealität. Das Regime förderte diese Haltung mit seichten Kulturveranstaltungen. Zugleich schüchterte es Kriegsmüde ein und bestrafte selbst kleinste Vergehen.

**B 6** Willy Fritsch und Marika Rökk in „Frauen sind doch bessere Diplomaten", UFA-Film von 1942

**Q 7** Ein ehemaliger Hitlerjunge erinnert sich:

1 Eines Tages beobachteten wir, damals vierzehn Jahre alt und begeisterte Hitlerjungen, den Abschuss eines englischen Flugzeugs in der Nähe unseres Heimatdorfes. Der Pilot konnte sich mit Hilfe seines Fallschirms retten ... Als 5 wir auf der Wiese ankamen, waren die Leute aus dem Nachbardorf mit ihren Hunden schon dort. Drohend standen sie um den Engländer herum. Plötzlich fiel einer der Hunde den Engländer an. Ein Schuss krachte; das Tier brach zusammen. „Mörder!", ertönte es nun ... Wir versuchten 10 zu vermitteln ... Doch dann schlugen mit einem Male die Dörfler mit aller Gewalt auf den Soldaten ein, der verzweifelt um Gnade flehte – vergeblich. Der Dorfpolizist, der zufällig des Wegs kam, schien nichts zu hören. Betont langsam kam er auf uns zu – und erst als der eng- 15 lische Soldat tot am Boden lag, sagte er: „Melden muss ich das. Aber keine Sorge: Schließlich war der Mann bewaffnet. Notwehr gegen einen Terrorflieger – da gibt es kein Gericht im ganzen Reich, das gegen euch vorgeht."

(In: D. Petri und J. Thierfelder [Hg.], Vorlesebuch Drittes Reich. Von den Anfängen bis zum Niedergang, Lahr 1993, S. 198–202. Bearbeitet)

| **T 5** Die Kinoerfolge der Nazi-Zeit | | |
|---|---|---|
| Jahr | Filmtitel | eingespielte RM |
| 1935 | „Maskerade" | 1,4 Mio. |
| 1936 | „Schwarze Rosen" | 1,6 Mio. |
| 1937 | „Verräter" | 2,4 Mio. |
| 1938 | „Heimat" | 4,8 Mio. |
| 1939 | „Es war eine berauschende Ballnacht" | 4,5 Mio. |
| 1940 | „Mutterliebe" | 4,9 Mio. |
| 1941 | „Wunschkonzert" | 7,6 Mio. |
| 1942 | „Frauen sind doch bessere Diplomaten" | 7,0 Mio. |
| 1943 | „Die große Liebe" | 8,0 Mio. |
| 1944 | „Der weiße Traum" | 9,6 Mio. |

(In: H.-U. Thamer, Verführung und Gewalt, Deutschland 1933–1945, Berlin 1998, S. 654)

## ARBEITSAUFTRÄGE

1. Erklärt mit B 2, wie die Menschen an der „Heimatfront" in die Kriegsführung eingebunden wurden. Diskutiert, ob das Regime finanzielle oder andere Gründe für solche Aktionen hatte.
2. Erarbeite an T 3 und T 4 den allmählichen Wechsel zur „friedensähnlichen Kriegswirtschaft". Beziehe auch T 2 und T 3 von Seite 142 in deine Überlegungen ein.
3. Analysiere die Titel und Themen des Kinoprogramms in T 5. Überlege auch mit B 6, welche Funktion diese Filme hatten.
4. Nehmt an, einer der Dorfbewohner von Q 7 hätte sich später vor Gericht verantworten müssen. Wie hätte er argumentiert?

# 5. Widerstand im Krieg

Der nationalen Siegesstimmung nach den militärischen Erfolgen Hitlers hatten sich auch die früheren Gegner des Regimes kaum entziehen können. Doch seit Ende 1942 zeichnete sich die deutsche Niederlage erkennbar ab. Änderte sich nun das Verhältnis der Bevölkerung oder einzelner Bevölkerungsgruppen zum Regime?

**Verweigerung** – Trotz aller Maßnahmen der Gleichschaltung und der Überwachung gab es auch während des Krieges Nischen, die ein unangepasstes Verhalten ermöglichten. Viele nicht inhaftierte ehemalige Mitglieder von SPD und KPD hielten während des Krieges Kontakt untereinander und entwickelten Pläne für die „Zeit danach". Auch bei anderen Teilen der Bevölkerung wuchsen Unzufriedenheit und Widerwille gegen das Regime, als die Ernährungslage schlechter wurde und der Glaube an den „Endsieg" schwand. Dies wurde zum Beispiel durch Bummelei und Krankfeiern ausgedrückt.

**Nationalkonservativer Widerstand** – Bereits Ende der 1930er Jahre, als die Kriegsabsichten Hitlers unübersehbar ge-

worden waren, hatten sich einzelne Offiziere seinen Plänen widersetzt. Doch nachdem Hitler viele der „Abweichler" aus der Wehrmacht entlassen hatte und nach den militärischen Anfangserfolgen war die Auflehnung in sich zusammengebrochen. Verbindungen zwischen führenden Militärs und bürgerlich-konservativen Oppositionspolitikern wie dem früheren Leipziger Oberbürgermeister GOERDELER blieben jedoch bestehen. Goerdeler unterhielt auch Kontakte zum **Kreisauer Kreis**, einer Gruppe Widerstandskämpfer um GRAF VON MOLTKE. Viele dieser Oppositionellen hatten dem Nationalsozialismus zunächst positiv gegenübergestanden und auch die Verfolgung von Minderheiten hingenommen. Ihr Verhältnis zum Staat war grundsätzlich von Gehorsam geprägt. Zum Widerstand konnten sie sich erst entschließen, als die Niederlage absehbar und der verbrecherische Charakter des Regimes während des Vernichtungskrieges im Osten unübersehbar wurde.

**Attentat auf Hitler** – Die Verschwörer beschlossen nach langen Diskussionen, zunächst den Diktator zu ermorden, staatsstreichartig die Macht zu übernehmen, um dann den Westmächten Frieden anbieten zu können. GRAF SCHENK VON STAUFFENBERG, der in Ausübung seines militärischen Dienstes Zugang zum Füh-

PERSONENLEXIKON

CLAUS GRAF SCHENK VON STAUFFENBERG, 1907–1944 (hingerichtet); führte den Attentatsversuch vom 20. Juli 1944 durch

CARL-F. GOERDELER, 1884–1945 (hingerichtet). Oberbürgermeister Leipzigs, politischer Kopf des bürgerlichen Widerstands

HELMUTH JAMES GRAF VON MOLTKE, 1907–1945 (hingerichtet). Jurist, Kopf der Widerstandsgruppe des Kreisauer Kreises

---

**Q1** Aus dem sozialistischen Buchenwalder Manifest, 1945:

1 Wir haben ... Konzentrationslager ertragen, weil wir glaubten, auch unter der Diktatur für die Gedanken und Ziele des Sozialismus und für
5 die Erhaltung des Friedens arbeiten zu müssen. Im Konzentrationslager setzten wir trotz der täglichen Bedrohung mit einem elenden Tode unsere konspirative Tätigkeit
10 fort ... [Deshalb] halten wir uns ... für berechtigt und verpflichtet, dem deutschen Volke zu sagen, welche Maßnahmen notwendig sind, um Deutschland ... wieder Achtung
15 und Vertrauen ... zu verschaffen ...

(In: H. Brill, Gegen den Strom, Wege zum Sozialismus, H. 1, Offenbach 1946, S. 97 ff. Bearbeitet)

---

**Q2** Bekenntnis der Freundesgruppe um Stauffenberg, Juli 1944:

1 Wir wissen im Deutschen die Kräfte, die Gemeinschaft der abendländischen Völker zu schönerem Leben zu führen. Wir wollen eine
5 neue Ordnung, die alle Deutschen zu Trägern des Staates macht und ihnen Recht und Gerechtigkeit verbürgt, verachten aber die Gleichheitslüge und beugen uns vor den
10 naturgegebenen Rängen ...

(In: P. Hoffmann, Claus Graf Schenk von Stauffenberg und seine Brüder, 1992, S. 396 ff. Bearbeitet)

rerhauptquartier hatte, führte das Bombenattentat auf Hitler am 20. Juli 1944 aus. Doch Hitler überlebte die Explosion nur leicht verletzt, sodass der Umsturzversuch bald zusammenbrach. Die meisten Widerstandskämpfer wurden verhaftet und bis Kriegsende hingerichtet. ❷/9

**Widerstand von Jugendlichen** – In den letzten Kriegsjahren wuchs das Widerstandsverhalten auch von Jugendlichen. In Hamburg hörte der 17-jährige Helmuth Hübener englische Radionachrichten ab und verbreitete sie auf Flugblättern. Im Oktober 1942 wurde er von der Gestapo verhaftet und hingerichtet. In München hatte sich eine katholisch geprägte Freundes- und Widerstandsgruppe um die Geschwister Sophie und Hans Scholl gebildet: die „**Weiße Rose**". Auch sie versuchte durch Verfassen und Verteilen von Flugblättern die Bevölkerung gegen die Nazis zu mobilisieren. 1943 wurde nach einer Denunziation fast die gesamte Gruppe hingerichtet. ❷/10

**Q4** Widerstand von Frauen gegen die Deportation ihrer jüdischen Ehemänner, Berlin 1943:

1 Die jüdischen Partner ‚rassisch gemischter Ehen' hat man vergangenen Sonntag in ein Sammellager geschafft. Noch am selben Tag
5 machten sich die Frauen auf, ihre verhafteten Ehegefährten zu suchen. Sechstausend nichtjüdische Frauen drängten sich in der Rosenstraße [und] schrien nach ihren
10 Männern, Stunde um Stunde, Nacht und Tag ... Man hielt es nicht für opportun, mit Maschinengewehren zwischen sechstausend Frauen zu schießen. Im Haupt-
15 quartier der SS-Führung wurde beraten: „Privilegierte [jüdische Ehemänner] sollen in die Volksgemeinschaft eingegliedert werden."

(In: R. Andreas-Friedrich, Der Schattenmann, Frankfurt/M. 1986, S. 103 f. Bearbeitet)

SOPHIE SCHOLL, 1921–1943, Studentin der Biologie und der Philosophie, und HANS SCHOLL, 1918–1943, Student der Medizin. Beide Widerstandskämpfer der „Weißen Rose" wurden wie die meisten ihrer Freunde 1943 verhaftet und hingerichtet.

**Q3** Aus dem letzten Flugblatt der Weißen Rose, Februar 1943:

1 In einem Staat rücksichtsloser Knebelung jeder freien Meinungsäußerung sind wir aufgewachsen. HJ, SA, SS haben uns zu unifor-
5 mieren, zu narkotisieren versucht. Der Tag der Abrechnung ist gekommen, der Abrechnung der deutschen Jugend mit der verabscheuungswürdigsten Tyrannis,
10 die unser Volk je erduldet hat. Im Namen des ganzen deutschen Volkes fordern wir vom Staat Adolf Hitlers die persönliche Freiheit, das kostbarste Gut der Deutschen
15 zurück, um das er uns in der erbärmlichsten Weise betrogen hat. Der deutsche Name bleibt für immer geschändet, wenn nicht die deutsche Jugend endlich aufsteht,
20 rächt und sühnt zugleich und ein neues geistiges Europa aufrichtet.

(In: I. Scholl, Die Weiße Rose, Frankfurt/M. 1952, S. 108 ff. Bearbeitet)

**Q5** Der jugendliche „Edelweißpirat" Karl-Heinz Kapinos (geb. 1929) aus Berlin erinnert sich:

1 Wir unternahmen verschiedene Aktionen: So warnten wir, verkleidet als HJ-Führer, am Bahnhof Friedrichstraße ankommende Jugendliche vor der HJ. Wir halfen auch Menschen, die in Not waren, zum Beispiel durch
5 Bombenangriffe Geschädigten oder desertierten Soldaten, die wir in unserem Unterstand versteckten. Auch einige mit „OST" gekennzeichnete osteuropäische Zwangsarbeiter versteckten wir so lange bei uns, bis wir an neue Quartiere kamen.

(In: Gedenkstätte Deutscher Widerstand [Hg.]: Widerstand in Mitte und Tiergarten = Bd. 8 der Schriftenreihe über den Widerstand in Berlin von 1933–1945, S. 174. Bearbeitet)

## ARBEITSAUFTRÄGE

1. Erarbeitet die verschiedenen Motive und Ziele der Akteure in Q1 bis Q5. Beachtet dabei folgende Aspekte: Handelte es sich um organisierten Widerstand? Wie wurde der Widerstand begründet? Welche Ziele verfolgten die Widerstandskämpfer?
2. Diskutiert die Möglichkeiten und Grenzen von Widerstand in der NS-Zeit. Überlegt, ob es auch heute Situationen geben könnte, in denen Verweigerung oder Widerstand nötig ist.

# 6. Bombenkrieg gegen deutsche Städte

Mit der Wende des Krieges seit 1942 begann an allen Fronten ein Sturm auf die Stellungen der deutschen Wehrmacht. Darüber hinaus verstärkten alliierte Flugzeuge nun auch ihre Angriffe auf deutsche Städte. Sie antworteten damit auf den deutschen Luftkrieg gegen englische Städte und die völlige Zerstörung Rotterdams, Warschaus und Belgorods durch die deutsche Wehrmacht. Welche Folgen hatte der Luftkrieg für das Leben der deutschen Zivilbevölkerung?

**Bombenkrieg** – Seit März 1940 hatte die britische Air Force militärische Einrichtungen in Deutschland bombardiert. Doch Angriffe bei Tage erwiesen sich als sehr verlustreich. Die englische Luftwaffe wechselte daher ab 1942 auf nächtliche **Flächenbombardements**: Zunächst wurden Brandbomben abgeworfen, die den nachfolgenden Flugzeugen die Zielfindung für weitere Sprengbomben erleichterten. Den **Feuersturm**, der dabei entfacht wurde, die Zerstörung von Wohngebieten, die Opfer unter der Zivilbevölkerung nahmen die Briten in Kauf. Die USA bombardierten tagsüber in **Präzisionsangriffen** militärische Einrichtungen und Industriebetriebe.

Durch die koordinierten Luftangriffe und die zahlenmäßige Überlegenheit hatten die Alliierten seit 1944 die völlige Lufthoheit über Deutschland erlangt. Der Bombenkrieg aus der Luft prägte nun das Leben der städtischen Bevölkerung. Selbst zu einer Zeit, als der deutsche Zusammenbruch absehbar war, steigerten Amerikaner und Engländer die Luftangriffe noch einmal. Der Bombenkrieg richtete sich mehr und mehr gegen die Zivilbevölkerung, um deren Kampfmoral zu brechen. Etwa 600.000 Menschen kamen in Deutschland durch Luftangriffe ums Leben; ebenso viele wurden verletzt. Unzählige Häuser wurden zerstört. Allein bei dem schweren Bombenangriff auf Dresden im Februar 1945 starben in der von Flüchtlingen überfüllten Stadt etwa 40.000 Menschen.

**Q2** Hans Leyser, der im Februar 1945 die Zerstörung Dresdens miterlebte, erinnert sich:

1 Ich weiß nicht, wie lange der Angriff gedauert hat, eine Zeit außer der Zeit. Als uns die Feuerluft die Brust einengte, der Funkenflug Nacken und Haar wie mit sengenden Pfeilen traf, packten wir die notdürftigste Habe
5 auf ein Leiterwägelchen und flohen aus der Stadt. Die zerstörten Straßen mit den hohen Mauerresten waren wie von blutiger Lava überronnen. Die Häuser schrien aus offenen Mündern. Die Lebenden trugen aus den Kellerlöchern ihre Toten heraus, betteten sie in die
10 Straßenrinnen. Sie waren braun und ledrig ... zusammengeschrumpft ..., zu Mumien gedörrt.

(In: D. Petri und J. Thierfelder [Hg.], Vorlesebuch Drittes Reich. Von den Anfängen bis zum Niedergang, Lahr 1993, S. 223–227. Bearbeitet)

**B3** Die zerstörte Mitte Berlins, 1945

**T1** Durch Bomben verursachte Verluste in Berlin und in einigen Städten Brandenburgs:

|  | Gebäude | Zahl der Toten |
| --- | --- | --- |
| Berlin: | 38 % | ca. 50.000 |
| Brandenburg: | 15 % | 1.800 |
| Cottbus: | 60 % | 1.000 |
| Potsdam: | 10 % | 1.500 |

## ARBEITSAUFTRAG

Beschreibe mit Hilfe von T 1 , Q 2 und B 3 das Ausmaß der Luftangriffe und das Schicksal der betroffenen Bevölkerung.

# 7. Totaler Krieg und bedingungslose Kapitulation

Seit Sommer 1944 war die drohende Niederlage des Reiches offensichtlich. Doch das NS-Regime weigerte sich, daraus politische Konsequenzen zu ziehen und Waffenstillstandsverhandlungen einzuleiten. Stattdessen ergriff es weitere Maßnahmen, um den aussichtslosen Krieg zu verschärfen und zu verlängern. Welche Maßnahmen waren das?

**Ausbeutung und Kontrolle** – Die deutsche Wirtschaft wurde immer stärker auf die Produktion von Waffen und Kriegsmaterial umgestellt. Da aber mehr und mehr Männer in der Wehrmacht kämpften, wurden **Zwangsarbeiter** als Ersatz für die fehlenden Arbeitskräfte nach Deutschland verschleppt. Darunter waren viele Jugendliche und Frauen, vor allem aus Polen und der UdSSR. Zusammen mit Kriegsgefangenen und KZ-Häftlingen mussten sie bis zur völligen Erschöpfung arbeiten, meist 12–14 Stunden am Tag. Zwar gab es Einzelne, die sich gegenüber den Zwangsarbeitern human verhielten. Die meisten Zwangsarbeiter waren jedoch in Großprojekten beschäftigt und in menschenunwürdigen Barackenlagern untergebracht.

Auch die Kontrolle über die deutsche Bevölkerung wurde verschärft; Widerstand gegen die Führung wurde hart bestraft. Zugleich mobilisierte das NS-Regime die letzten Reserven und schreckte auch nicht davor zurück, Kinder in den Krieg zu schicken. Seit Herbst 1944 wurden alle „waffenfähigen Männer" zwischen 16 und 60 Jahren, die nicht in der Wehrmacht waren, zum „**Volkssturm**" und zur „Verteidigung der Heimat" einberufen. Am 13. April 1945 wurde sogar der „**Frontdienst für alle Deutschen**" ausgerufen, selbst für Kinder, Frauen und Greise.

Führende Nationalsozialisten bedachte Hitler mit neuen Aufgaben. Albert Speer etwa stieg nach 1942 zum mächtigen „Minister für Rüstung und Kriegsproduktion" auf. Tatsächlich gelang es ihm noch einmal, die Produktion kriegswichtiger Waffen und Güter zu erhöhen. Doch damit wurde der Krieg nur verlängert. Propagandaminister Goebbels wurde zusätzlich „Generalbevollmächtigter für den totalen Kriegseinsatz".

Albert Speer, 1905–1981. Architekt. Er sollte Hitlers gigantische Bauprojekte verwirklichen; ab 1943 auch für die Rüstungsindustrie verantwortlich. Nach dem Krieg wurde er zu 20 Jahren Haft verurteilt.

| **T1** Arbeitskräfte im Deutschen Reich einschließlich Österreich, Sudeten- und Memelgebiet (in Millionen) | | |
|---|---|---|
| Jahr | Deutsche | Zwangsarbeiter/ |
| | Männer Frauen | Kriegsgefangene |
| 1939 | 24,5    14,6 | 0,3 |
| 1940 | 20,4    14,4 | 1,2 |
| 1941 | 19,0    14,1 | 3,0 |
| 1942 | 16,9    14,4 | 4,2 |
| 1943 | 15,5    14,8 | 6,3 |
| 1944 | 14,2    14,8 | 7,1 |

(Nach: R. Wagenführ, Die deutsche Industrie im Krieg 1939–1945, Berlin 1963, S. 139)

**B2** Das Außenlager „Dora Mittelbau" des KZs Buchenwald diente der unterirdischen Waffenproduktion. Allein hier kamen 20.000 Häftlinge ums Leben.

**„Durchhalte"-Propaganda** – Der Bombenkrieg führte dazu, dass die Menschen in den Städten in ständiger Angst lebten. Die NS-Propaganda versuchte daher, die „angloamerikanischen Terrorangriffe" zu einer letzten Solidarisierung mit dem Regime zu nutzen. Den Menschen war jedoch bewusst, dass der Krieg nur noch in einer Katastrophe enden konnte. Ein langfristiger Erfolg der „Durchhalte"-Parolen blieb daher aus. Doch auch eine Auflehnung gegen das NS-Regime, wie von den Alliierten erhofft, erfolgte nicht.

**Verbrannte Erde** – Am 19. März 1945 gab Hitler den so genannten **Nero-Befehl**: In den aufgegebenen Gebieten, auch in den deutschen, sollten die zurückweichenden Truppen alle Industrie- und Versorgungsanlagen sowie das Verkehrsnetz zerstören. Dieser wahnsinnige Befehl Hitlers wurde

nur selten ausgeführt. Hitler selber entzog sich am 30. April 1945 der Verantwortung für sein verbrecherisches Handeln durch Selbstmord. Wenige Tage später, am 7. und 9. Mai 1945, erklärte die Führung der Wehrmacht die **bedingungslose Kapitulation** Deutschlands. Der Zweite Weltkrieg war in Europa zu Ende.

Überlebende eines Luftangriffs, 1944

**B4** Von US-Soldaten gefangen genommene Hitler-Jungen, die im „Volkssturm" eingesetzt waren, Foto 1945

**Q3** Aus der Rede von Reichspropagandaminister Joseph Goebbels im Berliner Sportpalast, 18.2.1943:

1 Ich frage euch: Glaubt ihr mit dem Führer und mit uns an den endgültigen totalen Sieg des deutschen Volkes? Ich frage euch: Seid ihr
5 entschlossen, dem Führer durch dick und dünn und durch Aufnahme auch der schwersten persönlichen Belastungen zu folgen? ... Ich frage euch: Seid ihr entschlossen,
10 zehn, zwölf und, wenn nötig, sechzehn Stunden täglich zu arbeiten und das Letzte herzugeben für den Sieg? ... Ich frage euch: Wollt ihr den totalen Krieg? Wollt ihr ihn,
15 wenn nötig, totaler und radikaler, als wir ihn uns heute überhaupt erst vorstellen können? Ich frage euch: Ist euer Vertrauen zum Führer heute größer, gläubiger und unerschüt-
20 terlicher denn je? (Die Menge erhebt sich wie ein Mann. Sprechchöre: „Führer, befiehl, wir folgen!") Ich habe euch gefragt, ihr habt mir eure Antwort gegeben.

(In: H. Heiber [Hg.], Goebbels-Reden 1932–1945, Bd. 2, Düsseldorf 1972, S. 204 f. Bearbeitet)

**Q5** Hitler gegenüber Albert Speer am 18.3.1945:

1 Wenn der Krieg verloren geht, wird auch das Volk verloren sein. Es ist nicht notwendig, auf die Grundlagen, die das deutsche Volk zu seinem primitivsten Überleben braucht, Rücksicht zu nehmen. Im Gegenteil ist es besser, selbst
5 diese Dinge zu zerstören. Denn das Volk hat sich als das schwächere erwiesen [gegenüber] dem stärkeren Ostvolk ... Was nach diesem Kampf übrig bleibt, sind ohnehin nur die Minderwertigen; denn die Guten sind gefallen!

(In: A. Speer, Erinnerungen, Berlin 1970, S. 446. Bearbeitet)

## ARBEITSAUFTRÄGE

1. Erläutere mit Hilfe von T1 und B2 das Ausmaß der Zwangsarbeit und die Lage der betroffenen Menschen.
2. Analysiere Goebbels' Rede aus Q3. Versuche die Wirkung der Rede auf die Zuhörer zu erklären.
3. Versetze dich in die Lage eines der in B4 abgebildeten Jungen und schreibe auf, was in ihm vorgehen könnte.
4. Erkläre, wie in Q5 Hitlers Rassenideologie zum Ausdruck kommt.

# Arbeit mit historischen Tondokumenten

Die Nationalsozialisten stellten die damals noch neue Rundfunktechnik systematisch in den Dienst ihrer Propaganda. Mit dem „Volksempfänger", einem billigen Radio, existierte ein neues Massenkommunikationsmittel, mit dem die Reden führender NS-Politiker überall hin verbreitet werden konnten. Was unterscheidet den gelesenen Text einer historischen Rede von dem akustisch aufgenommenen Wort?

Beim Hören des Originaltons erleben wir die Rede, die Stimme des Redners und die beabsichtigte Wirkung unmittelbarer. Bei aufgezeichneten öffentlichen Reden sind oft auch noch Reaktionen der Zuhörer mit enthalten, Beifall oder Ablehnung sowie Zwischenrufe. Für die Beurteilung eines Tondokument müssen neben dem Inhalt und der beabsichtigten Wirkung auch die Zielgruppe sowie die Zeitumstände der Rede analysiert werden.

Die Quelle Q 3 der gegenüberliegenden Seite stammt aus der Berliner Sportpalast-Rede von NS-Propagandaminister Goebbels. Sie wurde am 18. Februar 1943 „live" im Radio übertragen. Zur Analyse der Rede gehört die Frage nach Anlass und Absicht der Rede. Welche Wirkung sollte im In- und Ausland erzielt werden? In seinen Tagebüchern hat Goebbels dazu selber Aufzeichnungen gemacht (Q 2).

Goebbels gelang es, die Massen im Sportpalast für den „totalen Krieg" zu begeistern. Um die teilweise fanatische Reaktion der Zuhörer im Sportpalast besser beurteilen zu können, muss die militärische Situation im Frühjahr 1943 sowie die Einstellung der (ausgewählten?) Zuhörer berücksichtigt werden. Schließlich bleibt Goebbels' „Redetechnik" zu untersuchen: Worüber spricht er und mit welchen Argumenten? Auch Aussprache, Betonung, Lautstärke und Sprechpausen sind dabei zu berücksichtigen, denn all das war von Goebbels sorgfältig durchdacht worden.  🔊/11

**B 1** Goebbels-Zuhörer im Berliner Sportpalast am 18.2.1943

Propagandaminister Joseph Goebbels als Redner, 1941

**Q 2** Aus dem Tagebuch Joseph Goebbels', Februar 1943:

1   14.2.:[Bin] an der Vorbereitung für meine nächste Sportpalastversammlung. Die Rede muss ein Meisterstück werden. In ihr will ich in der Hauptsache den totalen Krieg von der Volksseite aus weitertreiben. Jetzt gerät er
5   in die Gefahr, verbürokratisiert zu werden. Das wäre das Schlimmste, was uns passieren könnte. Ich werde solange die Peitsche gebrauchen, bis die faulen Schläfer wach geworden sind.
    19.2. Ich glaube, dass diese Versammlung nicht nur auf
10   das Reich, sondern auch auf das neutrale und das feindliche Ausland einen tiefen Eindruck machen wird. Die Berliner haben sich fantastisch benommen. Der Berliner stellt das politischste Publikum, über das wir augenblicklich im Reich verfügen. Das Volk ist, wie die-
15   se Kundgebung zeigt, bereit, alles für den Krieg und den Sieg hinzugeben. Wir brauchen jetzt nur zuzugreifen.

(In: E. Fröhlich [Hg.], Die Tagebücher von Joseph Goebbels, 2, München u.a. 1993, S. 345, 373. Bearbeitet)

### WORAUF DU ACHTEN MUSST

1. Erkunde, aus welcher Zeit das Tondokument stammt. Was weißt du über den Redner/die Rednerin und die Begleitumstände der Rede?
2. An wen richtet sich der Redner/die Rednerin? Welche Einstellungen und welche Interessen haben die Zuhörer?
3. Untersuche den in der Rede angesprochenen Sachverhalt: Benenne neben dem Inhalt auch die angeführten Argumente.
4. Welche sprachlichen Mittel werden eingesetzt, um die Zuhörer zu beeindrucken?

# 8. Vertreibung und Flucht in Europa

Der Zweite Weltkrieg machte Millionen Menschen zu Flüchtlingen. Von „Heimatvertriebenen" ist meist die Rede, wenn es um die Menschen geht, die 1945 aus den ehemaligen deutschen Ostgebieten verjagt wurden. Doch schon vorher hatten die Nationalsozialisten viele Menschen aus ihrer Heimat vertrieben. Welche Ursachen für Vertreibung und Flucht gab es und welche Ausmaße nahmen sie an?

**Germanisierungspolitik** – Hitlers Pläne mit dem besiegten Polen beinhalteten neben der Ermordung der polnischen Führungsschicht und der Juden ein gewaltiges **Umsiedlungsprogramm**. Nichtdeutsche wurden aus dem „Warthegau" ins Generalgouvernement vertrieben. Deutschstämmige aus den polnischen Ostgebieten, aber auch aus alten deutschen Siedlungsgebieten wie Bessarabien, Wolhynien, der Bukowina und dem Baltikum wurden gezwungen, ihre Heimat, in der sie schon seit Jahrhunderten lebten, aufzugeben und die verlassenen Höfe zu übernehmen. Im „Altreich" wurden Neusiedler angeworben, denen günstige Angebote gemacht und die von SS-Ansiedlerstäben betreut wurden. Zwischen 1939 und 1945 wurden so 1,4 Millionen Deutsche umgesiedelt – und mindestens ebenso viele nichtdeutsche Menschen aus ihrer Heimat vertrieben. Dies sollte jedoch nur der Anfang sein. Für die Zeit nach dem „Endsieg" war geplant, weitere 10 Millionen Deutsche, „Deutschstämmige" und „Eindeutschungsfähige" wie Skandinavier, Südtiroler und Flamen im eroberten Großreich des Ostens anzusiedeln.

**Rückzug der Deutschen** – Als die Rote Armee nach Westen vorstieß, verboten Hitler und seine Gauleiter zunächst die Flucht der Deutschen. Als die Sowjets deutsches Siedlungsgebiet erreichten und dort – nicht zuletzt als Rache für das, was ihnen angetan worden war – plünderten, vergewaltigten und mordeten, war es für eine geordnete Flucht der Zivilbevölkerung zu spät. In endlosen Zügen wälzte

sich ein **Flüchtlingsstrom nach Westen**, immer bedroht von feindlichen Tieffliegern. Vielen war der direkte Weg nach Westen bereits durch sowjetische Truppen verbaut, sodass sie den Weg über die vereiste Ostsee nehmen mussten. Die wenigen

**B1** NS-Werbung für die Ansiedlung von Flamen in den besetzten Ostgebieten

**Q2** Himmler „über die Behandlung der Fremdvölkischen im Osten", Mai 1940:

1 Für die nichtdeutsche Bevölkerung des Ostens darf es keine höhere Schule geben als die vierklassige Volksschule. Das Ziel dieser Volksschule hat lediglich zu sein: Einfaches Rechnen bis höchstens 500, Schreiben des 5 Namens, eine Lehre, dass es ein göttliches Gebot ist, den Deutschen gehorsam zu sein und ehrlich, fleißig und brav zu sein. Lesen halte ich nicht für erforderlich ... Die Eltern der Kinder guten Blutes werden vor die Wahl gestellt, entweder das Kind herzugeben, oder die Eltern 10 verpflichten sich, nach Deutschland zu gehen und dort loyale Staatsbürger zu werden ... Die Bevölkerung des Generalgouvernements wird als führerloses Arbeitsvolk zur Verfügung stehen und Deutschland jährlich Wanderarbeiter für besondere Arbeitsvorkommen (Straßen, 15 Steinbrüche, Bauten) stellen.

(In: H.-U. Thamer, Verführung und Gewalt, Berlin 1995, S. 637. Bearbeitet)

Schiffe, die zur Verfügung standen, waren völlig überfüllt und Ziel von Luftangriffen. Bei der Versenkung des Flüchtlingsschiffs „Wilhelm Gustloff" ertranken über 9000 Menschen in der eisigen Ostsee.

**Alliierte Beschlüsse** – Die Potsdamer Konferenz der alliierten Siegermächte vom August 1945 bestimmte die **Ausweisung der verbliebenen deutschen Bevölkerung** aus Polen, der Tschechoslowakei und Ungarn. Was „in ordnungsgemäßer und humaner Weise" durchgeführt werden sollte, bedeutete in Wirklichkeit für 11 Millionen Menschen die Vertreibung von ihren angestammten Wohnsitzen in den Gebieten östlich von Oder und Neiße, im Sudetenland, in Jugoslawien, Rumänien und Ungarn. Über 2 Millionen kamen durch Repressalien und aufgrund der Entbehrungen ums Leben. Die UdSSR siedelte in Schlesien und Ostpreußen Bewohner der nun zur Sowjetunion gehörenden ostpolnischen Gebiete an. Die lange und wechselvolle Geschichte deutscher Siedlung in Osteuropa, die im Mittelalter begonnen hatte, war mit dem Zweiten Weltkrieg gewaltsam beendet.

**Q3** Marion Gräfin Dönhoff berichtet von ihrer Flucht aus Ostpreußen vor der Roten Armee, Januar 1945

Das Thermometer war noch weiter gesunken, und dazu hatte sich ein orkanartiger Ostwind aufgemacht. Als wir den Hof verließen, sahen wir
5 in der Ferne den großen Heerwurm auf der Landstraße vor uns. Wie durch einen dicken weißen Schleier sah man die unglücklichen Menschen ganz langsam vorwärts
10 kriechen, die Mäntel vom Winde vorwärtsgepeitscht, viele Dachkonstruktionen der Treckwagen waren zusammengebrochen. Wir reihten uns ein in diesen Gespens-
15 terzug und sahen die ersten Toten am Weg liegen. Niemand hatte die Kraft, die Zeit oder die Möglichkeit, sie zu begraben. Und so ging es tagelang – wochenlang. Von rechts
20 und links stießen immer neue Fahrzeuge, immer mehr Menschen hinzu. Noch nie hat der Führer eines Volkes so gründlich das Geschäft des Gegners betrieben. Lange ehe
25 der Krieg ausbrach, gab es in Berlin einen Witz, bei dem Stalin von seinem Gauleiter Hitler sprach.

(In: H. Hürten [Hg.], Deutsche Geschichte in Quellen und Darstellung, Bd.9, Stuttgart 1995, S. 437 f.)

**Q4** Aus dem „Potsdamer Abkommen" der Siegermächte USA, Großbritannien, UdSSR vom 2. August 1945:

1 Die drei Regierungen erkennen an, dass die Überführung der deutschen Bevölkerung oder Bestandteile derselben, die in Polen, der Tschechoslowakei und Ungarn zurückgeblieben sind, nach Deutschland durch-
5 geführt werden muss. Sie stimmen darin überein, dass jede derartige Überführung, die stattfinden wird, in ordnungsgemäßer und humaner Weise erfolgen soll.

(In: E. Deuerlein [Hg.], Potsdam 1945, München 1963, S. 367)

**B5** Flüchtlingstreck in Ostpreußen, Januar/Februar 1945

## ARBEITSAUFTRÄGE

1. Beschreibe B1 und erkläre die beabsichtigte Wirkung des Plakats.
2. Fasse die wichtigsten Bestimmungen aus Q2 zusammen. Erkläre, welche Absicht das NS-Regime damit verfolgte, und stelle ihre Folgen für die betroffenen Nichtdeutschen dar.
3. Nenne mögliche Gründe für die in Q4 getroffene Entscheidung der Siegermächte, Deutsche aus den früheren Ostgebieten umzusiedeln. Beurteile, ob alle Bestimmungen des Abkommens eingehalten wurden.
4. Lies Q3 und betrachte B5. Versetze dich in die Lage eines Flüchtlings und schreibe deine Gedanken auf.

# 9. Der Zweite Weltkrieg in Asien

Am 7. Dezember 1941 überfiel Japan ohne Vorwarnung den amerikanischen Militärstützpunkt PEARL HARBOR auf Hawaii, zerstörte einen großen Teil der dort stationierten US-Flotte und provozierte so die Kriegserklärung an Japan durch die USA und Großbritannien am 8. Dezember. Dieser Kriegserklärung ließen die japanischen Bündnispartner Deutschland und Italien am 11. Dezember 1941 eine Kriegserklärung an die bis dahin neutralen USA folgen. Welche Vorgeschichte hatte der Krieg in Asien?

**Japans Expansion** – Japan hatte seit dem letzten Drittel des 19. Jahrhunderts einen raschen industriellen Aufschwung vollzogen. Den Mangel an eigenen Rohstoffen versuchte es durch eine **imperialistische Großmachtpolitik** wettzumachen. Das Land übte ein Protektorat über Korea und die Südmandschurei aus. Innenpolitische Wirren nach dem Ersten Weltkrieg hatten den Einfluss demokratischer Kräfte in der japanischen Gesellschaft und im

Regierungssystem zurückgedrängt. Stattdessen stieg der **Einfluss des japanischen Militärs** auf KAISER HIROHITO (1926–1989). Das japanische Militär provozierte bewaffnete Zwischenfälle mit dem Nachbarland China und besetzte auf diese Weise 1931 die gesamte Mandschurei. Im Sommer 1937 nahm Japan neue Grenzkonflikte zwischen japanischen und chinesischen Soldaten zum Anlass für eine Invasion und eroberte weite Teile des südöstlichen Chinas. Der Krieg zwischen beiden Ländern dauerte bis 1945.

Zerstörung eines US-Schlachtschiffes in Pearl Harbor auf Hawaii, 7.12.1941

Als 1939 in Europa der Krieg begann, nutzte Japan die Gelegenheit und besetzte die **französischen und niederländischen Kolonien** in Indochina, auf den Philippinen und in Burma. Dort unterstützte es die gegen die europäischen Kolonialmächte gerichteten **nationalen Bewegungen** und richtete japanfreundliche Regierungen ein. Ziel dieser expansiven Politik war es, die japanische Vormachtstellung in Asien zu sichern und die USA zurückzudrängen.

**Q 1** Der japanische Außenminister Matsuoka über die „ostasiatische Wohlstandssphäre", 1.8.1940:

1 Die Aufgabe Japans ist es, den Kodo, den kaiserlichen Weg, in der ganzen Welt zu verkünden und zu demonstrieren. Dementsprechend
5 ist das Ziel unserer Außenpolitik, eine großasiatische Gruppe gemeinsamen Wohlstandes herbeizuführen. So werden wir den Kodo wirkungsvoll zeigen und den Weg
10 zu einem gerechten Weltfrieden ebnen können. Gemeinsam mit denjenigen befreundeten Mächten, die mit uns zusammenarbeiten wollen, sollten wir entschlossen an die Erfüllung der idealen
15 und vom Himmel bestimmten Mission unseres Landes herangehen.

(In: Archiv der Gegenwart 10 [1940], S. 4647. Bearbeitet)

**Ostasien und Pazifischer Ozean im Zweiten Weltkrieg**

| | |
|---|---|
| Japanischer Machtbereich 1941 vor Eintritt in den 2. Weltkrieg | Gebiet der Alliierten 1942 |
| Japanische Eroberungen bis Ende 1942 | Rückeroberung der Alliierten bis August 1945 |
| Mit Japan verbündete Staaten | Atombombenabwurf |
| Japanische Frontlinie 1942 | Japanische Frontlinie 21.8.1945 |

**K 2**

**Machtkonflikt im Pazifik** – Rückendeckung für die Expansion Japans in Asien boten der **Dreimächtepakt** von 1940 mit Deutschland und Italien sowie ein **Nichtangriffspakt mit der UdSSR** von 1941. Doch die USA hatten auf die expansive Großmachtpolitik Japans 1939 mit der Kündigung des Handelsvertrags von 1911 reagiert. Im Sommer 1941 verhängten sie zudem eine Handelsblockade über Japan, die dessen Versorgung mit Eisenerz und Erdöl beeinträchtigen sollte. Diese beabsichtigte Schwächung der japanischen Industrie beantwortete Japan mit dem Überfall auf Pearl Harbor und weiterer Expansion. 1942 umfasste der japanische Machtbereich den gesamten südostasiatischen Pazifik und große Teile des chinesischen Festlands.

**Vormarsch der Alliierten** – Die Gegenangriffe der USA seit Juni 1942 verhinderten die weitere Expansion Japans. Eine Großoffensive von Amerikanern und Briten erzwang in verlustreichen Kämpfen das Zurückweichen Japans. Im März

1945 eroberten die Amerikaner mit der Insel Iwo Jima erstmals japanisches Gebiet; im Juni 1945 besetzten sie nach schweren Kämpfen und hohen Verlusten auf beiden Seiten die Insel Okinawa. Doch die Aufforderung der Alliierten zur Kapitulation lehnte die japanische Regierung trotz der hoffnungslosen Lage ab.

Am 8. August erklärte Stalin Japan den Krieg, ließ die Mandschurei, Korea, die Kurileninseln und Südsachalin besetzen. Um den Krieg nun schnell zu beenden und weitere eigene Verluste zu vermeiden, entschieden sich die USA zum Einsatz ihrer neu entwickelten **Atombombe:** Am 6. und am 9. August 1945 wurde über den japanischen Großstädten HIROSHIMA und NAGASAKI je eine Atombome abgeworfen. 150.000 Japaner starben sofort, Zehntausende erlagen später den schweren Verletzungen. Daraufhin unterzeichnete Japan am 2. September 1945 die Kapitulation und wurde von den Alliierten besetzt. Der Zweite Weltkrieg war endgültig zu Ende.

HARRY S. TRUMAN, 1884–1972. Von 1945–1953 Präsident der USA (nach dem Tod Roosevelts am 12.4.1945). Er befahl im August 1945 den Abwurf von Atombomben auf die japanischen Städte Hiroshima und Nagasaki

---

**Q3** US-Präsident Truman über den Abwurf der ersten Atombombe:

1  1942 erfuhren wir, dass die Deutschen nach Wegen suchten, um die Atomenergie der Kriegführung dienstbar zu machen. Damit
5  begann ein Wettrennen um die Konstruktion der Atombombe. [Wir] müßten uns, ein Kampfmittel von so ungeheurer Vernichtungskraft zu schaffen, dass sich ihm der
10 Feind in kürzester Zeit beugen musste. Mir war natürlich klar, dass eine Atombombenexplosion eine jede Vorstellung übertreffende Zerstörung und gewaltige Verluste an
15 Menschenleben zur Folge haben musste. [Aber] wir [waren] nicht in der Lage, eine Demonstration vorzuschlagen, die den Krieg beenden würde, und sahen daher [nur] den
20 direkten militärischen Einsatz.

(In: Geschichte in Quellen, Bd. 5, München 1989, S. 584 f. Bearbeitet)

**B4** Hiroshima vier Wochen nach Abwurf der Atombombe, 1945

## ARBEITSAUFTRÄGE

1. Stelle mit K2 die Etappen der japanischen Expansionspolitik im 2. Weltkrieg zusammen.
2. Fasse die zentralen Aussagen des japanischen Außenministers in Q1 zusammen und vergleiche sie mit der Ideologie der NSDAP. Überlege, welches Ziel die Verbündeten des Dreimächtepaktes, vor allem Deutschland und Japan, anstrebten.
3. Gebt die Argumentation Trumans in Q3 mit euren eigenen Worten wieder. Diskutiert auch mit Hilfe von B4, ob der Zweck des Atombombenabwurfs die Opfer rechtfertigt.

# 10.  Folgen des Zweiten Weltkriegs

Als der Zweite Weltkrieg im Sommer 1945 zu Ende ging, hatte er nicht nur Tod und unermessliches Leid für Millionen Menschen gebracht, sondern auch die weltpolitische Situation grundlegend verändert. Welche Folgen hatte der Krieg?

**Opfer des Krieges** – Die Gesamtzahl der Toten des Krieges wird auf 55 Millionen beziffert; 35 Millionen Verwundete und 3 Millionen Vermisste wurden geschätzt. Millionen ehemalige Zwangsarbeiter und KZ-Häftlinge irrten als „**displaced persons**" durch Europa. Hunderttausende deutsche Soldaten gerieten in **Kriegsgefangenschaft**. Die Zerstörungen und Schäden an Sachwerten, die der Krieg weltweit verursachte, lassen sich nicht beziffern.

**Veränderte Mächtekonstellation** – Der Versuch Deutschlands, Italiens und Japans, die Erde nach ihren Interessen aufzuteilen, war gescheitert. Die Zerstörung großer Teile Europas und Südostasiens war auch mit einer Zerstörung kultureller Werte und mit einer moralischen Katastrophe verbunden. Ein machtpolitisches Ergebnis des Krieges war der Aufstieg der USA und der UdSSR zu unbestrittenen Supermächten. Sie dominierten die Politik in den nächsten Jahrzehnten. Die nach 1945 wachsenden Spannungen zwischen beiden Supermächten führten zur Teilung Deutschlands und Europas in der Nachkriegszeit.

**Alliierte Deutschlandpläne** – Im Februar 1945 hatten die USA, Großbritannien und die UdSSR auf der **Konferenz von Jalta** beschlossen, Deutschland nach Kriegsende in **vier Besatzungszonen** aufzuteilen. Das polnische Staatsgebiet sollte vergrößert und auf Kosten Deutschlands nach Westen verschoben werden. Während der **Konferenz der Siegermächte in Potsdam**, die vom 17.6. bis zum 2.8.1945 dauerte, wurde als vorläufige neue Ostgrenze Deutschlands der Verlauf der Flüsse Oder und Neiße festgelegt.

Die „Großen Drei" (von links: Stalin, Truman und Churchill) auf der Potsdamer Konferenz

> **Q2** Aus dem Protokoll der Konferenz von Jalta, 4.–11. Februar 1945:
>
> 1 Das Vereinigte Königreich, die Vereinigten Staaten von Amerika und die Union der Sowjetrepubliken werden bezüglich Deutschlands höchste Machtvollkommenheit haben. In der Ausübung dieser Macht werden sie solche
> 5 Maßnahmen treffen, einschließlich der völligen Entwaffnung, Entmilitarisierung und Zerstückelung, wie sie für den künftigen Frieden und die Sicherheit notwendig halten ... Es wurde beschlossen, dass eine Zone in Deutschland Frankreich zugeteilt wird. Diese Zone soll aus der
> 10 britischen und amerikanischen Zone gebildet werden.
>
> (In: R. Müller, G. Ueberschär, Kriegsende 1945, Frankfurt/M. 1994, S.190)

| T1 Bevölkerungsverluste im Zweiten Weltkrieg, in Millionen (ausgewählte Länder) | | |
|---|---|---|
| Land | Insgesamt | davon Zivilisten |
| Deutschland | 5,25 | 0,5 |
| Sowjetunion | 27,00 | 7,0 |
| Polen | 4,52 | 4,2 |
| USA | 0,26 | – |
| Großbritannien | 0,39 | 0,06 |
| Frankreich | 0,81 | 0,47 |
| Jugoslawien | 1,69 | 1,28 |
| Japan | 1,8 | 0,6 |

(Aus: Der große Ploetz, Freiburg 1992, S. 916)

Die Aufteilung des Deutschen Reiches nach dem 2. Weltkrieg    K3

## ARBEITSAUFTRÄGE

1. Ermittle mit Hilfe von T1 die Länder, die im Zweiten Weltkrieg Hauptleidtragende waren.
2. Fasse anhand von Q2 und K3 zusammen, welche unmittelbaren Folgen der Zweite Weltkrieg für Deutschland hatte.

# Verfolgung und Ermordung

## 1. Juden in Deutschland – von der Antike bis zur Neuzeit

Seit der Zerstörung Jerusalems im Jahre 70 n. Chr. und der Zerschlagung des jüdischen Staates durch die Römer lebten viele Juden in Europa. Dort wurden sie, lange bevor das nationalsozialistische Morden über sie hereinbrach, immer wieder verfolgt. Doch Jesus von Nazareth, der Gründer der christlichen Religion, war selbst Jude! Warum feindete das „christliche Abendland" die Juden an?

**Ausgrenzung und Verfolgung** – Die ersten Christen waren wie Jesus Juden. Sie sahen in ihm den Messias und sogar den Gottessohn. Doch schon bald lasteten sie den anderen Juden die Hinrichtung Jesu durch die römischen Besatzer Jerusalems an. Jahrzehnte nach der Kreuzigung trennten sich die christlichen Juden von den anderen Juden und begannen, diese als „Gottesmörder" zu beschimpfen. In der Kreuzzugszeit (11.–13. Jh.) und auch später kam es zu blutigen Verfolgungen von Juden in Europa, die von der Kirche teilweise geduldet wurden. Der Hass hatte nicht nur religiöse Gründe, sondern wurde auch durch **wirtschaftlichen Neid**

ausgelöst: Im Mittelalter war den Juden die Ausübung vieler Handwerke und der Erwerb landwirtschaftlichen Grundbesitzes verboten worden. So blieb ihnen oft nur der so genannte „Wucher": Geldverleih und Pfandgeschäfte, die den Christen von der Kirche verboten waren. Spezielle Kleidervorschriften – meist mit farbigen Marken – machten die Juden leicht erkennbar und zum Gespött der anderen.

„Judenstern", 20. Jh., aufgenäht auf Stoff

**B1** Josel von Rosheim, um 1478–1554, Bevollmächtigter aller Juden im Heiligen Römischen Reich Deutscher Nation. Zeitgenössisches satirisches Flugblatt

**Q2** Martin Luther 1523 und 1543 über die Juden:

1 [Die Juden sind] Brüder unseres Herrn. Will man ihnen helfen, so muss man das Gesetz der christlichen Nächstenliebe auf sie anwenden, sie freundlich aufnehmen, damit sie einen Grund haben, unsere christliche Lehre zu
5 hören und unser christliches Leben zu sehen. (1523)

Ich habe viele Historien gelesen und gehört von den Juden, wie sie Brunnen vergiften, heimlich gemordet, Kinder gestohlen. Ich weiß wohl, dass sie alles leugnen.
10 Es stimmet aber, dass sie giftige, rachgierige Schlangen und Teufels Kinder sind, die heimlich Schaden tun, weil sie es öffentlich nicht vermögen. (1543)

(In: M. Luther, Weimarer Ausgabe Bd. 11, S. 336, u. Bd. 53, S. 530. Bearbeitet)

**Q3** Preußisches Edikt (Gesetz) vom 11.3.1812:

1 Wir, Friedrich Wilhelm, von Gottes Gnaden König von Preußen, verordnen wie folgt:
§1 Die in unseren Staaten wohnhaften, mit Schutzbriefen und Konzessionen versehenen Juden sind für
5 Inländer und preußische Staatsbürger zu achten.
§2 Die Fortdauer dieser Eigenschaft wird aber nur unter der Verpflichtung gestattet, dass sie fest bestimmte Familiennamen führen und der deutschen oder einer anderen lebenden Sprache sich bedienen.
10 §8 Sie können akademische Lehr- und Schul-, auch Gemeindeämter verwalten.
§9 Inwiefern die Juden zu anderen öffentlichen Bedienungen und Staatsämtern zugelassen werden können, behalten Wir uns vor.
15 §11 Sie können alle erlaubten Gewerbe treiben.

(In: Gesetzessammlung für die Königlichen Preußischen Staaten 5, Berlin 1812. Bearbeitet)

Als im 14. Jahrhundert in vielen Städten und Ländern Europas die Pest wütete und wenn Naturkatastrophen oder Hungersnöte ausbrachen, wurde oft den Juden die Schuld daran zugeschoben. Vor Gericht wurden ihre Rechte beschränkt. Wohnen mussten sie in Sondervierteln, den **Gettos**.

Seit dem 16. Jahrhundert lebten die meisten Juden ärmlich und vom Kleinhandel. Nur wenige erlangten eine angesehene Stellung, wie Joseph Süss Oppenheimer, der in Württemberg fürstlicher Finanzrat wurde. Aber auch er, der „Jud Süß", blieb rechtlich ein Mensch zweiter Klasse und wurde nach dem Tod des Fürsten von adligen Neidern verurteilt und hingerichtet.

**Emanzipation** – Eine Wende brachten im 18. Jahrhundert die Ideen der Aufklärung von Gleichheit und Menschenrechten. Sie öffneten den Juden die Gettotore und den Zugang zu vielen Berufen. Die kleine jüdische Gemeinde, etwa 0,8 % der deutschen Bevölkerung, trug von nun an erheblich zum **Aufschwung von Wirtschaft, Wissenschaft und Kultur** bei. Große deutsche Firmen wie die AEG oder Rosenthal verdankten ihren schnellen Aufstieg jüdischen Unternehmern. Zeitungen jüdischer Verleger traten für freiheitliche und demokratische Ideen ein. Viele deutsche Nobelpreisträger vor 1933 wie Albert Einstein waren Juden.

**Neue Judenfeindschaft** – Zahlreiche Juden hatten sich im 19. und 20. Jahrhundert vollständig in ihre Umgebung integriert und meist auch ihre Religion und Tradition aufgegeben. Dennoch wurden sie von vielen Deutschen weiterhin als „Fremde" angesehen. Als 1873 und in den 1920er Jahren Wirtschaftskrisen ausbrachen, wurden die alten Vorurteile und Neidkomplexe wieder wirksam: Die jüdischen „Kapitalisten" wurden als Sündenböcke hingestellt. Neu an diesem **Antisemitismus** war, dass die Vorurteile nicht mehr religiös begründet wurden, sondern mit einer falsch interpretierten Evolutionslehre und einer scheinbar wissenschaftlichen Theorie: der „**Rassenlehre**". In dieser antisemitischen „Rassenlehre" wurden biologische und charakterliche Unterschiede zwischen nichtjüdischen und jüdischen Deutschen willkürlich konstruiert. 🖱/12

Albert Ballin und Wilhelm II. 1913 während der Kieler Woche

---

**Q5** Albert Ballin – Hamburger Patriot und Unternehmer

1 Albert Ballin machte die Reederei HAPAG als Generaldirektor zur führenden Schifffahrtsgesellschaft Europas. Kaiser Wilhelm II. sah in ihm einen möglichen Begründer deutscher Weltgeltung zur See und bediente sich seiner
5 als Ratgeber für Außen- und Handelspolitik. Doch vielen Hamburgern blieb Ballin wegen seiner jüdischen Religion und wegen seiner internationalen Kontakte ein Fremder. 1914 scheiterte in London sein Versuch, im Auftrag Wilhelms II. den Frieden mit England zu wahren. Daraufhin
10 wurde er in Deutschland von kriegsbegeisterten Bürgern als „Wasserjude" beschimpft. Wegen seiner Warnung vor dem U-Boot-Krieg fiel er 1917 beim Kaiser in Ungnade. Nach dem Zusammenbruch des Kaiserreichs 1918 beging er Selbstmord.

(Nach: N. Gidal, Die Juden in Deutschland, Köln 1997, S. 268. Bearbeitet)

---

## ARBEITSAUFTRÄGE

1. Beschreibe, wie Josel von Rosheim in B1 dargestellt ist. Achte dabei auch auf die Kleidung. Welches Vorurteil wird deutlich?
2. Untersucht in Q2, wie sich Luthers Haltung gegenüber den Juden veränderte. Beurteilt seine späteren Anschuldigungen mit den Maßstäben eines heutigen Gerichts.
3. Liste anhand von Q3 die Rechte auf, die die Juden durch das Edikt erhielten. Prüfe, ob eine volle Gleichstellung erfolgte.
4. Analysiere B4 und Q5 auf mögliche Motive, warum Albert Ballin angefeindet wurde. Beurteile diese Motive.

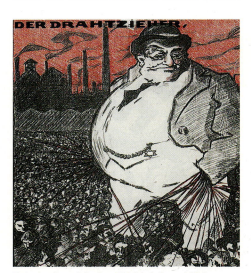

**B4** Antisemitisches Wahlplakat, 1924

# 2. Ausgrenzung und Diskriminierung

Besonders nach dem Ersten Weltkrieg war der rassische Antisemitismus stark verbreitet, sodass die Hetzpropaganda der NSDAP auf wenig Widerstand stieß. Wie setzten die Nationalsozialisten nach der Machtübernahme ihre Drohungen um?

**Feindbild und Opfer** – Die Juden dienten Hitler als Sündenböcke für die Niederlage im Ersten Weltkrieg, für die Arbeitslosigkeit und für die Wirtschaftskrise. Ja, selbst Kommunismus, Kapitalismus und Demokratie wurden als jüdische Erfindungen dargestellt, die die Welt und speziell Deutschland verderben sollten.
Am 1.4.1933 erzwang die SA gewaltsam den **Boykott** jüdischer Geschäfte, Ärzte, Anwälte, Zeitungen. Mit den „**Nürnberger Gesetzen**" von 1935 begannen die Nationalsozialisten, alle Rechte jüdischer Bürger systematisch einzuschränken oder ganz abzuschaffen: Als Beamte wurden sie entlassen, sie durften die meisten Berufe nicht mehr ausüben und nicht mehr wählen. Ihre Kinder durften nur noch auf jüdische Schulen gehen. Der Besuch von Theatern, Kinos, Schwimmbädern und Parkanlagen sowie die Benutzung öffentlicher Verkehrsmittel wurde ihnen zunehmend verboten.

In der **Pogromnacht** am 9.11.1938 kamen bei organisierten Synagogenzerstörungen und Geschäftsplünderungen viele Juden ums Leben. Tausende wurden enteignet und gezwungen, das Land zu verlassen. Seit dem 1.9.1941 mussten sie einen gelben „Judenstern" tragen; in ihren Personalausweis wurde ein „J" für Jude eingestempelt.

Deutscher Reisepass
mit Stempel „J"

**B2** Ortsschild, 1935

> **Q3** Erinnerung der Wiener Jüdin Ruth Klüger, Ende 1941:
>
> 1 Einmal, als wir schon den Judenstern trugen, aber noch die öffentlichen Verkehrsmittel, wenn auch nicht die Sitzplätze, benutzen durften, tastete jemand in der Stadtbahn im Tunnel nach meiner Hand. Mein erster Gedanke war,
> 5 ein Mann, der mich belästigen will ... Aber nein, dieser Mann drückte mir etwas in die Hand ... Juden zu beschenken war aber verboten ... Das Geschenk war eine Orange ... Als der Zug aus dem Tunnel herausfuhr, hatte ich sie schon in die Tasche gesteckt ... Meine Gefühle waren aber
> 10 gemischt ... Kleine heimliche Mitleidsgesten ... halfen ja nicht, standen in keinem Verhältnis zu dem, was geschah.
>
> (In: R. Klüger, weiter leben, München 1994, S. 50. Bearbeitet)

> **Q1** Gesetz „zum Schutz des deutschen Blutes und der deutschen Ehre", 15.9.1935:
>
> 1 Eheschließungen ... und außerehelicher Verkehr zwischen Juden und Staatsangehörigen deutschen ... Blutes [sind] verboten.
> 5 Juden dürfen weibliche Staatsangehörige deutschen ... Blutes unter 45 Jahren ... nicht in ihrem Haushalt beschäftigen.
>
> (In: W. Hofer [Hg.], Der Nationalsozialismus, Dokumente 1933–1945, Frankfurt/M. 1977, S. 285)

## ARBEITSAUFTRÄGE

1. Lies Q1 und bewerte das Gesetz. Überlege Folgen für die Betroffenen und Ziele der Regierung, die das Gesetz verfasste.
2. Schließe aus B2 auf die Haltungen der nichtjüdischen Bürger.
3. Gib das Geschehen in Q3 wieder. Versetze dich in den Mann und in die junge Ruth Klüger. Schreibe für beide auf, was sie dem jeweils anderen gern gesagt hätten.

# 3. Systematischer Massenmord

Während des Zweiten Weltkriegs ermordeten die Nazis 6 Millionen Juden in ganz Europa sowie 500.000 Sinti und Roma und etwa 250.000 körperlich oder geistig behinderte Menschen; die meisten starben in eigens errichteten Vernichtungslagern. Wie wurde dieser in der Menschheitsgeschichte einmalige und unvorstellbar grausame Massenmord durchgeführt?

**Der Weg zur „Endlösung"** – Sofort nach der Machtübernahme 1933 inhaftierten die Nazis politische Gegner in **Konzentrationslagern**, die der SS unterstanden. Bald wurden dort auch Juden, Sinti und Roma eingesperrt. Willkür und Terror der SS gehörten ebenso zum mörderischen Häftlingsalltag wie **Schwerstarbeit**, überbelegte, ungeheizte Baracken und Unterernährung. Nach der Pogromnacht gegen jüdische Synagogen und Geschäfte im November 1938 waren 26.000 deutsche Juden verhaftet und vorerst in Konzentrationslager auf deutschem Boden gebracht worden. Hitler hatte Anfang 1939 in aller Öffentlichkeit vor dem Reichstag die Absicht geäußert, im Falle eines Krieges alle Juden vernichten zu wollen. Seit Kriegsbeginn machten spezielle **Einsatzgruppen der SS** eine regelrechte Menschenjagd auf Juden in ganz Europa. Millionen deutsche und europäische Juden wurden in Gettos oder Konzentrationslager gepfercht.

Nach dem Überfall auf die Sowjetunion im Sommer 1941 wurden von den damals 4,7 Millionen russischen Juden 2,2 Millionen bis Ende 1942 durch systematische Massenerschießungen und Vernichtungsaktionen ermordet. Daran waren neben den SS-Verbänden auch Angehörige der deutschen Reserve-Polizei, der Wehrmacht sowie verbündete Truppen aus Weißrussland und Rumänien beteiligt.

**Fabriken des Todes** – Seit Sommer 1941 hatte die SS vor allem im besetzten Polen regelrechte Vernichtungslager errichtet. Sie wollte den Völkermord an Juden, Sinti und Roma vor der deutschen Öffentlichkeit geheim halten. Denn die „**Euthanasieaktion**", bei der 1939 etwa 250.000 kranke und behinderte Menschen umgebracht wurden, hatte Unruhe und Proteste in der Bevölkerung ausgelöst. Als HIMMLER Ende 1944 die Einstellung der Vergasungen in den Vernichtungslagern Auschwitz, Belzec, Chelmno, Majdanek, Sobibor und Treblinka befahl, waren allein dort über 4 Millionen deutsche und europäische Juden ermordet worden. 🌐/13

HEINRICH HIMMLER, 1900–1945. Seit 1936 Leiter der SS und des KZ-Systems; führte eine brutale „Germanisierungspolitik" im Osten durch; maßgeblich verantwortlich für die „Endlösung"; entzog sich 1945 seiner Verurteilung durch Selbstmord

**Q1** Aus dem Protokoll der „Wannsee-Konferenz", 20.1.1942:

1 SS-Obergruppenführer Heydrich teilte seine Bestallung zum Beauftragten für die Vorbereitung der Endlösung der europäischen Ju-
5 denfrage mit. Im Zuge dieser Endlösung kommen rund 11 Millionen Juden in Betracht. Unter entsprechender Leitung sollen die Juden [...] im Osten zum Arbeitseinsatz
10 kommen, wobei zweifellos ein Großteil durch natürliche Verminderung ausfallen wird. Der Restbestand wird entsprechend behandelt werden, wobei jedoch
15 eine Beunruhigung der Bevölkerung vermieden werden müsse.

(In: Michaelis/Schraepler [Hg.], Ursachen und Folgen, Bd. 19, Berlin 1973, S. 422 ff. Bearbeitet)

**B2** Selektion an der Rampe von Auschwitz

**Der Warschauer Gettoaufstand** – Die Chancen, der deutschen Todesmaschinerie zu entkommen, waren gering. Doch im April 1943 leisteten 500 Leichtbewaffnete im **Warschauer Getto** verzweifelten Widerstand, als dort die letzten 56.000 Juden von SS-Männern in die Todeslager deportiert werden sollten. Mit Steinen und Pistolen kämpften sie gegen Panzer, Flammenwerfer und MGs. Niemand hatte Illusionen. Aber alle waren bereit, ein Zeichen zu setzen: Wenn es denn keine Rettung gab, dann wollten sie wenigstens nicht ohne Widerstand sterben.

**Q3** Der Kommandant des KZ Auschwitz, Rudolf Höß, 1946:

1 Es dauerte 3 bis 10 Minuten, um die Menschen in den Todeskammern zu töten. Wir wussten, wann die Menschen tot waren, weil ihr
5 Kreischen aufhörte. Wir warteten gewöhnlich eine halbe Stunde, bevor wir die Türen öffneten und die Leichen entfernten. [Dann] nahmen unsere Sonderkommandos
10 die Ringe ab und zogen das Gold aus den Zähnen ... Als er [Himmler] mir im Sommer 1941 den Befehl gab, in Auschwitz Massenvernichtung durchzuführen, stellte [ich]
15 keine Überlegungen an – ich hatte den Befehl bekommen und hatte ihn durchzuführen. Ob die Massenvernichtung der Juden notwendig war, darüber konnte ich
20 mir kein Urteil erlauben...

(In: R. Höß, Kommandant in Auschwitz, hrsg. v. M. Broszat, München 1998, S. 186. Bearbeitet)

**Q4** Selektion „für das Gas":

1 Unser Blockältester hat jedem seinen Zettel mit Nummer, Namen, Beruf, Alter und Nationalität ausgehändigt [und] hat die Außentüren
5 des Tagesraums und des Schlafraums geöffnet. Jeder, der nackt in die Oktoberkälte tritt, muss zwischen den Türen laufen [und] muss dem SS-Mann den Zettel überrei-
10 chen. In dem Sekundenbruchteil zwischen zwei Durchläufen entscheidet der SS-Mann für jeden von uns über Leben oder Tod.

(In: P. Levi, Ist das ein Mensch?, München/ Wien 1988, S. 132 f. Bearbeitet)

**B5** Kinder am Zaun von Auschwitz nach der Befreiung 1945

**B6** Brillen ermordeter KZ-Häftlinge, Mahnmal in Auschwitz

## ARBEITSAUFTRÄGE

1. Wie sollte die „Endlösung der europäischen Judenfrage" nach Q1 vollzogen werden?
2. Beurteile Darstellung und Sprache von Rudolf Höß in Q3.
3. Selektionen wie in B2 und Q4 fanden auch unangekündigt statt. Welche Wirkung hatte das auf die Häftlinge?
4. Versetze dich in eines der Kinder von B5 und beschreibe seine Erlebnisse.
5. Besprecht die Bedeutung des „Brillenbergs" in B6 als Mahnmal für den Mord an den europäischen Juden. Welche anderen Formen des Gedenkens daran kennt ihr?

# 4. Aufarbeitung und Verdrängung – der Umgang mit der Shoa

Das Kriegsende konfrontierte die Deutschen mit den schrecklichen Verbrechen an den Juden. Wie konnten und sollten sie mit dem von ihnen oder in ihrem Namen Begangenen umgehen?

**Vergangenheitsbewältigung** – Nach dem Ende des Krieges verdrängte die große Mehrheit der Deutschen die Vergangenheit und leugnete eigene Verantwortung oder Schuld. Die Bundesrepublik Deutschland zahlte zwar seit 1952 „**Wiedergutmachung**" an Israel; doch die Täter wurden nur halbherzig verfolgt und bestraft. Der Geschichtsunterricht endete oft im Jahr 1933. Die DDR erklärte die Verbrechen an den Juden zur alleinigen Sache des „Faschismus"; in der Schule trat der Massenmord an den Juden gegenüber dem Unrecht an Kommunisten und den überfallenen Völkern in den Hintergrund. Als „antifaschistischer Staat" sah auch die DDR keinen Grund, Verantwortung für den schwärzesten Teil der deutschen Geschichte zu übernehmen.

**Erinnern, aber wie?** – In den 1960er Jahren endete dieses kalte und „leere" Vergessen der ermordeten Juden. Das Erinnern an die „**Shoa**" (hebr.: Auslöschung) erhielt einen festen Platz im Unterricht. Seit den 1970er Jahren wurde die Erinnerung erweitert durch eine breite Spurensuche und die Begegnung mit den stummen Zeugnissen des Grauens. Ehemalige Konzentrationslager oder Synagogen dienen vielerorts als Mahnmale und Gedenkstätten der Trauer, der Erinnerung und der Information. Aber können Wissen und Unterricht verhindern, dass Auschwitz sich jemals wiederholt? Muss die Erinnerungsarbeit sich eher auf die Opfer richten oder auf die Täter und darauf, wie es zu ihren Taten kommen konnte? Zu Fragen und Zweifeln gibt es Anlass genug: Die wenigen überlebenden Opfer wurden erst 55 Jahre nach Kriegsende entschädigt. Und wieder treten Rechtsextreme auf, die Auschwitz und den Mord an Millionen Juden verharmlosen oder leugnen.

**B 1** Treffen der neonazistischen Partei „Deutsche Alternative" in Hoyerswerda

**Q 2** Die Shoa und wir – Meinungen und Stimmen:

1 Mareike Ilsemann, Kölner Studentin (23):
„Überfordert fühle ich mich, wenn ich aussprechen soll, dass Deutschland ‚wieder wer ist'. Ich denke, dass die junge Generation eine Sensibilität für die Verbrechen der
5 Nationalsozialisten und ein Geschichtsbewusstsein entwickelt hat, die in anderen Ländern nicht ihresgleichen finden. Als in Deutschland Asylbewerberheime brannten, sagte [ein junger Franzose], in Frankreich gebe es ständig rassistisch motivierte Zwischenfälle, und der Stim-
10 menanteil der Rechtsradikalen sei viel höher ... Aber, sagt mir eine innere Stimme, in Deutschland ist alles viel schlimmer, denn dort ist es schon einmal passiert."

(In: Die Zeit, Nr. 51, 1998, S. 4. Bearbeitet)

Anna Thürk, Berliner Oberschülerin (16):
„Auf ein schlechtes Gewissen bin ich nicht scharf, nie-
15 mand sollte versuchen, uns das einzureden, denn wir Jugendlichen haben keine Schuld. Aber wir müssen uns bewusst sein, wozu Menschen in der Lage sind, müssen aufmerksam sein."

(In: Die Woche, Nr. 51, 1998, S. 6. Bearbeitet)

Eltern aus Lindenberg auf die Ankündigung des Ge-
20 schichtslehrers Uli Mayer, den Film „Holocaust" im Unterricht zu zeigen: „Muss das denn heute noch sein?"

(In: Die Woche, Nr. 51, 1998, S. 6. Bearbeitet)

## ARBEITSAUFTRÄGE

1. Beschreibt B 1 und diskutiert, ob es Parallelen zwischen der Gegenwart und der Zeit vor 1945 gibt.
2. Diskutiert die Positionen in Q 2. Wie ist eure Meinung: Haben die Jugendlichen in Deutschland auch heute eine Verantwortung dafür, dass der Mord an den Juden nicht in Vergessenheit gerät?

| | Politik | Kultur | Alltag/Wirtschaft |
|---|---|---|---|
| **1945** | 8./9.5.1945: Bedingungslose Kapitulation Deutschlands; 30.4.1945: Selbstmord Hitlers; Frühjahr 1945: Sowj. Truppen erreichen deutsches Gebiet; Februar 1945: Beschluss der Alliierten zur Aufteilung Deutschlands in vier Zonen; 20.7.1944: Attentat Stauffenbergs auf Hitler; 6.6.1944: Landung der Westalliierten in der Normandie; | Widerstandsgruppe „Kreisauer Kreis"<br><br>1943 ff.: Propagandistische Offensive des NS-Regimes mit Durchhalteparolen | 1945: Angst, Apathie und der Kampf ums tägliche Überleben beherrschen die Menschen; 1944/45: Flucht von Millionen Deutschen aus den Ostgebieten nach Westen; 1944 ff.: Versorgungsmangel bei Grundnahrungsmitteln |
| **1942** | Winter 1942/43: Schlacht um Stalingrad / Kriegswende; Dezember 1941: Eintritt der USA in den Krieg; 22.6.1941: Überfall Deutschlands auf die Sowjetunion; 1940: Bombenkrieg Deutschlands gegen englische Städte; 1939/40: „Blitzkriege"; 3.9.1939: Kriegserklärungen Englands und Frankreichs an Deutschland; | Widerstandsgruppen, u.a. die Studentengruppe „Weiße Rose"<br><br>1940 ff.: Verstärkte Produktion von Unterhaltungsfilmen | 1942 ff.: Alliierte Bombenangriffe und Zerstörung deutscher Städte<br><br>1940 ff.: Zunehmender Einsatz von Zwangsarbeitern in deutschen Betrieben; 1940 ff.: Umstellung der Wirtschaft auf eine Kriegswirtschaft/ Rationierungen; |
| **1939** | 1939: Kriegsverbrechen von SS und Wehrmacht v.a. in Polen, ab 1941 auch in der UdSSR 1.9.1939: Überfall auf Polen/ Beginn des 2. Weltkriegs 23.8. 1939: Hitler-Stalin-Pakt 15.3.1939 Besetzung der Rest-Tschechoslowakei; 1938: Besetzung Österreichs und des Sudetenlandes 1937: Bündnis Deutschlands mit Japan; | 1939 ff.: Planung gigantischer Bauprojekte (z.B. „Volkshalle" in Berlin)<br><br>1937: Ausstellungen „Entartete Kunst" und „Deutsche Kunst" | 1939: Beginn des organisierten Massenmords an Juden, Sinti und Roma sowie geistig und körperlich Behinderten in Konzentrations- und Vernichtungslagern; 1938 ff.: Zunehmender Einsatz von Frauen in der (Rüstungs-) Produktion; 9.11.1938: Pogromnacht (Zerstörung jüdischer Gotteshäuser und Geschäfte); |
| **1936** | 1936: Abkommen Deutschlands mit Italien; 1935: Nürnberger Rassengesetze; | 1935 ff.: Rassismus, Antisemitismus und Antibolschewismus bestimmen Kulturleben 1933 ff.: Propagierung eines Mutter- und Hausfrauenkults; 1933 ff.: Gleichschaltung von Kultur, Schule und Unterricht; | 1935 ff: Ausgrenzung so genannter „Volksschädlinge"; 1934 ff.: Zurückdrängen der Frauen aus dem Arbeitsleben; 1933 ff.: Erfassung der „Volksgemeinschaft" in NS-Berufs- und Freizeitorganisationen, der Kinder und Jugendlichen in HJ und BDM; |
| **1933** | Mai/Juni 1933: Verbot der Gewerkschaften und Parteien; März 1933: Notverordnungen und Ermächtigungsgesetz zur Ausschaltung der Opposition; 30.1.1933: Ernennung Adolf Hitlers zum Reichskanzler | 1933 ff.: Aufbau eines Medien- und Propagandaapparats; 1933 ff.: Emigration zahlreicher Künstler, Schriftsteller und Wissenschaftler; 10.5.1933: Bücherverbrennung | 1.4.1933: Boykott jüdischer Geschäfte, Ärzte, Anwälte; 1933 ff.: Senkung der Arbeitslosenzahl durch Neubauprojekte und Rüstungsproduktion |

# Zusammenfassung – Der Nationalsozialismus

Mit der Ernennung Hitlers zum Reichs-kanzler am 30. 1. 1933 begann eine 12-jährige Diktatur des NS-Regimes, die Europa ab 1939 in Schutt und Asche legte. Den Weg in die Diktatur verfolgte das NS-Regime anfangs mit scheinlegalen Gesetzen und Verordnungen. Doch von Anfang an wurden politische Gegner bedroht, verfolgt und ermordet. Das so genannte **Ermächtigungsgesetz** bildete im März 1933 die Grundlage, das Parlament zu entmachten. Die Gewerkschaften und die anderen Parteien wurden durch ein Verbot ausgeschaltet, oppositionelle Politiker und andere Regimegegner in Gefängnissen oder **Konzentrationslagern** inhaftiert.

Die überwiegende Mehrheit der Deutschen stimmte den Maßnahmen der Nationalsozialisten und ihrer Weltanschauung begeistert zu. Selbst der menschenverachtende **Rassismus und Antisemitismus** der Nationalsozialisten stieß nicht auf breiten Widerstand. Die Zustimmung sicherte sich das Regime auch durch die Kontrolle aller Bereiche des Lebens, durch die Berufs- und Freizeitorganisationen, die Hitlerjugend, die Gleichschaltung aller Medien und durch systematische **Propaganda**. Aber es gab auch **Widerstand** gegen die Nationalsozialisten und ihre Verbrechen durch mutige Jugendliche, Frauen und Männer in der Zivilbevölkerung und im Militär.

Mit dem Überfall auf Polen am 1. September 1939 entfesselte das NS-Regime den lange vorbereiteten **Zweiten Weltkrieg**. Nach anfänglichen Erfolgen in Polen, Frankreich und Skandinavien wendete sich 1942 der Kriegsverlauf in eine absehbare Niederlage. Ursachen dafür waren der deutsche Überfall auf die Sowjetunion und der Kriegseintritt der USA. Als der Krieg im Mai 1945 mit der **bedingungslosen Kapitulation Deutschlands** endete, hatten 55 Millionen Menschen ihr Leben verloren – darunter 6 Millionen von Deutschen oder in deutschem Namen ermordete Juden.

### ARBEITSAUFTRAG

Jugendliche Widerstandskämpfer wie die Mitglieder der „Weißen Rose" lehnten das Regime ab. Andere Jugendliche unterstützten in HJ und BDM das NS-Regime. Führt ein Streitgespräch: Welche Argumente hatten beide Seiten für ihr Verhalten?

### ZUM WEITERLESEN

I. Bayer: Ehe alles Legende wird. Der Nationalsozialismus in Deutschland von Weimar bis heute. Arena, Würzburg 1995.
H.-G. Noack: Die Webers – Eine deutsche Familie 1932–1945. Ravensburger Buchverlag, Ravensburg 1999
B. Rogasky: Der Holocaust. Ein Buch für junge Leser. Rowohlt, Berlin 1999
R. Thüminger: Zehn Tage im Winter. Beltz, Weinheim 1994
🌐/1 http://www.zlb.de/projekte/kulturbox-archiv/brand/ueberschaer.htm
🌐/2 http://www.dhm.de/lemo/objekte/sound/goebbels2/index.ram
🌐/3 http://www.dhm.de/lemo/html/nazi/index.html
🌐/4 http://www.keom.de/denkmal/welcome.html
🌐/5 http://www.buecherverbrennung.de/index.html
🌐/6 http://www.obersalzberg.de
🌐/7 http://www.annefrank.nl/
🌐/8 http://www.dhm.de/lemo/html/wk2/index.html
🌐/9 http:// www.preussen-chronik.de/episoden/011000.jsp
🌐/10 http://www.cc.jyu.fi/~pjmoilan/weisserose.html
🌐/11 http://www.dhm.de/lemo/forum/kollektives_gedaechtnis/075/index.html
🌐/12 http://www.preussen-chronik.de/cache/thema_c18414.html
🌐/13 http://www.shoa.de/

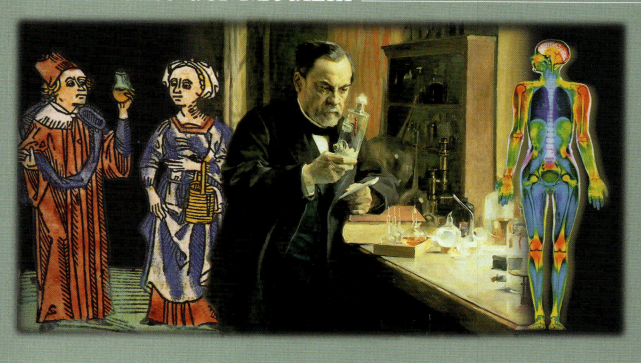

Schon die Menschen der Ur- und Frühgeschichte wurden von zahlreichen Krankheiten gepeinigt, die uns heute noch zu schaffen machen: z. B. Karies, Rheuma oder Krebs. Andere Krankheiten, die jahrhundertelang als „Geißeln der Menschheit" galten, konnten durch die Fortschritte der Medizin besiegt werden – zumindest in den Industriestaaten. Welche Haltungen hatten und haben die Menschen gegenüber Krankheit und Tod?

**Ursachenforschung** – Bis ins 19. Jahrhundert hinein sahen viele Menschen zwei grundverschiedene Ursachen für Krankheiten: Einerseits glaubten sie an eine **Strafe der Götter** oder Dämonen für menschliches Fehlverhalten; andererseits erkannten bereits die Menschen der Steinzeit (ca. 6000–2000 v. Chr.), dass viele Krankheiten „**natürliche**" Ursachen wie Ernährungsfehler, schädliche Umwelteinflüsse oder Verwundungen hatten. Diesen beiden Ursachentypen entsprachen auch zwei verschiedene, oft parallel angewandte **Therapien** (griech.: Heilbehandlung): Durch **kultisch-religiöse Handlungen** wie das Gebet sollten die Götter besänftigt und eine Heilung bewirkt werden. Daneben kamen schon in der Steinzeit spezielle Heiltechniken, Heilkräuter und sogar operative Eingriffe zur Anwendung. Mit wachsender Kenntnis der „natürlichen" Ursachen vieler Krankheiten haben die **wissenschaftlichen Heilungsmethoden** stetig an Bedeutung gewonnen – ohne dabei die religiösen oder mystischen Ansätze ganz zu verdrängen.

**T 2** Durchschnittliche Lebenserwartung der Menschen in West- und Mitteleuropa:

1750: 30 Jahre
1850: 34 Jahre
1900: 42 Jahre
1950: 64 Jahre
2000: 75 Jahre

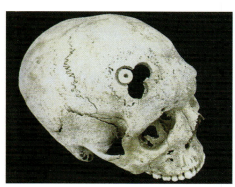

**B 1** Schädel eines keltischen Kriegers um 350 v. Chr. Nach vorangegangener Schädeldachverletzung wurde der Schädel operativ geöffnet.

**Ursprünge der europäischen Medizin** – Ab 2000 v. Chr. sind ägyptische Papyri mit detaillierten Diagnose- und Behandlungsanweisungen überliefert. Damals gab es in Ägypten bereits spezialisierte „Fachärzte". Auch in Babylon hatten 9 der 282 Gesetzesregeln, die der König Hammurapi (1728–1686 v. Chr.) in eine Gesetzessäule meißeln ließ, medizinische Themen; darunter eine Honorarordnung für Ärzte sowie Strafen für Behandlungsfehler.

Die Wurzeln der europäischen Medizin liegen jedoch im antiken Griechenland. Neben chirurgischen Techniken wurde hier im 5. Jahrhundert v. Chr. erstmals ein ganzheitliches medizinisches Konzept entwickelt: die **„Lehre von den vier Säften"**. Nach dieser Lehre des HIPPOKRATES VON KOS besteht der menschliche Körper wie die gesamte Natur aus mehreren zusammenwirkenden Elementen. Die von ihm beschriebenen vier Körpersäfte „Blut, Schleim, gelbe und schwarze Galle" müssten in einem ausgewogenen Verhältnis stehen. Ihr Ungleichgewicht verursache dagegen Krankheit. Der in Rom wirkende Arzt CLAUDIUS GALEN (129–199 n. Chr.) hat die „Säftelehre" um die **„Lehre vom rechten Maß"** erweitert. Darin beschreibt er das rechte Maß der Dosierung von Medikamenten wie auch der rechten Lebensführung. Da er eine falsche Ernährung und Lebensführung für die Hauptursachen vieler Krankheiten hielt, vertraute er besonders auf eine vorbeugende und heilende Wirkung der **Diätetik** (= maßvolle Ernährungs- und Lebensweise). Bis ins späte Mittelalter genossen die Lehren von Hippokrates und Galen eine fast biblische Autorität. Dennoch wurde die mehr rationale Heilkunst der Antike nun wieder mit religiösen und mystischen Vorstellungen vermengt. Das gilt auch für die Äbtissin HILDEGARD VON BINGEN (1098–1179), die in ihren naturheilkundlichen Schriften Krankheit auf eine Übertretung göttlicher Gebote zurückführte.

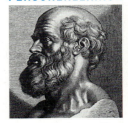

HIPPOKRATES VON KOS, 460–ca. 370 v. Chr. Er gilt als Begründer der wissenschaftlichen Medizin. Der „Eid des Hippokrates" gilt noch heute als Fundament der ärztlichen Ethik.

**T6** Bis ins 20. Jh. in Europa verbreitete Infektionskrankheiten mit Seuchencharakter:

Pocken, Tuberkulose, Typhus, Cholera, Malaria, Fleckfieber, Pest, Grippe, Kindbettfieber

---

**Q3** Anweisungen zur Untersuchung und Behandlung von Kranken, Ägypten um 1500 v. Chr.:

1 Es sind Gefäße zu jeder Körperstelle. Gibt ein Arzt seine Finger auf den Kopf, die Hände, auf die Stelle des Herzens, auf die Arme
5 oder Beine, so gilt seine Messung für das Herz. Denn des Herzens Gefäße führen zu jeder Körperstelle. Das Herz spricht vorn in den Gefäßen jeder Körperstelle.

(Papyrus Ebers, in: Ch. Habrich u. a., Medizin im Alten Ägypten, Ingolstadt 1985, S. 15 f. Bearb.)

---

**Q4** Die heilkundige Äbtissin Hildegard von Bingen, um 1150 n. Chr.:

1 Alle Elemente befinden sich im Menschen. Weil aber der Mensch mit seinem Ungehorsam sich [...] über die Liebe Gottes hinweg-
5 setzt, überschreiten auch alle Elemente ihre Grenzen. [...] Nun aber werden ihm die von Gott gewiesenen Arzneimittel helfen oder Gott will nicht, dass er geheilt werde.

(In: Hildegard von Bingen, Heilkunde, Salzburg 1981, S. 56 ff. Bearbeitet)

---

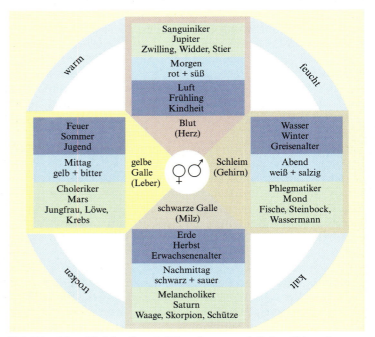

**B5** Die „Viersäftelehre" nach Hippokrates und Galen. Die grün unterlegten Felder stellen mittelalterliche Erweiterungen der Lehre dar.

**Seuchen und Ausgrenzung im Mittelalter –** Bis in die Gegenwart werden die Menschen von schweren, teilweise tödlich verlaufenden **Infektionskrankheiten** bedroht. Im Mittelalter war die Gefahr, an einer ansteckenden Infektionskrankheit zu sterben, jedoch wesentlich größer als heute. Als eine große **Pestepedemie** 1347–1352 Europa überrollte, starb ein Drittel der europäischen Bevölkerung an der Seuche, etwa 25 Millionen Menschen. Die Pest war aber nur eine von vielen der damals unheilbaren Infektionskrankheiten. Auch **Tuberkulose** und **Pocken** gehörten zu den verbreiteten und gefährlichen Infektionskrankheiten. Noch Ende des 19. Jh. starben in Europa ein Drittel aller Kinder vor dem 5. Lebensjahr an den Pocken. ⊜ 1/2

Da die Ursachen und Übertragungswege unbekannt waren, empfanden viele Menschen die Infektionskrankheiten und Seuchen als Strafe Gottes. Andere suchten die Schuld bei sozialen oder kulturellen Minderheiten. Den jüdischen Bürgern wurde vorgeworfen, die Brunnen vergiftet und so die Pest verursacht zu haben.     Allein in Deutschland wurden um 1350 Zehntausende Juden von fanatisierten Massen ermordet. Typisch für das Mittelalter war auch die totale Isolierung und Ausgrenzung der Infektionskranken.

**B 7** Leprakranker in vorgeschriebener Kleidung und mit „Aussätzigenklapper", um 1600

**Medizin der „einfachen Leute" –** Bis ins 19. Jahrhundert praktizierten neben den wissenschaftlich ausgebildeten „Schulmedizinern" zahlreiche „**Volksmediziner**". Fahrende Heiler, Bader (= Heilgehilfen), Handwerkschirurgen, Zahnreißer, kräuterkundige Frauen sowie Hebammen versorgten das „einfache" Volk allerorts mit preiswerter Heilkunst. Darunter gab es zwar die sprichwörtlichen Quacksalber, Gaukler und Hanswurste, die sich kaum auf das Heilen, aber umso besser aufs Betrügen verstanden. Insgesamt leisteten die „Volksmediziner" jedoch eine unverzichtbare, für weite Bevölkerungskreise bezahlbare medizinische Versorgung.

Auch heute praktizieren neben den an Universitäten wissenschaftlich ausgebildeten Ärzten zahlreiche Heilpraktiker und Homöopathen. Doch deren Methoden werden von den „**Schulmedizinern**" oft als unwirksam abgelehnt.

| T9 Entwicklung der Säuglingssterblichkeit (= Sterblichkeit im 1. Lebensjahr) in Deutschland: | |
|---|---|
| 1800 | 18,0 % |
| 1850 | 21,5 % |
| 1900 | 20,0 % |
| 1930 | 9,0 % |
| 1950 | 0,3 % |
| 2000 | 0,05 % |

**Q8** Leprakranke – das Leben der Aussätzigen

1 Lepra (griech.: Aussatz) ist eine ansteckende Infektionskrankheit, die durch das Bakterium Mykobakter leprae verursacht wird. Die Übertragung erfolgt durch Tröpfchen- oder Schmutzinfektion. Lepra fügt dem Erkrankten
5 u. a. schwere, mit Dauer der Krankheit ständig fortschreitende Verstümmelungen der Haut, des Gesichts und der Gliedmaßen zu.
Bis ins Mittelalter war Lepra auch in Europa eine weit verbreitete Krankheit. In der so genannten „Lepraschau"
10 wurden Menschen untersucht, die mögliche Krankheitszeichen aufwiesen. Wer dabei als leprakrank galt, wurde sofort aus der Gemeinschaft ausgesondert. Er verlor sein Eigentum, alle Rechte und musste von nun an zusammen mit anderen Leprakranken in einem speziellen Leprahaus
15 (dem so genannten Leprosorium) außerhalb der Stadtmauern leben. Um 1200 gab es in Europa mehrere Tausend solcher Leprahäuser. Den Leprakranken war jeglicher Kontakt mit Gesunden streng verboten. Als Zeichen der Absonderung und als Warnung und Schutz
20 vor Ansteckung der Gesunden mussten Leprakranke besondere Kleidung und eine „Lepraklapper" tragen. Erst seit Mitte der 1930er Jahre gibt es Medikamente gegen die Krankheit. In Zentralafrika, Indien und Südamerika ist Lepra – trotz wirksamer Medikamente – bis
25 heute noch weit verbreitet. Um 1990 betrug die Zahl der Leprakranken weltweit etwa 10 bis 12 Millionen. ⊜ 1
(Autorentext)

**Medizinische Revolution im 19. und 20. Jahrhundert** – Im Jahr 1861 entdeckte der Chemiker LOUIS PASTEUR bei seinen Versuchen zur Milchgärung mikroskopisch kleine, zylindrische Stäbchen (griech.: bakterion). Noch ahnte niemand, dass diese Entdeckung der **Bakterien** den Weg zur Aufklärung und Behandlung zahlreicher, bis dahin unheilbarer Krankheiten weisen würde. Doch schon wenige Jahre später konnte ROBERT KOCH (1843–1910) den Beweis führen, dass Bakterien bei vielen Infektionskrankheiten die Ursache sind. Die Entdeckungen Pasteurs und Kochs hatten wahrhaft revolutionäre Folgen für die Medizin und die Gesundheit der Menschen: Während noch Ende des 19. Jahrhunderts in Europa mehr als 50 % der Menschen an Infektionskrankheiten starben, waren es Mitte des 20. Jahrhunderts weniger als 5 %. Denn nachdem die Ursachen und Infektionswege der bakteriellen Krankheiten bekannt geworden waren, konnten hygienische Maßnahmen sowie wirksame **Impfstoffe und Medikamente** entwickelt werden.

**Humangenetik: Chancen und Risiken** – 1953 veröffentlichten FRANCIS C. CRICK und JAMES D. WATSON ihre Theorie vom molekularen Aufbau der **Erbsubstanz DNA** (engl.: Desoxyribonucleinacid) und legten damit den Grundstein zur Entschlüsselung des menschlichen Erbguts, des genetischen Codes. Nach jahrzehntelanger Forschungsarbeit haben Mediziner und Molekularbiologen diesen Code im Jahr 2000 vollständig entschlüsselt: Die Zahl der menschlichen Gene und ihre Lage auf den Chromosomen einer Zelle sind seither bekannt. Schon bald wird es möglich sein, die Funktion jedes einzelnen Gens für die Ausprägung der körperlichen Merkmale und Eigenschaften eines Menschen zu bestimmen. Dann können einzelne Krankheiten, die im Erbgut eines Menschen verankert und daher durch Medikamente nicht zu heilen sind, durch „gentechnische Reparaturen" besiegt werden – vermutlich auch Krebs.    ⊜/ 3

Doch die moderne Humangenetik birgt neben solchen Hoffnungen und Chancen auch Risiken. Kritiker fürchten, dass mit der Gentechnik schon bald „**Menschen nach Maß**" oder Mensch-Tier-Mischwesen gezüchtet werden könnten. Mit der Gentechnik des **Klonens** könnten sogar beliebig viele genetisch identische „**Menschen von der Stange**" produziert werden.

## ARBEITSAUFTRÄGE

1. Untersuche mit T 2, ob die Entwicklung der Lebenserwartung gleichmäßig verlief. Nenne mögliche Gründe für das Ergebnis deiner Auswertung. Nutze dazu auch T 6 und T 9.
2. Welche Kenntnis des Blutkreislaufs hatte der Verfasser von Q 3?
3. Begründe mit Q 4 die Aussage, dass im Mittelalter Medizin und religiöser Glaube oft miteinander verbunden waren.
4. Erläutere mit Hilfe von B 5 die Lehre der antiken Medizin, dass die Gesundheit vom Gleichgewicht zusammenwirkender Elemente – hier: Zusammenwirken der „vier Säfte" – anhängig sei.
5. Verfasse anhand von B 7 und Q 8 einen Bericht vom Leben eines Leprakranken im Mittelalter.
6. Projektvorschlag: Erstellt zu den in T 6 genannten Infektionskrankheiten eine Wandzeitung. Formuliert zuerst eure Fragestellungen. Für weitere Informationen → vgl. ⊜/1 und ⊜/2.
7. Diskutiert über mögliche Chancen und Risiken der Gentechnologie. Für weitere Informationen zum Thema → vgl. ⊜/3.

# Register

# Glossar

**Aktie** – Wertpapier, mit dessen Kauf sein Besitzer einen Anteil am Vermögen einer Firma erwirbt. Der Markt, an dem Aktien gehandelt werden, ist die Börse. Der Wert einer Aktie, ihr Kurs, hängt davon ab, wie viele Interessenten Aktien einer bestimmten Firma kaufen. Der Kurs einer Aktie steigt, je mehr Gewinn die Firma erwirtschaftet und je mehr Käufer Anteile am Vermögen dieser Firma erwerben wollen.

**Alliierte** – (von franz.: alliés = Verbündete) Bezeichnung für Staaten, die ein Bündnis (Allianz) schließen, z.B. zur gemeinsamen Kriegsführung. Im 1. und 2. Weltkrieg Sammelbegriff für die gegen das Deutsche Reich und seine Verbündeten kämpfenden Mächte.

**Antisemitismus** – Feindschaft gegenüber Juden, die in der Antike und im Mittelalter religiös und wirtschaftlich begründet wurde. Im 19. Jh. entwickelte sich ein rassisch begründeter Antisemitismus, bei dem gesellschaftliche Missstände den Juden als „Rasse" angelastet wurden. Das nationalsozialistische Regime setzte seit 1933 den rassischen Antisemitismus systematisch bis zum Völkermord um.

**Arbeiter- und Soldatenräte** – Während der Novemberrevolution in Deutschland 1918/19 in Betrieben und Militäreinheiten gegründete politische Vertretungen der Arbeiter und Soldaten. Im sozialistischen Modell der Rätedemokratie liegt die – zugleich gesetzgeberische und ausübende – Staatsgewalt in den Händen der Räte. In der Weimarer Nationalversammlung konnten sich die Vertreter der Rätedemokratie gegenüber den Befürwortern der parlamentarischen Demokratie nicht durchsetzen. (–> Sowjets)

**Automatisierung** – (von griech.: automatikos = selbstständig, von selbst) Zunehmender Einsatz von Maschinen in der industriellen Produktion, der es erlaubt, Waren in größeren Mengen und in besserer Qualität herzustellen. Ein Beispiel für die Automatisierung ist das Fließband, das erstmals 1914 in den USA von Henry Ford bei der Automobilproduktion eingesetzt wurde.

**Bolschewismus, Bolschewiki** – (russ.: Mehrheitler) Bezeichnung für die radikalen Anhänger Lenins, die sich 1903 bei der Entscheidung über die zukünftige Taktik der Sozialrevolutionäre gegenüber den gemäßigten, sozialdemokratisch orientierten Menschewiki (russ.: Minderheitler) durchsetzen konnten. Nach Lenins Theorie erhebt die streng von oben nach unten organisierte bolschewistische Partei den Anspruch auf politische Führung, um die Massen zum Sozialismus zu erziehen. Deshalb muss sie alle gesellschaftlichen Gruppen (z.B. Gewerkschaften, Jugend-, Kulturverbände) beherrschen. In der Sowjetunion setzte Stalin die Umgestaltung der Gesellschaft nach bolschewistischen Prinzipien mit Zwang und Terror durch.

**Darwinismus, Sozialdarwinismus** – Vom Naturforscher Charles Darwin entwickelte Theorie, der zufolge in der Natur immer diejenigen Tier- und Pflanzenarten überleben, die sich am besten an die Umweltbedingungen anpassen können. Der Brite Houston Chamberlain griff die Evolutionslehre auf und behauptete, dass unter den menschlichen „Rassen" die stärkeren auf Kosten der schwächeren überleben (Sozialdarwinismus). Seit der Zeit des Imperialismus wurden Argumente von der Überlegenheit der „höherwertigen weißen Rasse" genutzt, um den Erwerb und die Ausbeutung von Kolonien zu rechtfertigen. Unter der nationalsozialistischen Ideologie gipfelte der Rassismus in einem als „Rassenkrieg" geführten Eroberungsfeldzug gegen Polen und die Sowjetunion sowie im Massenmord an der jüdischen Bevölkerung Europas.

**Diktatur** – (von lat.: dictare = befehlen) Die uneingeschränkte, auf Gewalt begründete Herrschaft einer Einzelperson, einer Gruppe oder Partei, die die gesamte politische Macht im Staat für sich beansprucht. Sämtliche Lebensbereiche werden überwacht, jede Opposition unterdrückt. Beispiele für Diktaturen sind der Nationalsozialismus in Deutschland und der Stalinismus in der Sowjetunion.

**Euthanasie/ Euthanasieaktion** – (gr.: Gnadentod) Beschönigende Bezeichnung der Nationalsozialisten für die planmäßige Tötung von mehr als 250.000 unheilbar kranken und behinderten Menschen, die nach der nationalsozialistischen „Rassenlehre" als „lebensunwert" galten.

**Faschismus** – (von ital.: fasces = Rutenbündel als Symbol der Richtergewalt) Ursprünglich Bezeichnung für das autoritäre Herrschaftssystem Mussolinis in Italien. Davon ausgehend Sammelbegriff für die rechtsgerichteten und nationalistischen Bewegungen, die nach dem 1. Weltkrieg in Europa den Kommunismus bekämpften und die parlamentarische Demokratie zugunsten der Diktatur eines autoritären „Führers" ablehnten. Der deutsche Nationalsozialismus verband die Elemente einer faschistischen Ideologie mit der rassisch begründeten Ausgrenzung und Verfolgung von Minderheiten, insbesondere der Juden.

**Geheimdienst** – Staatliche Organisation zur verdeckten Beschaffung von geheimen Informationen im In- und Ausland und zur Abwehr fremder Spionagetätigkeit. In Diktaturen wird der Geheimdienst bzw. die Geheimpolizei häufig auch zur Unterdrückung und Verfolgung politischer Gegner eingesetzt, so z.B. in der UdSSR unter Stalin.

**Imperialismus** – (von lat.: imperium = Reich, Herrschaft) Streben eines Staates nach politischer und wirtschaftlicher Vorherrschaft über ein Weltreich. Hatten seit dem 16. Jh. die großen europäischen Nationalstaaten

Kolonialreiche in Übersee errichtet, verschärfte sich die Kolonialpolitik der Großmächte in der zweiten Hälfte des 19. Jh. zu einem „Wettlauf" um die Aufteilung der Welt, v.a. um den Zugang zu Rohstoffen und die Sicherung von Absatzmärkten für ihre Industrieprodukte. Dabei kam es untereinander zu Konflikten, die wesentlich zum Ausbruch des 1. Weltkrieges beitrugen.

**Inflation** – (von lat.: inflare = aufblähen) Durch eine hohe umlaufende Geldmenge ausgelöste Entwertung der Währung, die zum Anstieg der Preise und zum Verlust der Kaufkraft des Geldes führt. In den Anfangsjahren der Weimarer Republik trugen die Folgen des 1. Weltkriegs (Kriegskosten, Reparationszahlungen) zu einem sehr schnellen, fast völligen Wertverlust des Geldes bei, der viele einfache Leute und den Mittelstand ruinierte.

**Kommunismus** – (von lat.: communis = gemeinsam, allgemein) Politische und soziale Bewegung, die eine revolutionäre Veränderung der Gesellschaft anstrebt. Wichtige Ziele sind die Errichtung einer klassenlosen Gesellschaft und die Überführung von Produktionsmitteln (Boden und Maschinen) in Gemeineigentum. Die führende Rolle bei der Durchsetzung des Kommunismus kommt der kommunistischen Partei sowie den Arbeitern und Bauern zu („Diktatur des Proletariats"). Die Grundlagen der kommunistischen Theorie wurden im Wesentlichen von K. Marx, F. Engels und W. I. Lenin formuliert.

**Konzentrationslager (KZ)** – Bezeichnung für die zwischen 1933 und 1945 im nationalsozialistischen Herrschaftsbereich errichteten Häftlingslager, in denen politische Gegner der Nationalsozialisten, Kriegsgefangene und rassisch Verfolgte wie Juden, Sinti und Roma unter unmenschlichen Bedingungen (Zwangsarbeit, unzureichende Ernährung, Misshandlungen, medizinische Experimente) inhaftiert und getötet wurden. Seit 1942 wurden in den eroberten Ostgebieten Vernichtungslager (u.a. Auschwitz, Chelmno, Majdanek) er-

richtet, in denen ca. 6 Millionen europäischer Juden ermordet wurden.

**Marktwirtschaft** – Wirtschaftsordnung, in der ein freier Wettbewerb von Angebot und Nachfrage den Markt reguliert und den Preis für Waren und Dienstleistungen bestimmt. Im Unterschied zur vom Staat gesteuerten Planwirtschaft gibt es in der freien Marktwirtschaft keine staatlichen Eingriffe in das Wirtschaftsleben. Diese freie Marktwirtschaft führte im Zeitalter der Industrialisierung zu einem starken Wirtschaftswachstum, aber auch zu Ausbeutung und schlechten Lebensbedingungen der Arbeiter. Bei einer sozialen Marktwirtschaft versucht der Staat, den freien Wettbewerb mit Eingriffen zum Schutz der sozial und wirtschaftlich Schwächeren (Sozialversicherung, Arbeitsrecht etc.) zu verbinden.

**Nationalsozialismus** – Rechtsradikale nationalistische Ideologie der nach dem 1. Weltkrieg aufkommenden und von 1933 bis 1945 in Deutschland unter Führung Adolf Hitlers herrschenden Nationalsozialistischen Deutschen Arbeiterpartei (NSDAP). Diese deutsche Form des Faschismus lehnte die parlamentarische Demokratie zugunsten eines autoritären Führerstaates ab und war durch Antisemitismus und Rassismus gekennzeichnet. Nach der Machtübernahme 1933 errichteten die Nationalsozialisten eine Diktatur, in der Gegner und Minderheiten verfolgt und inhaftiert wurden. Besondere Bedeutung kam der „Lebensraumpolitik" zu, die die gewaltsame militärische Ausdehnung des deutschen Gebietes in den europäischen Osten forderte. Die Verwirklichung dieser Politik führte 1939 in den Zweiten Weltkrieg, der für die osteuropäische Bevölkerung ein Versklavungs- und Vernichtungskrieg war.

**Nürnberger Gesetze** – Höhepunkt der nationalsozialistischen Rassengesetzgebung im Jahr 1935. Der Entzug zentraler Bürgerrechte machte die jüdische Bevölkerung zu minderen Staatsangehörigen. Verboten wurden u.a. Eheschließungen und sexuelle Kontakte zwischen „Deutschen" und

„Juden". Die Nürnberger Gesetze führten über die rechtliche zur gesellschaftlichen Ausgrenzung und bereiteten den Völkermord an den Juden vor.

**Parlamentarische Demokratie** – Politische Regierungsform, die auf der Gewaltenteilung in gesetzgebende Gewalt (Parlament), ausübende Gewalt (Regierung) und recht sprechende Gewalt (Gerichte) beruht. Die vom Volk in allgemeinen, freien, gleichen und geheimen Wahlen gewählten Abgeordneten im Parlament beschließen die Gesetze und kontrollieren die Regierung. In Deutschland wurde die parlamentarische Demokratie zuerst mit der Weimarer Verfassung von 1919 eingeführt.

**Parteien** – Vereinigungen von Menschen mit gemeinsamen politischen Zielen und Überzeugungen. In einer parlamentarischen Demokratie stellen die Parteien bei Wahlen ihre Kandidaten und Programme zur Abstimmung und versuchen auf diese Weise Einfluss auf die Staatsführung zu nehmen.

**Planwirtschaft** – Wirtschaftsordnung, in der die Menge und Preise von Waren und Dienstleistungen sowie die Höhe der Löhne zentral von staatlichen Stellen festgelegt werden. Im Unterschied zur Marktwirtschaft wird dabei der freie Wettbewerb von Angebot und Nachfrage am Markt ausgeschaltet. Kommunistische Staaten wie die UdSSR versuchten mit dem Instrument der Planwirtschaft die Bedürfnisse der Bevölkerung mit der Produktion in Einklang zu bringen. In der Realität kommt es in planwirtschaftlichen Systemen häufig zu Engpässen in der Versorgung der Bevölkerung.

**Pogrom** – (russ.: Verwüstung) Planmäßige und gewaltsame Ausschreitungen, v. a. gegen Juden. Antisemitische Ausschreitungen gab es in Europa seit dem Mittelalter. Zu schweren Pogromen kam es nach 1881 in Russland, der Ukraine, in Polen und Rumänien. Der Begriff bezeichnet auch die staatlich organisierte Judenverfolgung während des Nationalsozialismus. Einen Höhepunkt stellte das reichsweite Pogrom in der

Nacht vom 9. auf den 10. November 1938 dar, das von den Nationalsozialisten verharmlosend „Reichskristallnacht" genannt wurde.

**Proletariat, Proletarier** – (von lat.: proletarius = Bürger der untersten Klasse) Bezeichnung für die mit der Industrialisierung entstehende soziale Gruppe von kaum ausgebildeten und schlecht bezahlten Lohnarbeitern. Im Kommunismus bezeichnet der Begriff Proletariat die Arbeiterklasse, mit deren Aufstand gegen ihre Ausbeutung eine revolutionäre Veränderung der Gesellschaft beginnen soll.

**SA (Sturmabteilung)** – Militärisch organisierte Kampf- und Schutztruppe der Nationalsozialisten, die zur Bekämpfung und Terrorisierung ihrer politischen Gegner eingesetzt wurde. Nach der Machtübernahme 1933 wurde sie zunächst offizielle Hilfspolizei, verlor aber 1934 zugunsten von SS und Wehrmacht an Bedeutung.

**Shoa** – (hebr.: Auslöschung, totale Zerstörung) Wie der Begriff Holocaust Bezeichnung für die systematische Verfolgung und Ermordung von 6 Millionen Juden während der nationalsozialistischen Diktatur.

**Sowjets** – Bezeichnung für die Arbeiter- und Soldatenräte, die sich 1917 in Russland während der Februarrevolution bildeten und unter Führung der Bolschewiki zu einer wichtigen politischen Kraft der Revolution wurden. In der nach ihnen benannten Sowjetunion wurden die Sowjets zu Institutionen der staatlichen Verwaltung. Die Spitze des Rätesystems bildete der Oberste Sowjet, der alle 4 Jahre gewählt wurde.

**Sozialismus** – (von lat.: socius = Genosse) Im 19. Jh. entstandene politische Bewegung, die eng mit der Arbeiterbewegung und den Gewerkschaften verbunden ist und deren Ziel darin besteht, die als ungerecht empfundenen Herrschafts- und Besitzverhältnisse zu verändern und ein höheres Maß an Freiheit und Gleichheit für alle Bevölkerungsschichten zu erreichen. Während bis zur Mitte des 19. Jh. Sozialismus und Kommunismus fast in derselben Bedeutung verwendet wurden, kam es in der Folge zu einer Spaltung der sozialistischen Bewegung in Kommunisten, die eine rasche, revolutionäre Veränderung der Gesellschaft forderten, und in Sozialdemokraten, die auf allmähliche, schrittweise Reformen setzten.

**Sozialpolitik, Sozialgesetzgebung** – Sammelbegriff für die von Bismarck eingeleiteten sozialpolitischen Maßnahmen, mit denen die Lage der Arbeiterschaft verbessert werden sollte. Politisches Ziel Bismarcks war es, die Unterstützung der Arbeiter zu gewinnen und die Sozialdemokraten zu schwächen. Konkrete Maßnahmen waren die Einführung von Kranken-, Unfall- und Altersversicherung. In der Zeit der Weimarer Republik wurde diese soziale Sicherung durch eine Arbeitslosenversicherung ergänzt.

**SS (Schutzstaffel)** – Ursprünglich Truppe innerhalb der NSDAP für die persönliche Sicherheit Adolf Hitlers. Entwickelte sich unter Führung von Heinrich Himmler zu einer nationalsozialistischen „Eliteeinheit". Nachdem Himmler 1936 Chef der Polizei und der Geheimen Staatspolizei (Gestapo) geworden war, übernahm sie auch polizeiliche und geheimdienstliche Aufgaben. Die SS war maßgeblich für die Organisation der Konzentrationslager und die Durchführung des Massenmordes an den Juden verantwortlich, Angehörige der „Waffen-SS" bildeten das Wachpersonal der KZ. Besondere Kampfverbände der „Waffen-SS" übernahmen im Zweiten Weltkrieg neben der Wehrmacht militärische Aufgaben und waren verantwortlich für zahlreiche Kriegsverbrechen.

**Stalinismus** – Bezeichnung des einerseits durch Terror und Gewalt, andererseits durch einen starken Personenkult geprägten Herrschaftssystems Stalins von 1929 bis 1953. Mit dem Ziel des Aufbaus des Sozialismus wurden Industrialisierung und Kollektivierung der Landwirtschaft mit Zwang vorangetrieben. Politische Gegner und so genannte „Klassenfeinde" wurden mit Schauprozessen, „Säuberungen" und Deportationen in Straflager ausgeschaltet.

**Verfassung** – Gesamtheit der Regeln und Normen eines Staatswesens, die die Rechte und Pflichten des Einzelnen gegenüber dem Staat sowie die Verteilung der Staatsgewalt auf verschiedene Institutionen und Personen festlegen. In modernen Demokratien wird die Verfassung durch ein von der Volksvertretung des jeweiligen Staates beschlossenes Gesetz geschaffen.

**Völkerbund** – Erste internationale Organisation zur Sicherung des Weltfriedens. Der Völkerbund wurde 1920 gegründet und bestand bis 1946. Seine Nachfolgeorganisation sind die Vereinten Nationen (United Nations Organization = UNO).

**Wahlrecht** – Das Recht der Bürgerinnen und Bürger, ihre Vertreter im Parlament durch Wahl zu bestimmen. Bis 1918 herrschte in Preußen das so genannte Dreiklassenwahlrecht, bei dem wenige reiche Bürger genauso viele Stimmen wie die Masse der Bauern, Handwerker und Arbeiter hatten. Mit der Reichsverfassung von 1871 wurde für den Reichstag das allgemeine, gleiche und geheime (Mehrheits-)Wahlrecht eingeführt. 1919 wurde in Deutschland mit der Weimarer Verfassung auf Reichs- und Länderebene das Verhältniswahlrecht sowie das Wahlrecht für Frauen eingeführt.

**Weltwirtschaftskrise** – Weltweite Krise der Wirtschaft in den Jahren 1929 bis 1932, die mit dem Kursverfall der Aktien an der New Yorker Börse und dem dadurch ausgelösten Zusammenbruch des internationalen Kreditsystems begann und zu hoher Arbeitslosigkeit führte. In den USA wurde die Krise mit den Maßnahmen des „New Deal" bekämpft, die v.a. in staatlichen Investitionen bestanden. In Deutschland versuchte man dagegen durch eine staatliche Sparpolitik gegen die Krise anzugehen. Hier bewirkte die soziale Not bei der Bevölkerung eine verstärkte Unterstützung für die radikalen Gegner der Weimarer Republik, Nationalsozialisten und Kommunisten.

# Bildnachweis

Archiv der sozialen Demokratie/Friedrich-Ebert-Stiftung, Bonn: 9; Archiv für Kunst und Geschichte, Berlin: 14; 23; 32; 33, o. ; 36; 43, o. r. ; 44; 45; 50; 63; 64; 66; 67; 69, B 3; 72 (2); 73, B 5; 76; 77, u.; 80, B 3; 89, B 5; 99; 103 r. (2); 104; 111 (2); 116, B 5; 118; 131, B 5; 142; 148, o., B 3; 149, B 7; 155; 156 (2); 181, B 6; 185, o. M.; Archiv Gerstenberg, Wietze: 41, B 2; 51; 68, o.; 88; 136, B 3; 141; 157, B 1; 170, B 4; 171, B 1; Archiv Jacobeit, Fürstenberg/Havel: 20, B 2; August-Horch-Museum, Zwickau: 143, o.; bildarchiv preussischer kulturbesitz, Berlin: 11; 13; 16; 19; 26; 29; 31; 35, B 6; 36, B 1; 41; 42; 43, B 8; 46 (2); 54, o. r.; 55, B 6; 57, B 4; 71 (2); 77, o.; 81, o. r.; 82, B 3; 83; 84, o. r.; 85, B 6; 86; 93 (Hintergrund); 95; 97; 100, o. r., B 2; 103, B 5; 104, B 1; 106, o.; 107, B 3; 110; 112; 113; 115, B 1; 124 (2); 128; 129 (2); 130, r. (2); 131; 132 (2); 139; 140, B 2; 148, B 2; 157, o.; 159, o.; 161, B 7/B 8; 162, B 2; 164, B 1/B 2; 166 (3); 167; 169; 171, o. r.; 173; 174; 175 (2); 176; 178, B 4; 180, B 2; 184; Bibliothèque Nationale de France, Paris: 187, B 7; Bismarck-Museum, Friedrichs-ruh: 12; Bundesarchiv Koblenz: 143, B 4 (Plak 3/3/4); Cinetext, Frankfurt am Main: 93, u. r.; 116, B 4; 165; Deutsches Historisches Museum, Berlin: 21; 100, B 1; 106, B 1; 107, o.; 130, B 2; 147; 150, B 2; Deutsches Technik Museum, Berlin: 12, B 3; Deutsches Museum, München: 14, B 2; DIZ/Bilderdienst Süddeutscher Verlag, München: 87, B 1/B 2; 138, B 1; 158; 159, B 2; Erich-Schmidt-Verlag, Berlin: 144, B 1; Erbengemeinschaft Gallus, Berlin: 9; Foreign & Commonwealth Office, London: 32, B 2/B 3; Gedenkstätte Deutscher Widerstand, Berlin: 151, B 5; Gidal, Nachum T., Die Juden in Deutschland, Könemann, Köln 1997: 177, u. l.; Hartmann-privat: 28; 47; 53; 61; 68, u. r.; 93 (1); 122; 124; 133; 138, o.; 140; 144 (2); 146, B 1; 149, B 4; 151, o.; 153, u.; 162, o.; 172; 177; 179; 180, o.; Hessisches Landesmuseum, Darmstadt: 100, B 4; Kharbine & Tapabor, Paris: 35, B 5; Keystone, Hamburg: 152, o. r.; Les Musées de la Ville de Strasbourg/Cabinet des Estamps: 304; Marineschule Mürwik (Flensburg): 37, B 5; Nowosti: 79, B 3; Sammlung Dr. Werner Horvath, Linz (A): 89, B 6; Stadtarchiv der Hansestadt Rostock: 168; Stadtmuseum Dresden: 149, B 6; Städtische Museen Mühlheim/Ruhr: 152, B 8; Stiftung Archiv der Akademie der Künste Berlin-Brandenburg: 144; 154; ullstein bild, Berlin: 29, u. ; 38; 53, B 4; 55, B 5; 56 (2); 60; 61 M. (Jochen Keuthe); 69, u.; 73, o. (AP); 74, o.; 79, o.; 90; 109; 115, r. (2), B 2; 116, o.; 117, l. (2), o. r. (Harry Kirchner), B 8 (Frank Lehmann); 121; 126 (Walter Frentz); 135; 144, o. ; 150, r. (2); 153, o.; 178, o. r.; 179, B 2; 181, B 5 (Interpress Warschau); 182 (dpa); © VG BILD-KUNST Bonn, 2001: 41, B 2; 51, B 10; 52, B 3; 114, o. r.; 116, B 5; 149, B 6; 152, B 8; 154 (© The Heartfield Community of Heirs), B 1; 155, B 6 (©Succession Picasso); Volk und Wissen Verlag-Archiv: 33, B 5; 66, B 1; 70; 74, u.; 80, B 2; 82, o. 84, B 2; 92; 105, B 5; 124, u.; 137; 146, B 2; 170, o. 185, o. l., o. r., u. M.; 186;

Von-der Heydt-Museum, Wuppertal: 20, B 1; Wilhelm Stöckle, Filderstadt: 23, B 3